谨以此书献给
厉以宁教授九十周岁华诞
暨从教六十五周年

编委会成员

刘 俏　马化祥　周黎安　吴联生　张圣平
张 影　马 力　张 峥　王 辉　滕 飞

编辑组成员

鲍寿柏　车 耳　程志强　张 影　滕 飞
傅帅雄　张佳慧　侯丽军　晏 琴

总 序

中国近现代变革、转型与发展是伟大和辉煌的历史过程,北京大学始于中国近代变革,并始终与国家和民族的命运紧密相连。"北大是常为新的,改进的运动的先锋,要使中国向着好的,往上的道路走。"这是鲁迅先生对北大的评价。从来新路新人找,每一代北大人都肩负历史的使命,在中国的近现代史上书写华章。

北京大学光华管理学院的酝酿、成立和发展顺应着中国改革开放和经济发展的历程。自成立的第一天起,"创造管理知识,培养商界领袖,推动社会进步"就是每个光华人的使命,也是推动光华不断发展、创新的原动力。经过一代代北大人、光华人矢志不渝的奋斗,学院在学术创新、人才培养和贡献社会各方面做出了骄人成绩。

2020 年正值学院建院 35 周年,也是学院的创始院长厉以宁先生九十周岁华诞暨从教六十五周年。"化身红烛守书斋,照见窗前桃李已成材",厉先生诗词中的这句话,正是一代学人的情怀和写照。为了记录厉先生传道授业、教书育人的历程,叩问光华管理学院创业时期的初心使命和筚路蓝缕的奋斗历程,回顾厉先生作为中国经济改革的亲历者和参与者,为国家发展所做出的突出贡献,并以此勉励后学持续努力不断前行,光华管理学院编撰了两册文集以纪念。

《一生治学当如此:厉以宁经济理论述评》《兼容并蓄终宽阔:厉以宁社会实践纪实》两册书的书名取自厉以宁先生一首特别有纪念意义的诗词。厉先生在1955年大学毕业前夕写了一首七绝自勉诗:"溪水清清下石沟,千弯百折不回头,一生治学当如此,只计耕耘莫问收。"到了1985年,在毕业30周年之际,厉先生根据自己在北大的经历与体验,把这首七绝扩展为《鹧鸪天》:"溪水清清下石沟,千弯百折不回头,兼容并蓄终宽阔,若谷虚怀鱼自游。心寂寂,念休休,沉沙无意却成洲,一生治学当如此,只计耕耘莫问收。"

《一生治学当如此:厉以宁经济理论述评》以学者们的评述和解读为主线,力图全面介绍厉先生学术领域的各个方向,在更加纵深的维度诠释和研究厉先生从教65年来的学术思想。《兼容并蓄终宽阔:厉以宁社会实践纪实》则是透过历史亲历者的回忆和讲述,最大程度地回溯厉先生在教书育人、资政建言和政策实践多个领域的足迹,从创建学院到参政议政,从股份制到证券法,从"非公经济36条"到林权、农垦制度改革等,力图全面展现厉先生作为"经济体制改革的积极倡导者"的风采。

书籍编撰过程中,编委会多次召开会议,专题研讨全书的框架结构、内容范围等一系列问题。本书的组稿得到了原经济学院国民经济管理系、管理科学中心等学院前身机构,以及共同创建学院的荣休资深教授的大力支持。在此我们要对带给我们无穷感动的荣休教授表达敬意,感谢(按姓氏笔画排序)王其文、王恩涌、张国有、陈良焜、秦宛顺、曹凤岐、董文俊、靳云汇等。还要特别感谢专程从台湾赶来参与访谈的光华管理学院董事长尹衍樑先生。

中青年学者对我们的约稿也极其认真严谨,对厉先生学术思想的研究或评述文章,可以说涵盖了他从教65周年以来绝大多数学术领域,这些以学术研究为基础的诠释文章,是对厉先生的思想脉络和学术贡献非常全面深入的导引。

厉先生有着长期参政议政经历,并主持一系列的政策研究。我们邀请了亲历历史的全国人大、全国政协以及相关部委和地方的同志,他们为我们留下了很多珍贵的历史记录。

这两本书能够出版并与读者见面与各位老师和同仁的努力是分不开的。一年多来,大家通过各种方式密切沟通协调,在约稿、组稿、审校和编辑等方面一丝不苟。在这个过程中,鲍寿柏、车耳、于鸿君等老师付出了大量心血,商务印书馆陈小文、宋伟、金晔对全书进行了严谨细致的审读与编辑。大家的精诚合作和敬业精神令人称道,在此一并表示衷心感谢。

"因思想,而光华"是我们的信念,也是厉先生从教65周年来的真实写照。这两本书即将付梓,出版机缘虽是光华35周年以及厉先生诞辰和从教的时间节点,但相信书中众多作者的文字能够折射出一代学人家国天下的理想情怀和经世济民的艰卓求索。当然,编辑中的不足和错误在所难免,敬请读者批评指正。

序

两年前,在纪念改革开放40周年之际,党中央、国务院决定,授予100名同志"改革先锋"称号,并颁授奖章。厉以宁先生作为"经济体制改革的积极倡导者"名列其中,北大师生和校友都为此感到骄傲和自豪。

厉先生为发展社会主义市场经济理论作出了突出贡献,是我国最早提出股份制改革理论的学者之一。"厉股份"的美誉也由此传扬。此外,他还主持起草了证券法和证券投资基金法,参与推动出台了"非公经济36条"以及"非公经济新36条",在国有林权制度改革、国有农垦经济体制改革、低碳经济发展、扶贫、教育投资与人力资源开发等很多领域作出了突出贡献。厉先生是改革开放的见证者、亲历者、参与者和"积极倡导者",是从思想上、理论上推动和引领中国经济改革的重要人物。研究他的经济思想和理论,可以帮助我们深刻理解中国特色社会主义市场经济从哪里来、为什么成功、要怎样发展,更是构建中国特色哲学社会科学的一项重要基础性工作。因此,能够为本书作序,我感到十分荣幸。

四十多年前,在北京大学读书的时候,我就和我们历史系的一些同学慕名选修了厉先生有关世界经济史和学说史方面的课程,并经常课后向厉先生请教问题,厉先生总是热情、耐心地给予解答,从那时起我们这些外系的学生也和厉先生结下了深厚的师生情谊。

后来,国家每每出台重大改革举措,厉先生都会在学校举办报告会予以解读。我们都特别喜欢听厉先生的报告,听他的报告也是一种享受,那些抽象、专业的经济术语和政策条文,经厉先生深入浅出的讲解,大家豁然开朗。他思路清晰、逻辑缜密、观点新颖、语言生动幽默,至今都给我们留下深刻而难忘的印象。

2005年我在北京外国语大学工作时,非常希望推动北外的人文与社会学科的发展,我常常向先生请教,他提出了许多非常有建设性的建议。2007年,北京外国语大学准备建立人文社会科学学院,希望为外语人才培养打下厚重的人文基础。我们特邀厉先生担任北京外国语大学顾问和哲学社会科学学院名誉院长,他爽快地答应了,并说:"我从来不担任其他学校的名誉院长、顾问,北外是第一家。"其实,厉先生不仅是做名誉上的院长,更是亲力亲为,为北外的人才培养和学科发展倾注了心血。他不辞辛苦,每年义务为北外师生做经济形势报告,深受北外同学的爱戴。

海外学术界一直孜孜于"中国奇迹"的研究,希望找到一些途径能够科学解释中国经济改革的成功经验,但海外学者对中国经济改革的复杂性和艰巨性并不一定真正了解,所依据的材料也并非全是第一手材料,对中国的研究程度远远不够。有些外国学者对中国抱有偏见,就更不可能客观地去认识中国。2008年,我们与厉先生谈起,希望能由北外将厉先生的经济学经典论文翻译成英文出版,厉先生欣然同意。于是,北外和外研社集中力量,由时任外研社社长、现任中国教育出版集团有限副董事长于春迟担纲，时任外研社人文社科分社社长、现任国际儒学联合会宣传出版委员会秘书长吴浩具体制定方案，延请著名翻译家凌原教授主译。凌原教授刚刚主持翻译完成时任中共中央政治局常委、国务院副总理李岚清的著作《突围》一书，可以说是当代最权威的译者之一。凌原教授组织团队以最短时间，将厉先生在1980—1998年之间发表的16篇经典论文翻译成英文。这本书定名为《中国经济改革发展之路》，在2010年正式出版并向海内外发行，践行"把中国介绍给世界"这一时代赋予的使命，这也是庆祝厉先生80寿辰的礼物。

也是在这一年，英国首相率团来中国访问，那时，我已经到教育部工作，与英国教育大臣迈克尔·戈夫举行双边教育会议。他谈起来中国之前，要做一下功课，特别想找一本研究中国经济改革的英文专著，遗憾的是没有如愿。我向他介绍刚刚出版的厉先生的这部著作，并立即请外研社的同志送给了他。戈夫先生拿到后，爱不释手，连续说了三个"wonderful"。当天晚宴我再次见到英国教育大臣和驻华大使的时候，他们对厉先生的著作赞不绝口，说能不能再给他们两本厉先生签名的书，他们要转送给英国首相和财政大臣，我也找人专门送去。这充分说明，厉先生的著作对于外国读者了解中国的经济改革具有很重要的意义，这也让我认识到，推动中国学者的学术成果"走出去"是多么重要。

厉先生的人生是与北大紧密联系在一起的。他1951年考入北大，1955年毕业后留校工作。此后，在长达二十多年的时间里，青灯黄卷、默默无闻地在经济系资料室做编译工作，仅在20世纪50年代末60年代初，他就翻译了200多万字的经济史著作。正是因为有这样的锲而不舍，才有了改革开放之后的厚积薄发。

厉先生多才多艺,他在传统文化方面造诣很深,喜欢写诗词,他的诗既有诗意,又富哲理,让人读后难忘。厉先生的夫人何玉春老师喜欢摄影,出版社把他们俩的诗词和摄影一起出版,诗情画意,大家都很喜欢。厉先生还是一位特别幽默、有情趣的人。2019年年底,我和同事一同去看望他和夫人何老师,二位老师一边请我们吃花生,说每天吃几颗,对大脑有好处,一边绘声绘色地讲起1969年何老师把户口转进北京时一波三折的故事。从他们的讲述中,能感受到厉先生和何老师当时经受了不少委屈,一次次的失望,但又一次次鼓足了勇气再去努力争取。虽然讲的都是过去的一些艰辛的事情,但他们笑谈当年,从二位老师的笑声中,我们被他们那种乐观、幽默、豁达和执着所感染。我想,这也是厉先生能达到学术巅峰重要的力量源泉。

厉先生还是一位杰出的教育家。他是北京大学光华管理学院的创始院长,培养了大量理论基础扎实、实践能力突出的优秀人才,桃李满天下。本书的各位作者,都是厉先生的学生,深受一代大师学术风范的影响,这本《一生治学当如此:厉以宁经济理论述评》既是大家对学习厉先生经济理论的心得体会,也是对厉先生65年学术生涯的回顾与思考,更是对中国经济学未来的探索和展望。

在此,谨以此序向该书的出版表示祝贺。

郝平

2020年4月30日于燕园

目 录

经济学理论和中国道路——厉以宁经济学思想述评及其对发展
  中国哲学社会科学理论的启示 ………… 于鸿君 尹 俊 1
对于"中期"宏观经济学的一个原创贡献——读厉以宁《国民经济
  管理学》 ………………………………………… 平新乔 26
经济改革研究应当从中国实际出发——为什么是《非均衡的
  中国经济》? ……………………………………… 刘 伟 34
厉以宁金融学思想述评 …………………………… 刘 俏 38
故事与教学——理论之树长青,故事之花绚烂 ………… 江明华 54
所有制改革与企业的活力 ………………………… 孙来祥 67
迎接文化管理的奇点时刻——学习厉老师道德-伦理-文化
  理论的三点体会 …………………………………… 张一弛 79
厉以宁有关民营经济的述评 ……………………… 陈 凌 100
心未变,道犹宽——厉以宁环境经济思想与政策研究
  40年发展评述 ……………………………………… 武亚军 127
中国经济低碳化的理论建构与政策探索——厉以宁低碳
  经济思想解析 ………………………… 罗来军 傅帅雄 154
以人为本的经济学研究:重读《体制·目标·人——经济学
  面临的挑战》 ……………………………………… 周黎安 172
非均衡分析对中国经济学和中国改革的贡献——读厉以宁
  老师的经典著作《非均衡的中国经济》 ………… 姚 洋 189
厉以宁发展与贫困治理思想述评 ………………… 高 明 204
关于就业与环境问题的一点思考 ………………… 黄 涛 219
一生治学当如此,只问耕耘莫问收
  ——厉以宁教授九十华诞有感 …………………… 龚六堂 234

厉以宁先生的开放经济观 …………………………………… 隆国强 244
我国教育经济学科的开山之作——《教育经济学(1984)》
　　　………………………………………………………… 蒋　承 254
倾听江下涛声急,一代新潮接旧潮——厉以宁学术思想溯源
　　　………………………………………………………… 程志强 262
心系民生,先忧天下——厉以宁先生投身中国反贫困事业及其
　　反贫困思想侧记 ………………………………………… 雷　明 283
厉以宁先生剪影 ……………………………………………… 鲍寿柏 305
比较经济史研究和中国道路探索 …… 蔡洪滨　颜　色　滕　飞 327

经济学理论和中国道路——厉以宁经济学思想述评及其对发展中国哲学社会科学理论的启示

于鸿君　尹俊

习近平总书记在哲学社会科学工作座谈会上指出,坚持和发展中国特色社会主义必须高度重视哲学社会科学,"需要不断在实践和理论上进行探索、用发展着的理论指导发展着的实践"。厉以宁在2018年12月18日庆祝改革开放40周年大会上,被党中央、国务院授予"改革先锋——经济体制改革的积极倡导者"称号。他是经济体制改革的探索者和理论家,为社会主义市场经济理论的建立和发展作出了卓越贡献,是最早提出股份制改革理论的学者之一,参与推动国有企业产权制度改革,主持起草证券法和证券投资基金法,参与推动制定"非公经济36条"以及"非公经济新36条"。对中国经济改革发展产生了重要影响,并在国有林权制度改革、国有农垦经济体制改革以及低碳经济发展等方面作出了突出贡献。厉以宁教授自1955年至今从教65年,学术著作之多、经济研究领域之广泛在我国经济学界是少有的[1],他的经济学思想是一套内容系统、紧切现实、论证科学、实践发展的理论体系,对发展当代中国哲学社会科学理论有重要的示范意义。需要说明的是,本文并不力求概述厉以宁教授的所有经济观点或研究领域,仅从研究范式论的视角,对厉以宁经济学思想进行探讨和研究。

一、厉以宁经济学思想概述

(一)厉以宁教授经济学研究成果的计量可视化分析

厉以宁教授的经济学研究成果非常丰富,包括了百余部著作和千余篇论文。在学术著作方面,我们根据公开资料,整理出厉以宁教授的专著和合著共46本(未包括厉以宁主编、厉以宁经济文集、散文集、诗词集等著作),时间跨度为1979年至2019年。我们将所有著作按照经济学理论(含西方经济学原理、经济学前沿、各部门经济学、经济伦理、经济学说史)、中国经济(含中国经济体制改革发展、中国宏观经济政策、中国重大经济问题)、经济史进行了分类,详细结果见表1及图1。

在学术论文方面,我们以中国知网数据库(CNKI)为基础,筛选出"作者=厉以宁"的全部学术论文,时间跨度为1962年至2019年,共计1079篇。我们应用Citespace文献计量可视化分析

---

[1] 陆昊:"厉以宁经济学思想述评",《中国社会科学》,1992年第6期。

表1 厉以宁主要著作及主题

时间	书名	类别	主题
1979	《论加尔布雷思的制度经济学说》	专著	经济学理论
1980	《宏观经济学与微观经济学》	合著	经济学理论
1982	《二十世纪的英国经济——"英国病"研究》	合著	经济史
1982	《工业区位理论》	合著	经济学理论
1982	《当代资产阶级经济学主要流派》	合著	经济学理论
1983	《经济学常识（经济学说史部分）》	合著	经济学理论
1983	《现代西方经济学概论》	合著	经济学理论
1984	《教育经济学》	专著	经济学理论
1984	《关于经济问题的通信》	专著	经济学理论
1984	《消费经济学》	专著	经济学理论
1984	《西方福利经济学述评》	合著	经济学理论
1985	《简明西方经济学》	专著	经济学理论
1986	《体制·目标·人——经济学面临的挑战》	专著	经济学理论
1986	《微观宏观经济学的产生和发展》	合著	经济学理论
1986	《社会主义政治经济学》	专著	中国经济
1987	《经济体制改革的探索》	专著	中国经济
1988	《国民经济管理学》	专著	中国经济
1988	《西方就业理论的演变》	合著	经济学理论
1989	《当代西方经济学说》	合著	经济学理论
1990	《非均衡的中国经济》	专著	中国经济
1991	《走向繁荣的战略选择》	合著	中国经济
1993	《怎样组建股份制企业》	合著	中国经济
1994	《股份制与现代市场经济》	专著	中国经济
1994	《西方经济学基础知识》	合著	经济学理论
1995	《经济学的伦理问题》	专著	经济学理论
1995	《环境经济学》	合著	经济学理论
1996	《转型发展理论》	专著	经济学理论
1997	《宏观经济学的产生和发展》	专著	经济学理论
1999	《超越市场与超越政府——论道德力量在经济中的作用》	专著	经济学理论
2003	《资本主义的起源——比较经济史研究》	专著	经济史
2004	《凯恩斯主义的发展和演变》	合著	经济史

续表

时间	书名	类别	主题
2006	《罗马—拜占庭经济史》	专著	经济史
2007	《厉以宁论民营经济》	专著	中国经济
2010	《工业化和制度调整——西欧经济史研究》	专著	经济史
2010	《西方经济史探索》	专著	经济史
2013	《中国经济双重转型之路》	专著	中国经济
2013	《希腊古代经济史》	专著	经济史
2014	《经济低碳化》	合著	中国经济
2015	《西方宏观经济学说史教程》	专著	经济学理论
2015	《欧洲经济史教程》	专著	经济史
2017	《大变局与新动力——中国经济下一程》	专著	中国经济
2018	《改革开放以来的中国经济》	专著	中国经济
2018	《文化经济学》	专著	经济学理论
2018	《低碳发展宏观经济理论框架研究》	合著	中国经济
2019	《经济与改革——西方经济学说读书笔记》	专著	经济史
2019	《新形势下农垦改革发展重大战略问题研究》	合著	中国经济

来源：本文作者根据公开资料整理。

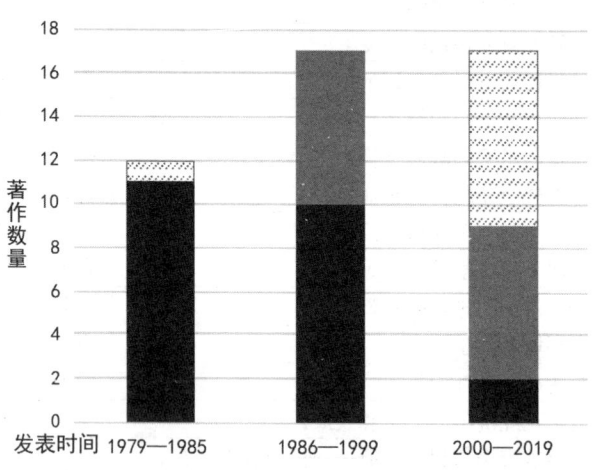

图 1　厉以宁著作的时间分布

来源：本文作者根据公开资料整理。

工具对这 1079 篇学术论文进行了主题词(含标题、关键词、摘要)共现分析,分析结果见图 2。

图 2　厉以宁学术论文主题词分布

注:主题词字体越大,代表该主题词在所有学术论文中出现的频次越多。

来源:本文作者使用 Citespace 软件绘制。

根据表 1、图 1、图 2 的分析结果,结合现有研究述评[1],可以将厉以宁教授的经济学研究分为三个阶段。

第一阶段是 1985 年以前,这段时期完成主要著作 12 本(见图 1),研究重点是经济学理论(11 本),研究领域包括西方经济学理论(如《宏观经济学与微观经济学》《现代西方经济学概论》《简明西方经济学》等)、经济学说(如《论加尔布雷思的制度经济学说》《当代资产阶级经济学主要流派》等)、各部门经济学(如《工业区位理论》《教育经济学》《消费经济学》等)。这段时

---

[1] 于鸿君、蔡洪滨:《经济学理论与中国道路》,北京大学出版社,2011 年版,第 4—5 页。

期的学术论文也主要集中在经济学理论部分,被引用最多的是"论教育在经济增长中的作用"[1]一文。

第二阶段是从1986年至1999年,这段时期完成主要著作17本,研究重点是经济学理论(10本)和中国经济问题(7本)(见图1),研究领域包括经济学研究哲学(如《体制·目标·人——经济学面临的挑战》《经济学的伦理问题》《超越市场与超越政府——论道德力量在经济中的作用》等)、中国经济体制改革思路及方案(如《经济体制改革的探索》《非均衡的中国经济》《走向繁荣的战略选择》《怎样组建股份制企业》等)。这段时期的学术论文也大多围绕着中国经济问题,主题包括中国经济、企业改革、经济体制改革、股份制、财政管理、市场经济等,这些主题也是厉以宁1079篇学术论文关键词的高频词(见图2)。

第三阶段是2000年至今,这段时期完成主要著作17本,研究重点是经济史(8本)和中国经济问题(7本)(见图1),研究领域包括西方经济史(如《资本主义的起源——比较经济史研究》《罗马—拜占庭经济史》《工业化和制度调整》《希腊古代经济史》等)、新时代中国经济面临的重大问题(如《厉以宁论民营经济》《中国经济双重转型之路》《经济低碳化》《大变局与新动力——中国经济下一程》等)。这段时期的学术论文也主要围绕着新时代中国经济问题,主题包括改革城乡二元体制、"三农"问题、经济新常态等(见图2)。

(二)厉以宁教授对经济学理论和中国经济改革实践的贡献

1978年12月,中国共产党的十一届三中全会,揭开了中国

---

[1] 厉以宁:"论教育在经济增长中的作用",《北京大学学报(哲学社会科学版)》,1980年第6期。

改革开放的序幕。为中国改革开放提供理论指导是当时中国经济学界的主要任务,但当时的中国经济学界普遍面临着"经济理论匮乏"和"经济问题解决方案匮乏"的困难局面。无论是在经济学理论方面,还是在中国经济改革实践方面,厉以宁教授都作出了重要贡献。

1. 对经济学理论的贡献

一是对中国改革开放初期经济学界启蒙的重要贡献。改革开放以前,中国经济学界的主流是马克思主义政治经济学和计划经济理论体系,而当时对市场经济学说、微观经济学、宏观经济学、开放宏观经济学、国际金融学说等基础理论掌握了解的人寥寥无几,更谈不上经济学理论的创新。厉以宁教授在大学期间,受到经济系陈岱孙(哈佛大学博士)、赵迺抟(哥伦比亚大学博士)、陈振汉(哈佛大学博士)、罗志如(哈佛大学博士)等多位经济学大师的悉心培养。大学毕业后,厉以宁教授在经济系资料室潜心研究20年,系统掌握了经济学的历史演变、各流派理论体系、前沿动态,奠定了深厚的理论功底。他关于经济学理论(包括各部门经济学)的研究成果对改革开放后中国知识界产生了重要影响,起到了重要的启蒙作用,是当时知识界了解和学习西方经济学的重要窗口,有力地推动了学术界用西方经济学的合理成分来解决中国体制改革面临的问题[1]。

二是对现代经济学理论的重要贡献。厉以宁教授在现代经济学遇到的挑战和理论前沿方面做了大量的研究。比如20世纪70年代,新凯恩斯主义学派再度讨论非均衡问题时,厉以宁教授是同时期国内研究非均衡理论的第一人,他拓展了瓦尔

---

[1] 于鸿君、蔡洪滨:《经济学理论与中国道路》,北京大学出版社,2011年版,第4—5页。

拉斯均衡理论,提出在经济学中存在两类非均衡经济,第一类非均衡是市场不完善条件下的非均衡,第二类非均衡是市场不完善以及企业缺乏利益约束和预算约束条件下的非均衡[1]。中国经济属于第二类非均衡,应该通过企业改革首先由第二类非均衡过渡到第一类非均衡,进一步在社会主义市场经济体制下不断逼近均衡状态,实现资源优化配置,这就是"企业改革主线论"的理论基础。[2] 再比如,兴起于"二战"后期的发展经济学,主要探讨的问题是发展中国家如何由农业社会向工业社会过渡,以及与此有关的资本、土地、劳动力、技术等生产要素组合和发挥作用的问题。厉以宁教授拓展了发展经济学的边界,认为转型问题不仅包括发展转型(从农业社会转向工业社会),还包括体制转型(从一种经济体制转向另一种经济体制),为发展经济学贡献了从计划经济体制转为市场经济体制的大量理论成果[3]。

三是对经济学理论体系的原创性贡献。厉以宁教授擅长综合运用文化史、经济史、经济思想史等多种研究方法开展经济理论研究,对经济学理论体系作出了原创性贡献。比如《超越市场与超越政府——论道德力量在经济中的作用》一书提出了介于"无形之手"市场和"有形之手"政府之间的第三种资源配置的方式——道德调节,并基于经济史和经济思想史的深刻分析,论述了如何发挥道德调节的重要作用[4]。《资本主义的

---

[1] 厉以宁:《非均衡的中国经济》,经济日报出版社,1990年版。
[2] 20世纪80年代中后期,中国经济学界围绕两种改革思路进行了争鸣,一种是"企业改革主线论",以厉以宁为主要代表;另一种是"价格改革优先论",以吴敬琏为主要代表。
[3] 厉以宁:《中国经济双重转型之路》,中国人民大学出版社,2013年版。
[4] 厉以宁:《超越市场与超越政府——论道德力量在经济中的作用》,经济科学出版社,1999年版。

起源——比较经济史研究》一书从历史史实出发,创新性提出了制度分化和制度调整的理论框架,构建了解释资本主义起源和体制变迁的一个新的理论体系[1]。厉以宁教授的多部著作被翻译为英语、韩语等多种语言,在国际经济学理论界产生了重要的影响。

2. 对中国经济改革实践的贡献

改革开放初期,世界经济快速发展,科技进步日新月异,而中国经济正陷入结构严重失调的困境。1978年,中国虽然已经建立了独立的比较完整的工业体系,但经济底子很薄弱,社会事业与民生建设百废待兴,农业人口占总人口的83.8%,重工业超前发展,消费品严重短缺,甚至有不少人无法解决温饱问题。随着"文化大革命"的结束,国内政治环境和国际环境相对稳定,中国进入了难得的发展机遇期,提出要解放思想、实事求是,实行改革开放。但是如何推进改革开放,西方的理论界、国内的理论界、西方国家的实践都没有现成的方案。厉以宁教授在中国经济改革开放的实践中作出了如下重要贡献。

一是对中国经济改革基本思路的原创性贡献。针对改革开放初期价格改革主线论的多种问题,厉以宁教授提出了企业改革主线论(以所有制改革为主的渐进式改革路线)方案,认为"经济改革的失败可能是由于价格改革的失败,但经济改革的成功并不取决于价格改革,而取决于所有制的改革,也就是企业体制的改革"。厉以宁教授认为,所有制改革是改革的关键,必须把国有企业改革放在首位,即必须把政企不分、产权不

---

[1] 厉以宁:《资本主义的起源——比较经济史研究》,商务印书馆,2003年版。

清晰的国有企业通过股份制改造为自负盈亏和自主经营的多元投资主体的企业。厉以宁教授的改革思路在实践中得到了充分证明,对中国经济改革基本思路作出了重要的理论贡献。

二是亲自主导和参与了中国改革的若干重大实践。厉以宁教授长期在全国人大常委会、全国政协工作,主持起草了证券法和证券投资基金法,并起草了《关于非公有制经济发展的建议》,推动了《关于鼓励支持和引导个体私营等非公有制经济发展的若干意见》(非公经济 36 条)以及"非公经济新 36 条"的正式出台。此外,还担任贵州毕节试验区专家顾问组组长,担任国有林权制度改革、国有农垦经济体制改革、中国低碳经济发展与改革等国家多个重要领域改革的专家组组长,指导并直接参与了各个经济领域的改革实践。

三是对中国改革开放 40 年实践中的诸多重大问题建言献策。厉以宁教授长期致力于中国经济改革问题的研究,在改革开放 40 年间,提出了加大对教育的投资、进出口替代兼用战略、建立宏微观经济统一调节机制、就业优先、注重环境保护和可持续发展、推动城乡二元体制改革、扩大内需、加快调整经济结构、在供给侧发力等一系列政策建议,几乎涉及中国改革实践的各个领域,是中国改革开放各个阶段决策的重要参考依据,主要观点摘编见图 3。

二、厉以宁经济学思想的研究范式分析

科学的目标是更好地认识世界和改造世界,经济学是哲学社会科学的重要分支,是解释和指导经济活动的科学,并遵循科学哲学的基本逻辑的学科。20 世纪科学哲学的三大流派是波普

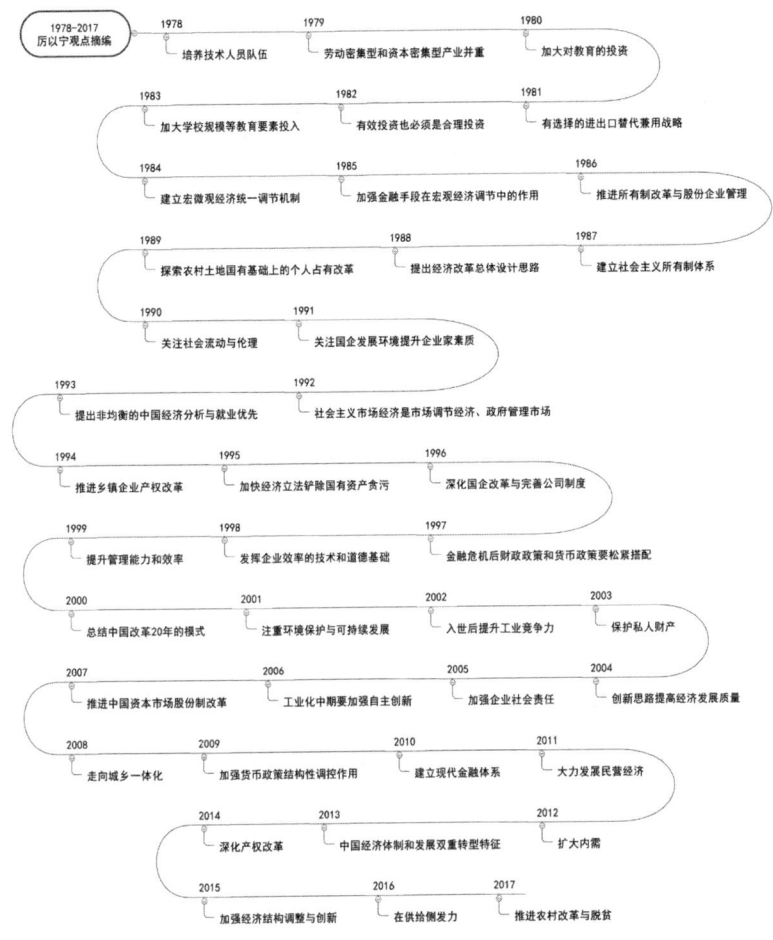

图 3　1978—2017 年厉以宁政策建议观点摘编

来源：本文作者根据厉以宁著作《改革开放以来的中国经济》[1]整理。

尔的批判理性主义（证伪论）[2]，库恩的科学革命的结构（研究

---

[1]　厉以宁：《改革开放以来的中国经济》，中国大百科全书出版社，2018年版。
[2]　Popper, Karl R., *The Logic of Scientific Discovery*, Oxford：Routledge Classics, 1959.

范式论)[1],拉卡托斯的科学研究纲领方法论[2],其中,影响最大的是库恩的研究范式论。研究范式简言之,是指一套科学的思想体系,包含四个要素:一个科学共同体,研究一些共同的问题,就一些基本理论假设(基本逻辑)达成共识,使用共同的研究方法。研究范式论认为,科学的发展不是知识的累积和线性增长,而是研究范式的转换。

根据库恩的科学哲学理论,一个科学的经济学思想体系,也需要具备以下要素:一个经济学共同体,研究一些共同的经济学问题,有共同的经济学基本理论假设(基本逻辑),使用共同的经济学研究方法。经济学思想体系的进步,也表现在研究范式要素的变化和进步。

通读厉以宁教授的著作或文章,可以体会到,厉以宁经济学思想之所以能对经济学理论作出重要贡献,之所以能解释和指导中国经济改革的实践,正是由于厉以宁经济学思想是一套系统的经济学理论体系。从经济学共同体来看,厉以宁经济学思想既是厉以宁教授个人努力的结果,也是中国经济学界(经济学共同体)相互交流、相互争鸣的理论结晶[3]。从研究问题来看,厉以宁教授聚焦"怎样根据中国国情进行中国特色社会主义市场经济改革和建设""如何为世界经济学贡献中国理论"等重点问题进行了理论和实践的长期探索。从基本理论假设来看,厉以宁教授深入研究经济学的任务和责任,提出"体制·目标·

---

[1] Kuhn, Thomas S., *The Structure of Scientific Revolutions. 3rd edition*, Chicago: The University of Chicago Press, 1996.
[2] Godfrey-Smith, P., *An Introduction to the Philosophy of Social Science: Theory and Reality*, Chicago: The University of Chicago Press, 2003.
[3] 参见厉以宁在第五届吴玉章人文社会科学终身成就奖颁奖典礼上的发言,2016年12月29日。

人"的经济理论基本逻辑。从研究方法来看,厉以宁教授综合运用历史主义、实证主义、经验主义等多种科学的研究方法。因此,厉以宁经济学思想是一套内容系统、紧切现实、科学论证、实践发展的理论体系,具体表现在以下四个方面。

(一) 以"体制·目标·人"作为经济理论的基本逻辑

陈振汉教授认为:"在经济学这门人文科学的研究中,假设的前提条件的探讨比公式推导更为重要,价值准则的确定有时也比数学的演算更有助于问题的解决。"[1]假设的前提条件和价值准则是指经济理论的基本逻辑,这是解释经济问题背后因果机制的最基本逻辑体系,有利于找出经济运行背后的本质原因。《体制·目标·人——经济学面临的挑战》是厉以宁教授早期重要的著作,该著作系统构建了厉以宁经济学思想的理论基本逻辑,该逻辑既遵循了马克思主义哲学基本原理,又涵盖了现代经济学的基本理论假设,体现了系统性和继承性。

厉以宁教授认为经济学家的责任是做好三个层次的研究,一是研究"体制",即对各类经济体制以及该种经济体制条件下经济运行的研究;二是研究"目标",即对经济和社会发展目标的研究;三是研究"人",即对人在社会中的地位和作用的研究,以及物质财富增加过程中人与人之间的关系及其变动趋势。厉以宁教授认为,体制是为了目标服务,目标是为了人服务,人不是为了生产,生产是为了人,这是分析各类经济学问题的基本框架,体现了"以人民为中心"的发展理念。因此在中国研究经济学,要牢记经济体制改革是为了解放生产力、发展生产力的目

---

[1] 厉以宁:《体制·目标·人——经济学面临的挑战》,黑龙江人民出版社,1986年版,第3页。

标,而解放和发展生产力,是为了让人民生活水平不断提高,让人民普遍过上美好的生活。

厉以宁教授认为,体制方面重在协调,重在是否能为目标服务,否则就要调整或改革。目标方面要用多目标代替单一目标,兼顾经济目标和社会发展目标,不同阶段有主要的目标、次要的目标。人的方面是经济学的最终责任,即回答如何真正有益于人的发展这个问题。人既是经济学研究的主体,也是经济学研究的对象。在人性的假设方面,古典经济学的"经济人"假设在经济现实中并非如此,现实中的人是有限理性的"社会人",现实中的决策往往是次优选择,并非最优选择,这应当在经济学的研究中予以重视。[1]

比如厉以宁教授提出的发展中国家"就业优先论",认为在发展中国家转型过程中,就业目标优先于通货膨胀目标,因为就业很大程度上是"人能不能活下去"的问题,物价上涨是"人活得好不好"的问题,就业优先本质上是发展优先,正是体现了"目标是为了人"的理论逻辑。

再比如,在经济体制改革的思路方面,厉以宁教授提出,计划经济体制即使可以通过对发达国家工业模式的模仿,短期内取得经济高速发展,但长期来看是行不通的,因为没有创新的动力。计划经济体制与目标不协调,因此必须要进行体制改革。体制改革不能是一次到位的"激进式"改革,因为现实中的人是在不停地做次优选择,渐进式改革更容易实现目标,这同样体现了"体制·目标·人"的理论逻辑。

---

[1] 厉以宁:《体制·目标·人——经济学面临的挑战》,黑龙江人民出版社,1986年版,第401—420页。

（二）以中国国情和改革实践作为经济理论的创新底色

诺贝尔经济学奖获得者米尔顿·弗里德曼曾经说过，谁能正确解释中国的改革和发展，谁就能获得诺贝尔经济学奖。中国的改革开放是世界历史上独一无二的伟大尝试，一是因为改革起点的复杂性，中国国情非常复杂，人口众多，经济基础薄弱，但潜在经济规模巨大，不同地区的地理环境、语言文化、经济状况千差万别，生产方式、所有制情况也多种多样；二是因为改革目标的复杂性，既不是西方经济学的自由主义市场模式，也不是传统的马克思主义政治经济学模式，而是中国特色的目标模式。历史上的伟大实践必然会形成重大的经济理论。厉以宁经济学思想正是在深入分析中国国情并总结中国改革开放实践经验的基础上发展起来的经济理论，为当代经济学赋予了中国底色，体现了时代性和民族性。

比如，中国经济体制改革的焦点环节是社会主义所有制问题，厉以宁教授认为："必须对社会主义全民所有制企业的全民性有新的理解，全民性体现于经济活动的成果，而不是体现于国家对这些企业的经营管理[1]。""所有制改革是为了实行所有权与经营权分离的股份制，所有制改革不是将公有制改为私有制，而是改造成为新型的公有制，包括公众持股的股份制、股份合作制、合作制。相对于承包制，股份制可以真正实现政企分开、自负盈亏，能建立完善的法人治理结构，中国所有制改革的出路在于实行股份制[2]。"这是厉以宁教授根据中国国情提出的新型所有制理论，是对经济理论的创新。在企业所有制改革取得显

---

[1] 厉以宁：《改革开放以来的中国经济》，中国大百科全书出版社，2018年版，第158页。
[2] 厉以宁：《厉以宁经济评论集》，经济科学出版社，2005年版，第4—5页。

著进展之后，厉以宁教授再次提出了农村新型所有制理论，也就是开展农村土地确权，明确"三权三证"（农民承包土地的经营权/证、农民宅基地的使用权/证、农民在宅基地之上自建住房的房产权/证），在农村土地集体所有制的基础上使农民成为真正的市场主体[1]，是对所有制理论的再次创新。

再比如，在政府和市场如何发挥资源配置作用的问题上，不同于以往理论界通常认为的"板块论、渗透论、并列论"，厉以宁教授提出了"双覆盖论"。他认为，在中国两类非均衡的经济条件下，市场调节是第一次调节，第一次覆盖，但是必然存在一些局限性，需要政府进行第二次调节，第二次调节必须以第一次调节作为出发点，要将政府调节的作用通过市场供求关系的相应变化在全社会经济的各个方面表现出来，即第二次覆盖。厉以宁教授提出的新型政府和市场调节理论是根据中国国情和改革实践作出的又一理论创新。

厉以宁教授提出的两类非均衡理论更是基于中国国情和改革实践的创新。均衡是经济学研究的核心内容，瓦尔拉斯一般均衡是指一个经济体可以通过价格的自动调节从动态的供需非均衡不断逼近均衡，使得资源得到极大利用。在现实中，由于多方面因素，当市场不能发挥调节作用时，便会出现长期非均衡，凯恩斯主义提出靠政府调节来解决这个问题。厉以宁教授结合中国经济现实提出新非均衡理论，即存在两种不同类型的非均衡：一是市场不完善和价格不能自动调节的非均衡，二是企业不是市场主体的非均衡，第一类非均衡问题可以靠政府调节来解决，第二类非均衡问题必须要靠企业所有制改革来解决。

---

[1] 厉以宁：《中国经济双重转型之路》，中国人民大学出版社，2013年版，第29页。

（三）以多种科学方法的综合运用作为经济理论的突破口

熊彼特认为，"经济'科学'家与一般对经济问题想过、谈过和写过文章的人之间的区别在于'科学'家掌握了三门基础学问：历史、统计和理论"[1]。厉以宁教授在经济史、经济学说史、历史、西方经济学理论、文化、地理等各个学科都有扎实的学术基础，并熟练地将这些方法融会贯通。厉以宁经济学思想综合运用了历史主义、实证主义、经验主义等多种方法，从多个角度论证和创新经济学理论，体现了专业性和原创性。

比如，在厉以宁教授最新的代表作《文化经济学》中，他认为经济史实际上属于广义的文化史范围。无论是鸦片战争、中日甲午战争，还是八国联军侵略中国，表面上是政治事件，实际上都同清朝中叶起中国的文化缺陷密切相关。因此，要把文化史、经济史、经济思想史结合在一起研究，把经济史放在文化史的大环境、大氛围中来考察经济的演变。超越市场和超越政府的道德力量调节问题，公平与效率的定义和相互作用问题、"经济人假设"和"社会人假设"问题、社会和谐红利是最大的红利问题等[2]，这些经济学思想的提出，正是厉以宁教授科学运用历史主义方法得出的理论创新。

再比如，在价格改革主线论和企业改革主线论的争论中，厉以宁教授运用唯物辩证法，论证了企业改革主线论的科学性。他认为，根据马克思主义的观点，内因是变化的根据，外因是变化的条件，价格是外因，企业所有制改革是内因，内因不改革，外因起不了作用。同时，根据马克思主义理论，生产决定流通，因

---

[1] 约瑟夫·熊彼特：《经济分析史（第一卷）》，商务印书馆，1991年版，第28页。
[2] 厉以宁：《文化经济学》，商务印书馆，2018年版，第1—4页。

此放开价格只是流通领域的改革，只有产权改革，才能让企业成为真正的市场主体[1]。

再比如，厉以宁教授运用比较经济史的方法，论述了结构调整比追求经济总量更重要。他认为，1840年鸦片战争时，中国GDP世界第一，比英国大很多，但英国经济实力却强于中国。因为英国GDP构成中，主要为蒸汽机、机器设备以及铁轨、铁路机车、车厢等工业品，纺织业中使用的也是机器。而中国的GDP完全是由农产品和手工业品构成。从出口来看，中国主要是茶叶、瓷器、丝绸等农产品和手工业品，而英国则是蒸汽机和机器设备。所以，英国在经济结构方面远远超越了中国。在人力资源结构方面，当时英国有一千多万人，中国有四亿人。但是，英国已经进行工业革命70年了，小学已经普及，并开办了大量中学，还兴建了很多大学，每年培养出大量科学家、技术人员，还有经济管理人员、金融专家等人才。而此时中国的绝大多数农民是文盲，妇女也多是文盲，少数读书人读的是四书五经，是为了考科举，中国的人力资源结构也不如英国[2]。因此在经济发展中，结构比总量更重要，这对中国实施供给侧结构性改革产生了积极影响。

（四）以是否能解决重大问题作为经济理论的检验标准

"凡贵通者，贵其能用之也"（王充《论衡·超奇篇》）。经济理论的好坏要以是否符合经济事实、解决重大问题为检验标准。厉以宁教授认为，理论的建设和发展要与实践密切相连，理论与

---

[1] 厉以宁："中国改革开放是这样起步的"，《北京日报》，2018年7月16日。

[2] 厉以宁："谈当前经济形势的几个前沿问题"，《北京日报》，2014年10月29日。

实践永远是一种相互依存、相互推动的关系[1]。经济政策的制定要依据经济学理论,但也要依据特定的政治经济形势而定,在实践中还要容许某种程度的弹性[2],要以实践来检验理论和进一步发展理论。厉以宁经济学思想对解决改革开放以来中国经济改革发展中若干重大问题作了科学、深入、具体的探讨,对中国实践起到指导作用,并在中国改革实践的进程中不断得到检验与发展,体现出实践性和发展性。

比如,在《走向繁荣的战略选择》一书中,厉以宁教授提出:"我们所陈述的一系列看法以及所提出的改革方案,只是众多观点与方案中的一种,展望今后十年,我们在提出自己的方案及其实施效果时,多少带些经济预测的性质,究竟谁对谁错,只有让以后的实践来检验。"[3]1991年出版的这本书在中国当时政治经济的大背景下是有争论的,当时的意识形态领域把市场化改革、国有企业股份制改革、民营企业的发展都作为禁区,中国是不是继续推行改革开放政策,是不是要促进国有企业的股份制改革,是不是要鼓励民营企业的发展,不少人仍在观望之中。但是随后的实践证明,这本书的主要论点均得到认可,并逐渐转变为正在实行的改革政策。

比如,中国改革初期,由于制度惯性和路径依赖的问题,改革阻力很大。厉以宁教授通过比较研究中国和世界许多国家的经济实践,认为稳定是改革、发展的前提,要坚持改革、发展、稳定的统一,因为改革是前人从未做过的事情,循序渐进的改革更符合"摸着石头过河"的客观规律。他建立了解释中国经济运行

---

[1] 厉以宁:《厉以宁经济评论集》,经济科学出版社,2005年版,第237页。
[2] 厉以宁:《社会主义政治经济学》,商务印书馆,1986年版,第533页。
[3] 厉以宁、孟晓苏、李源潮、李克强:《走向繁荣的战略选择》,经济日报出版社,1991年版,第1—2页。

的非均衡理论,提出通过渐进式改革以实现经济稳定增长的改革理论,尽最大可能减少经济改革的阻力,在后来的实践中再次得到检验。

再比如,在中国城镇化模式的探索方面,厉以宁教授在深入分析中国国情和西方国家城镇化经验的基础上,认为城镇化不是将人口全部集中于城市,那样反而会降低人们的生活质量。他提出了"老城区+新城区+农村新社区"的就地城镇化模式,即在城乡公共服务和社会保障均等化的基础上,老城区"退二进三",新城区集聚产业,农村建立新社区的模式。在对各地城镇化实践的广泛调研中,厉以宁教授进一步发展了农村就地城镇化的理论,提出"公司+社区+农户""农民专业合作社+社区+农户""社区指导下的农民自营模式""社区指导下的农民集体经营模式"等多种有效的农村城镇化理论模式,指导中国城镇化的实践。

三、厉以宁经济学思想对发展中国哲学社会科学理论的启示

厉以宁经济学思想兼具系统性和继承性、时代性和民族性、专业性和原创性、实践性和发展性,对发展中国哲学社会科学理论有重要的启示意义和示范作用,有四点启示。

(一)回归原点,从哲学基础出发

回归哲学基础,是指中国哲学社会科学理论要先归纳出科学自洽的理论逻辑,这有助于建立系统的理论体系。厉以宁经济学思想的科学性正立足于其提出的"体制·目标·人"的基本逻辑。爱因斯坦曾经说过:"哲学可以被认为是全部科学研究之母。"哲学永远在根基上对各个学科进行彻底的审视,各个学科都有其基本假设和理论前提,有一些不证自明的公理,有一些必须预先被接受的概念。比如分析经济问题,常见的基本概念一

般包括决策主体、目标、约束条件、战略选择,基本逻辑就是要分析谁是决策主体,决策主体的目标是什么,面临哪些约束条件,采用什么样的战略会导致什么样的经济现象,最后提出一套能解释该经济现象的理论。回归哲学基础,才能回答一个理论从哪里来,要到哪里去,特色在哪里的根本问题,才能逐步形成系统的理论体系,构建出系统的理论框架。当前中国哲学社会科学研究中,以局部问题的实证或政策性研究居多,缺乏对于重大理论问题的关注,其中一个原因就在于缺乏哲学基础的支撑。

中国哲学社会科学理论可以在马克思主义哲学基本原理中寻找哲学基础。马克思主义哲学深刻揭示了自然界、人类社会、人类思维发展的普遍规律,尤其是马克思主义提出的世界统一于物质、物质决定意识的原理,矛盾运动的基本原理,辩证唯物主义和历史唯物主义的基本原理,认识和实践辩证关系的原理,在历史实践中不断被证明,有着强大生命力,值得借鉴和运用。尤其是马克思主义哲学的核心问题是解决好为什么人服务的问题,中国哲学社会科学理论的哲学基础也必须回答为什么人服务、如何看待人与社会的关系等问题,体现以人民为中心的研究导向。

(二)立足基点,深入分析中国国情和实践

立足中国国情和实践,有助于在总结中国丰富实践和经验的基础上,提出新的理论。厉以宁经济学思想的科学性正立足于对中国国情和实践的深入分析。中国国情特殊、发展日新月异,是产生重大理论的沃土,越来越多的学者认识到中国的很多现象是现有的概念、现有的理论无法概括和解释的。习近平总书记说过:"世界上没有放之四海而皆准的具体发展模式,也没有一成不变的发展道路。历史条件的多样性,决定了各国选择发展道路的多样性。"[1]只有立足中国国情,中国哲学社会科学理论才能对中国的问题有较强的解释力,对中国的发展道路有科学的指导力。但立足中国国情,并不是把中国哲学社会科学理论变为对现行经济政策的解释,而要科学反映中国发生的事情,既包括做对的地方,也包括做错的地方,否则无异于取消理论。[2]

中国哲学社会科学理论要有所作为,不能停留在用现有理论来分析中国经济现象或用中国经济数据来检验和注释现有理论,而是要从独特、复杂、丰富的中国国情中提出新的概念或新的理论,最后上升为一般性的经济理论,作出理论的创新。比如在社会主义能否发展市场经济的问题上,邓小平说过,"要坚持社会主义制度,最根本的是要发展社会生产力","计划和市场都是发展生产力的方法","社会主义和市场经济之间不存在根本矛盾","我们在改革中坚持了两条,一条是公有制经济始终占主体地位,一条是发展经济要走共同富裕的道路,始终避免两极分化"[3],社会主义市场经济理论就是根据中国国情作出的关于经济体制理论的重大创新。除此之外,在改革开放40年的过程中,中国的经济学界提炼出了一系列新概念、新规律、新范式,形成了具有中国特色的经济理论和分析框架,可以说,没有改革发展的伟大实践,就没有这样丰富的经济学说,中国特色的经济学理论就不会取得这些伟大成就[4]。

---

[1] 习近平:"在纪念毛泽东同志诞辰120周年座谈会上的讲话",《人民日报》,2013年12月27日。
[2] 厉以宁:《社会主义政治经济学》,商务印书馆,1986年版,第533页。
[3] 邓小平:《邓小平文选(第三卷)》,人民出版社,1993年版,第148—149页,第203页。
[4] 厉以宁:"中国特色经济学的建设和发展",《人民日报》2016年6月29日。

（三）选取支点，运用科学的研究方法

运用多种科学方法有助于中国哲学社会科学理论与世界理论界对话，增强理论的影响力。厉以宁经济学思想的科学性正得益于其选取运用了多种科学的研究方法。有学者指出，中国的学术理论界需要在中国问题和中国模式上发出声音，构建具有理论自信的新叙事，这种新的理论话语，既需要以中国问题的主体性为首要原则，同时又不回避西方主流理论的概念和话语，而是积极进入其中，发展与之对话和辩论的"交互理性"[1]。中国哲学社会科学理论不能自说自话，要用世界听得懂的语言讲好中国故事，而前提就是运用科学的研究方法。

习近平总书记说："哲学社会科学研究范畴很广，不同学科有自己的知识体系和研究方法。对一切有益的知识体系和研究方法，我们都要研究借鉴，不能采取不加分析、一概排斥的态度。马克思、恩格斯在建立自己理论体系的过程中就大量吸收借鉴了前人创造的成果。对现代社会科学积累的有益知识体系，运用的模型推演、数量分析等有效手段，我们也可以用，而且应该好好用。"[2]中国哲学社会科学理论要开门搞研究，积极应用各个国家、各个学科的先进、严谨的研究方法，选取中西多元化的样本避免样本选择性偏差，综合运用、交叉验证、得出科学结论；要主动与其他国家的理论开展对话，进行比较、对照、批判、吸收、升华，由中国特殊性上升为世界普遍性的理论。

---

[1] 姚洋、席天杨：《中国新叙事》，格致出版社，2018年版，第iii页。
[2] 习近平："在哲学社会科学工作座谈会上的讲话"，《人民日报》，2016年5月18日。

（四）找准结合点，解决重大问题与发展理论相结合

以问题为导向，有助于理论与实践相结合，在解决重大问题中不断检验与发展中国哲学社会科学理论。厉以宁经济学思想的科学性正来源于其始终关注重大问题的解决。理论是时代的产物，大多是学者思考和研究当时当地社会突出矛盾和重大问题的结果，理论的重要性取决于所解释问题的重要性。因此，一方面，中国的伟大转型、世界的快速发展提出了无数重大的问题，中国哲学社会科学理论要以解决当代中国和世界发展过程中的重大问题为使命，要落实到怎么用上来，怎么解决重大问题上来，用实践检验理论。

另一方面，中国哲学社会科学理论要在解决重大问题中不断发展。毛泽东在《实践论》中说过："实践、认识、再实践、再认识，这种形式，循环往复以至无穷，而实践和认识之每一循环的内容，都比较地进到了高一级的程度。"[1]库恩的研究范式论也提出，在常规科学中，随着反常现象的增加，旧范式带来危机，必然引发科学革命的危机，一定程度的反常现象累积形成大规模的对于现拥有范式的否定和挑战[2]。换言之，问题是理论创新的起点，也是创新的动力源，经济实践的变化必然会带来理论的变化，每个重大经济问题都可能会带来理论的创新和发展。中国改革开放生动鲜活的实践不仅提出了一个又一个新的重大问题，而且不断对中国哲学社会科学理论进行检验和发展，成为中国哲学社会科学理论的发展基础和创新源泉。厉以宁经济学思想是伴随中国改革开放实践发展起来的优秀理论代表，未来，中

---

[1] 毛泽东：《毛泽东选集（第一卷）》，人民出版社，1991年版，第296—297页。
[2] Kuhn, Thomas S., *The Structure of Scientific Revolutions. 3rd edition*, Chicago: The University of Chicago Press, 1996.

国哲学社会科学理论也必将继续随着中国特色社会主义的发展壮大而开枝散叶、更加繁荣。

（于鸿君,北京大学光华管理学院;尹俊,北京大学习近平新时代中国特色社会主义思想研究院）

对于"中期"宏观经济学的一个原创贡献——读厉以宁《国民经济管理学》

平新乔

20世纪80年代中期，1985至1986年，是厉以宁教授系统提出社会主义经济理论，尤其是宏观经济管理理论的时期。继1985年完成《社会主义政治经济学》（1986年由商务印书馆出版）一书的写作之后，厉老师马不停蹄，在1986年年底又完成了36万字的《国民经济管理学》的书稿，该书由河北人民出版社于1988年5月正式出版。《社会主义政治经济学》和《国民经济管理学》两部著作，是厉以宁教授在中国特色社会主义经济学的研究中的双子星，是其一生经济学理论创作的两座高峰。

《社会主义政治经济学》侧重于从经济运行的横截面开展研究,即从微观、宏观、发展和收入分配的经济过程揭示社会主义生产关系的内涵与社会主义市场经济体制的建设与完善。在刚写完《社会主义政治经济学》后,如何让新开笔的《国民经济管理学》避免重复,不能不说是一大挑战。但厉以宁先生以其理论上的厚积和原创力,交出了出色的答卷。不同于《社会主义政治经济学》,《国民经济管理学》是从纵的角度,以"近期""中期"和"长期"这三个时间长度,讨论、分析了社会主义宏观经济学的基本问题。三十多年过去了,不仅"近期""中期"和"长期"的期际区分经受了理论发展的实践检验,更重要的是,厉以宁教授在分析近期、中期和长期的宏观经济学问题时所写下的基本理论结论,其思维的理论框架,与他所提出的一系列理论问题,至今仍具有指导意义。这都显示出厉以宁在宏观经济学上的高瞻远瞩与深远影响力。尤其是他提出的"中期"(Medium-Run)宏观经济管理理论,领先了西方经济学界宏观经济学同行至少10年,其强大的理论是中国经济学家对当代世界经济学发展的一个重要贡献。

厉以宁在《国民经济管理学》里明确指出,国民经济管理,即社会主义宏观经济管理的近期任务是维持经济稳定,应当通过政府调节来维持社会总需求与总供给之间的基本平衡。这种总供给与总需求之间的平衡,既是总量的,又是结构的,即要协调总量与结构之间的诸多不平衡问题。厉老师将总需求与总供给之间的平衡关系分为投资、消费和国际收支这三个子领域,由于每个子领域都有供大于求、供小于求、供求相等这三种可能。所以,近期的宏观经济管理格局实质上有27(3×3×3)种可能。比如,消费领域的供不应求可能会与投资领域的供过于求并存,国内消费和投资领域的供求均衡可能会与国际收支领域的不平衡并存,等等。《国民经济管理学》共讨论了20种短期宏观经济不平衡的格局,这实质上也是宏观经济问题的结构分析。不仅对宏观格局的分析是总量分析与结构分析并存,而且宏观经济调控的政策手段的选择讨论,也是既有总量的(如控制消费总量与投资总量的利率政策和财政税收政策),也有结构的(如实行差别利率、差别税率政策,和差别收入转移支付政策等)。

本书与国内外讨论分析宏观经济问题的诸多论著不同的最显著的特色是,在理论上第一个提出"中期"的国民经济管理任务是解决经济结构问题,具体是三个结构:产业结构、技术结构和区域结构的转变、升级。这就是说,在客观上存在一个既非短期又非长期的"中期宏观经济学"(Medium-Run Macroeconomics)问题。

厉以宁教授从生产技术、投资结构的角度研究了产业结构的合理与不合理的标准。他指出,从技术的角度看,所谓产业结构不协调,主要是指设备的老化、落后的部门与企业成为经济持续增长的"瓶颈"。而产业结构的不合理是由投资结构不合理所造成的。由于产业结构一旦形成就不易于在短期内实现大的调整,因此,产业结构的调整和升级就需要与投资周期相应的"中期"来完成。由此,厉以宁认为应该在近期与长期之间,独立研究中期的宏观经济管理问题。与产业结构相联系的是技术结构,这是指经济中各个不同层次的技术之间的比例与位置的安排,它关乎各个部门应选择什么样的技术为宜。厉以宁明确指出,符合一国国情的技术结构才是合适的技术结构。地区结构或区域结构是指人力、物力、财力的空间分布状况,它与地区产业结构、地区技术结构之间存在着交叉、重叠的关系。

应当指出,讨论经济结构,在20世纪80年代的中国经济学界是比较普遍的。厉以宁教授的独到贡献在于把结构变迁、升级问题纳入"中期"宏观经济学框架里。其主要的贡献在于下面六点：

第一，经济结构的调整，是以社会主义市场体系为基础的。厉以宁在书中明确指出："产业结构调整、技术结构调整和地区经济结构调整的主体，不是政府，而是企业"（第238页）。是企业按市场需求结构变化而在生产资料市场和投资品市场上调整投资方向，才引起产业结构的变化。而企业调整产品结构和产业结构又必须依托资金市场（20世纪80年代叫作"资金市场"）、外贸市场和国际资本市场。他还深入讨论过外资的边际成本与内资的边际成本之间的比较，主张在利用外资的边际成本低于使用内资的边际成本时，应引入外资来改变国内产业结构与技术结构。这就是说，经济结构调整的实施主体、调整的手段、调整所依托的基础，都是市场导向的，而不是计划经济的导向。

第二，厉以宁同时指出，在中期宏观经济调控注重产业结构转变的过程中，政府的作用是十分重要的。他明确指出政府要在四个领域发挥作用：(1)政府在基础设施投资，如港口、道路、通信、土地整治等建设上可以大有所为；(2)政府对于投资回报期长或者利润较低但是社会需要的投资项目，也可以自己投资；(3)政府对于基础性科研应给予资助；(4)政府应投资于人才培养和人力资本积累。当然，除了这几个方面外，政府对于全社会的经济的调控是全覆盖的。

第三，厉以宁教授讨论、分析了"中期"宏观经济学中产业结构变化与周期之间的关系。他思考了如下几个问题：为什么任何产业都会有周期，即会发生上升、高峰、衰落的变化？为什么产品的发展会经历"投资增长—投资显著增长—投资热情衰退"这样的过程？发现，这样的周期不是几十年的长周期，而是中周期。"中周期"的休整阶段，就是产品结构、产业结构的调整正在发生的时期。等结构调整完成了,旧的产业就退出了,新的产业就取代了旧产业,经济就会继续前进。一个部门增长速度放慢的主要原因在于,发展到一定程度以后,投资的盈利性下降了,从而会引起投资减少,进而引起增长率的下降。

第四,厉以宁十分重视中期经济结构调整中的失业与就业的结构问题。中期失业结构不同于短期失业问题。短期的失业问题也许是产品市场、资本市场的供求短期失衡以及短期宏观经济政策变化的产物,这种短期失业问题不会持续很久。而中期的失业问题可能会持续存在,就中国来说,厉以宁老师认为中期就业的根本问题是两个:一个是农村剩余劳动力的出路问题;另一个是产业结构与人口结构之间的协调,他敏锐地看到,人口增长后,住宅建设在国民经济里的地位会显著上升。这两个洞见,已经被最近三十多年的经济发展历史所证实。

第五,什么是产业结构变迁的动因?厉以宁教授从需求侧和供给侧两个方面做了分析。从需求的角度看,需求结构的变化会改变市场上原有的产品供求关系,从而引起企业投资行为和投资结构的变化;从供给侧来看,资源供给条件的变动会直接影响企业的成本结构和成本水平,从而引发产业结构的变化。比如,由于新技术的推广会降低生产成本,因此投资额会明显增加,即有利的供给条件本身就会直接创造需求,引起产业结构的变化。

第六,结构变化过程中政府产业政策的作用。厉以宁对于宏观经济调控的理论,有两个基本观点:第一是"二次调节理论"。他认为市场调节是基础性调节,政府调节是第二次调节,政府调节是调节市场无法调节的方方面面,但市场调节和政府调节都是覆盖全社会的;第二,他主张用"政府调节"的概念来取代"计划调节"。因为在社会主义市场经济里,计划调节只是政府调节的一种方式,除计划调节、行政手段以外,政府还可以用货币政策、财政政策、税收政策、收入政策和产业政策等来调节经济。在"中期"的宏观经济管理中,产业政策是十分必要的。产业政策包括有限保护本国新兴产业部门,适当改造并发展本国传统部门,及时解决与产业结构调整有关的技术政策和就业政策,还包括投资资金的筹集政策。当然,产业政策的实施必须以社会主义市场经济为前提,否则,"很容易回到计划经济体制下制定产业政策的老路上去"(第179—180页)。

这里仅仅是叙述厉以宁教授关于"中期"宏观经济管理理论的主要之点。须知,这些基本理论观点都是在三十多年前经作者独立思考写成的。只要对照2016—2017年以来中国经济学界关于产业结构和产业政策的争论,关于供给侧改革的讨论,就不难发现,其实,早在三十多年前,厉以宁先生就已经贡献出了极其深刻的思想,且非常成系统。

厉以宁先生还认为,中期宏观管理与短期宏观管理相比,短期管理侧重于需求管理,而中期宏观管理则侧重于供给管理;需求易增不易减,而供给易减不易增。因此,供给侧管理的难度比较大,中期宏观管理比短期宏观管理的难度更大。至于长期宏观管理,厉以宁认为应侧重于环境管理、收入水平的调节和社会保障体制的建设。这同样已被三十多年经济发展实践所证实。

笔者是在1987年初读到厉以宁老师在北京大学校内上课用的油印版的《国民经济管理学》的。1987年暑假有幸跟随厉老师在青岛大学举办的高校师资研讨班上再次当面请教这本中国特色的宏观经济学著作。后来在研究中发现,美国经济学界是在1997年以后才发现"中期"宏观经济学具有与短期、长期宏观调控问题不同的特殊内容。也就是说,厉以宁教授关于"中期"宏观管理的思想,至少比西方主流经济学家提早了10年。在西方主流经济学界里,奥利弗·J.布兰查德是在1997年明确提出"中期"宏观经济学概念的,并且特别强调指出,"中期"绝对不是强调商业周期的"短期"与强调经济增长的"长期"之间的短暂过渡,"中期"有其本身的特征:一是失业率会有一个稳定的带有刚性的水平,不易下调;二是在国民收入水平里,资本份额与劳动份额也会保持一个相当稳定的水平。这两个特征,都与经济结构有关,并且本身就是基本的结构问题。罗伯特·M.索洛是2000年在《经济展望杂志》上就"中期"宏观经济学发表文章,主张从"中期"视角扩展经济增长模型,建议将研发活动引入增长,在经济周期研究中重视期际一致性(Intertemporal Consistency)研究。在加拿大,保罗·博迪在2005年发表论文,探讨"中期宏观经济学"问题,他认为,在中期,由于生产要素比例发生变化,会发生内生的技术选择变动,从而引起生产函数与潜在生产率的移动。到2015年,日本经济学界出版了《中期宏观经济学研究》一书,从四个方面拓展了"中期宏观经济学"的研究:一是由金融不稳定所引起的宏观动态问题:长期经济增长并不主要取决于金融因素,而是取决于生产要素、技术因素和制度要素;在短期,由于宏观调控政策,金融不稳定问题并不突出;但是,金融不稳定问题会在中期发生重要作用,因为金融不稳定会摧毁经济体系和经济结构,一旦摧毁,其重建就需要一个中期。二是中期里的工资和失业率的决定会比较突出:有经济学家指出,应该把设备利用率和工作小时纳入生产函数,来分析劳动市场体制和资本积累对于持续的经济停滞和失业所发生的效应,即中期易于发生经济增长停滞和高失业率问题。三是结构变化和经济增长之间的关系:在中期会发生制造业比重下降与服务业比重上升,也会引发生产要素里资本要素与劳动要素之间的替代。四是劳动市场与收入不平等问题:中期会发生由经济结构变化所导致的部门之间收入不平等和部门内部的收入不平等问题。

可见，美国、加拿大、日本经济学界在最近20年里所研究的"中期"宏观经济学的基本框架，厉以宁先生提前在1980年代中期，即1985—1986年间，明晰地写出来了。西方经济学家后来所讨论的中期宏观经济学问题，当然反映了西方社会经济的一些特征，但是就经济转型和结构升级这些一般规律来说，西方学者在"中期宏观经济学"范围里分析所达到的理论视野来说，并没有超出厉以宁教授所思考的范围，只是厉老师更多地考虑到社会主义基本制度和中国二元经济结构对于中期宏观经济问题的约束与影响，更多地考虑到市场机制和政府调控对经济结构转型和升级所产生的相互作用，而这些，恰恰正是厉以宁经济学研究的特色。

总之，厉以宁教授能够立足于中国经济改革和发展的实践，超前提出"中期"宏观经济管理的理论框架与基本理论，出版《国民经济管理学》，这是中国经济学家对于当代世界经济学的一个学术贡献，更是一个重要的理论创新。值得我们后辈学习并加以深入研究与发展。

参考文献

1. 厉以宁：《国民经济管理学》，河北人民出版社，1988年版。
2. 厉以宁：《社会主义政治经济学》，商务印书馆，1986年版。
3. Adachi, Hideyuki, Tamotsu Nakamura, and Yasuyuki Osumi, "Studies in Medium-Run Macroeconomics," *World Scientific*, 2015.
4. Beaudy, Paul, "Innis Lecture: Exploration in Medium-Run Macroeconomics," *Canadian Journal of Economics*, 2005, Vol.38, pp. 1136—1159.
5. Blanchard, Olivier J., "The Medium Run," *Brookings Papers on Economic Activity*, 1997(2), pp.89—141.
6. Solow, Robert M., "Toward a Macroeconomics of the Medium Run," *Journal of Economic Perspectives*, 2000, Vol.14, pp.151—158.

（平新乔，北京大学经济学院）

经济改革研究应当从中国实际出发——为什么是《非均衡的中国经济》？

刘 伟

1998年时,为纪念即将到来的新中国成立50周年(1949—1999年),中国社会科学院经济研究所和广东经济出版社一道,举办了推荐"影响新中国经济建设的10本经济学著作"的活动。组织专家先后提出了83本和52本备选书目。在此基础上,由以刘国光为主任的25名著名专家学者组成的委员会无记名投票,选出了包括孙冶方、马寅初、薛暮桥、于光远、王亚南、卓炯、蒋一苇、刘国光、厉以宁、吴敬琏和刘吉瑞先生等作者在内的10部著作。[1] 厉先生入选的是经济时报出版社1990年出版的《非均衡的中国经济》。大家都知道，厉先生著述颇丰，即使在近三十年前的1990年，也已有近二十部学术专著出版。在当时厉先生已出版的著作中，《非均衡的中国经济》字数并不多，仅20万字，况且是刚出版的新著，影响也还未显露出。但在征询厉先生本人意见时，厉先生坚持以这部著作作为入选的代表作，也获得了评审专家们的高度认可。

为什么在诸多著作中唯选这一部，厉先生在这部著作的前言中表示，因为这部著作"最能反映自己的学术观点"。同时厉先生特别把这部著作与已出版的其他著作做了比较，概括了这部著作具有特色的八个方面的分析。[2] 我对于厉先生的学术思想，尤其是他的关于中国社会主义经济改革和发展的思想，有一定的研究，所以也能较多地体会到厉先生之所以强调这部著作的考虑。[3]

十分重要的在于，这部著作较为鲜明地反映了厉先生的改革价值观和方法论。非均衡的分析，一方面表明对改革必要性和必然性的强调，当一定的经济体制本身不具备实现均衡增长的可能时，改革便成为必然。另一方面，非均衡分析本身是一种方法论，强调的是从非均衡的现实出发，而不是以"美妙"的一般均衡作为分析工具，这一点对于阐释中国的经济改革具有极为重要的意义，否则，便容易与西方正统经济学趋同，从而严重脱离中国的国情（如所谓"华盛顿共识"）。

---

[1] 刘国光：《影响新中国经济建设的10本经济学著作》，广东经济出版社，1998年版，第1—5页。
[2] 厉以宁：《非均衡的中国经济》，广东经济出版社，1990年版，第1—4页。
[3] 刘伟、孙来祥："一部在实践呼唤中诞生的力作"，《中国社会科学》，1988年第1期，第113—121页。

首先,改革进程中在理论方法和实践逻辑上重要的是协调"改革、发展、稳定"三者的关系。当经济出现严重失衡条件下要不要推动改革?或者说是否需要等到经济失衡程度有所缓和时再推进改革?事实上,当经济体制本身不具恢复均衡的可能性,并且制度本身具有非均衡的"刚性"时,制度改革和创新便成为不可回避的问题。既然传统体制已不具恢复均衡的可能,那么指望在传统体制不变的情况下恢复均衡或缓解失衡之后再推进改革,实际上是在理论上把改革视为不可能,在实践上视为不必要,因为这种看法本身就存在一种逻辑上的矛盾。厉先生在这部著作中特别强调改革必须从非均衡的现实出发,这不仅体现其对改革迫切性的强调,同时这种强调也是建立在其对传统计划经济体制弊端的深刻剖析基础之上的。既体现了其对传统经济体制的反省,更体现了对制度创新的渴望。

其次,重要的不仅在于指出传统经济体制刚性的事实,而且更重要的在于科学准确地分析其原因,进而明确改革的重点和推进逻辑。在这部著作中厉先生深刻剖析了非均衡之所以存在且无法在传统体制下克服的原因,重要的并非是市场价格信号的扭曲和价格刚性等市场价格竞争机制方面的问题。尽管从表象上看,中国经济在传统体制下出现严重的失衡是价格机制的失灵,但根本在于经济活动中的行为主体,即企业本身在制度上难以接受市场硬约束。因此,所有制结构的改革、企业产权制度的改革、公有制实现形式的改革等围绕企业主体制度的改革便被提到核心位置。厉先生的许多关于改革的重要思想都是基于这一逻辑。如:经济改革的失败可能由于价格改革的失败,而经济改革的成功不取决于价格改革而取决于所有制和企业改革;又比如:以股份制改革作为企业改革特别是国有制企业改革的重要形式等。这就在方法和逻辑上根本不同于一般均衡分析的西方正统经济学关于改革的认识和设计（如"休克疗法"）。

厉先生对经济史和经济思想史的研究均有很深的造诣。我在读书时，厉先生主讲的课程就是外国经济思想史（包括当代西方经济学）和比较经济史。他的《二十世纪的英国经济——"英国病"研究》（与罗志如先生合著）、《工业区位理论》（与陈振汉先生合著）以及他关于古希腊经济史及资本主义制度产生的经济史比较研究的系列论文和著作，体现了其在经济史上的深厚功力；他的《现代西方经济学概论》（与秦宛顺先生合著）及外国经济思想史的研究等著述，表明其在经济思想史和理论方面的长期深厚渊博的积累。但是厉先生《非均衡的中国经济》体现的却是紧密联系中国的具体国情和实际，而不是机械地从正统的经济思想史和经典的资本主义市场经济发展史出发。这种学风值得我们特别的尊重和提倡。

在庆祝厉先生90华诞之际，借写这篇小文章重温厉先生的学术思想，既是对先生的祝福，也是再一次学习。

（刘伟，中国人民大学）

厉以宁金融学思想述评

刘俏

金融的本质是中介(intermediation),是以简单、直接、有效的方式将储蓄转为投资,实现资金跨时间和跨空间的交换。金融的本质虽然简单,但金融实践却千姿百态,而且一直在演进着。如果我们把金融理解为围绕着把储蓄转换为投资所发生的一系列活动的总和,那么这些活动的参与者(个人、家庭、企业、社会团体、国家等)之间的多重交互关系,规范这些活动的宗教文化、社会习俗、法律制度、公共治理体系等,以及这些活动置身于其间的经济社会发展阶段,还有支撑这些活动的科学技术和知识思想体系,聚合在一起形成了人类发展史上色彩斑斓的各类金融。

现代中国金融的演进伴随着新中国经济70年的发展。从1953年国民经济第一个"五年计划"实施开始,在资本极度匮乏且与国际金融体系几乎完全隔绝的情况下,中国需要一个能够广泛动员社会资金,集中金融资源聚焦基础设施、重工业和大项目的金融体系,高度集中的单一人民银行体系逐渐演进成形。虽然中间经历过多轮起伏,这种集中、垂直管理的架构一直延续到1978年中国开启改革开放。1978年开始的改革开放开启了中国在现代经济体系下以中国人民银行为核心的现代金融体系的建设过程。中国发展模式本身的特点和中国经济的阶段性特征,再加上中国改革开放期间特有的制度环境,决定了中国金融所采用的中介模式。1978年迄今,中国金融体制改革和金融体系的建设发生了天翻地覆的变化。中国的银行体系和非银行体系、金融市场、金融管理体制、宏观经济调控工具与国际金融市场的交互关系等经历了巨大的变革,林林总总的金融创新不断涌现,快速发展,逐渐成形。经过40年的变迁,具有清晰特色和阶段性特点的中国金融体系基本建立成形。这一过程中,中国金融业展现出强大的聚集社会资金投向经济建设的能力,为中国经济发展作出了巨大贡献。

作为经济学的一个分支,金融学研究在不确定环境下如何更好地配置资源,实现资金跨时间和空间的交换。这个教科书意义上的定义虽略显抽象,但基本反映出金融学研究的是金融中介过程中第一性的重大问题。金融学发展体现为一系列基准理论的形成,这些基准理论反映的是它们所处时代的研究者对重要问题的最大共识。中国金融学理论和思想的发展伴随着中国金融的演进与发展。40年来,对包括企业的本质、信用和财政的关系、货币政策在宏观经济调控中的作用、金融体系的发展和监管、资本市场定价等诸多第一性问题的纵深研究,逐渐形成了具有中国特色的金融学体系。作为中国金融实践的亲历者和金融学教学与研究的参与者,厉以宁教授对中国金融学的发展居功至伟。

厉以宁改革开放至今的学术思想,涉猎广深,涵括中国经济发展过程中的探索,中国的农业、工业改革,宏观经济调控机制,企业改革,资本市场建设,以及与经济发展密切相关的教育、文化、管理等方方面面。多年来,凭着从实际出发、从中国国情出发、科学求实的指导思想,为中国改革开放和经济发展奉献了一系列理论和政策建议。虽然他没有从现代金融学研究范式的角度对中国金融学做一个整体梳理,但是厉以宁对金融与经济关系的深刻洞察,关于中国经济的非均衡分析,对中国经济微观基础的系列研究,对产权重要性的反复论证,以及对效率的双重基础的前瞻性思考等无一不涉及现代金融学所关心的核心问题。把这些理论思考、实践方面的洞见,与金融学关注的重大问题,以及中国金融过去40年的变迁结合在一起,形成了厉以宁金融学思想的大致轮廓。

在本文,我尝试从公司金融理论与实践、宏观经济调节中的货币与财政,以及金融发展理论与实践三个方面评述厉以宁对中国金融学发展作出的卓越贡献。伟大的金融理论和思想追本溯源,探究最根本的原因,推进人们对金融核心问题的认识。必须指出,厉以宁教授在推动学界、政策界和实务界对金融本质和核心问题的认知方面的贡献,远不止我在文章里论述的这三个方面。

一、公司金融理论与实践

企业的定义与本质、企业治理机制、企业的最优投资和融资决策、资本市场中的企业等是公司金融（corporate finance）领域一直关注的重要问题。改革开放40年，中国现代意义上的企业从无到有，从小到大。2019年，按营业收入排名的《财富》全球500强已经有129家中国企业，超过了美国的121家。中国已经成为全球拥有大企业数量最多的经济体。长期以来，厉以宁教授基于中国发展过程中出现的一系列与所有制和企业相关的问题的思考和研究，不仅对中国企业的实践，而且对中国公司金融理论的出现和逐渐发展成形，拥有极为重要的意义。

（一）股份制改革和非均衡的中国经济

企业是市场经济的重要主体之一，是经济的微观基础，而推进中国的市场化改革必须以充满活力的企业作为基础。中国理论界对这一重要问题在认知上取得共识，很大程度上归功于自1980年起就一直在推动"股份制改革"的厉以宁教授。中国改革起始于市场主体缺失或不完整这样一个初始条件。市场主体缺失主要反映在两个维度：其一，在经历了近三十年的计划经济之后，经济微观单元——现代意义上的企业——几乎没有，大量的经济活动是在没有市场主体的条件下完成的，政府直接调控仍然普遍；其二，即使已经存在的企业，其目标也局限于完成各种指令性、指导性计划，自负盈亏、实现价值创造并非企业经营目标，国有企业普遍面临"软预算"问题。

20世纪80年代中期，厉以宁针对这一状况，敏锐指出：中国经济改革的失败可能是由于价格改革的失败，中国经济改革的成功必须取决于所有制改革的成功，也就是股份制改革的成功[1]。

---

[1] 厉以宁："所有制改革和股份企业的管理"，《中国经济体制改革》，1986年第12期，第25—28页。

厉以宁得出这一判断的理论逻辑,正如他在2008年的一篇文章中所追述:"股份制的实行是推进中国市场化改革的必要条件,只有通过股份制改造才能重新构造市场经济的微观基础,才能完成市场化改革。"[1]在20世纪80年代中后期关于"市场经济改革的主线之争"进行之时,厉以宁指出,"中国的企业并非独立的商品生产者和经营者的时候,如果不进行股份制改革,它们不可能适应市场经济,就是放开价格,只能带来通货膨胀和经济混乱"。他同时指出,"不进行股份制改革,明确企业自主经营、自负盈亏的本质,一旦经济出现波动,政府可能在一夜之间重新管制价格,退回到计划经济的老路;而企业股份制改革则不同,是根本性的改革,因为它彻底改变了中国经济的微观基础"。在《非均衡的中国经济》一书中,他对这些观点有更详细的表述。宏观经济的微观基础缺乏活力,是中国经济呈现非均衡特性的最根本原因之一。这一思想贯穿在厉以宁对中国经济、金融众多问题的理解和分析之中。

厉以宁对企业改革重要性的认识,历经数十年,仍然熠熠闪光。市场经济的运作需要充满活力的微观基础:私营企业需要通过股份制改革明确产权,按照价值最大化来做出决策,才能对市场条件的变化做出适时反应;国有企业通过股份制改革,建立企业治理制度,根除"软预算约束"问题,才可能释放出活力。厉以宁在之后参与的股份制改革的具体实践,证券法的起草,以及后期参与的股权分置改革,以及建设多层次、完善的资本市场体系的讨论中,一以贯之地体现了这一思想。

作为一个公司金融领域的研究者,我一直认为,明确不同制

---

[1] 厉以宁:"中国股份制改革的回顾与前瞻",《改革开放三十年:见证与回顾》,中国言实出版社,2008年版。

度背景下和不同经济发展阶段企业的经营目标和本质,理解企业和市场、政府的关系,探讨如何建设有活力的经济微观基础是公司金融理论必须直面的最重要的问题之一;而基于对这些问题的研究所形成的认知,有很大可能性能成为金融学的基准理论(Benchmark Theory)。厉以宁教授对企业定位和其在经济生活中重要性的清晰表述,对中国经济的市场化改革和中国金融理论的发展而言,都是向前的一大步。它们也因此成为中国公司金融的基准理论的一部分。

(二)企业的投融资决策

企业如何投资和融资是公司金融关注的另一个重要问题。改革开放期间的中国经济,其发展模式长期以来以投资拉动为主——1978年至今,中国经济的固定资本形成的GDP占比一直保持在40%以上。经济学里有一个关于增长的分析框架阐释了投资率×投资资本收益率与增长的关系:增长率 = 投资率×投资资本收益率。投资率和投资资本收益率都能够促进经济增长。改革开放初期中国经济发展的起点较低,资本相对稀缺,资本的边际收益率保持在一个较高的水平。只要能够保持一定的投资率,经济增长速度就能够得到保证。随着我国工业化进程的接近完成和高速增长阶段的结束,投资资本收益率开始下降。企业投资的重点从注重投资率转型投资资本收益率。当投资资本收益率不高时,为了实现一个相对较高的经济增长速度,就必须增加投资率。当中国经济靠高投资率推动时,经济高歌猛进的情况下,企业还可以靠大量的银行信贷或是影子银行提供的资金支持做大规模,保持增长。但如果长期依靠投资,而投资资本收益率跟不上,势必形成企业层面负债率的不断攀高,造成经济发展失衡。中国经济的高质量发展要求我们降低投资率,提高投资资本收益率(Return on Invested Capital,简称ROIC)。唯有这样,中国经济才能实现从数量增长(Quantity Growth)向质量增长(Quality Growth)的转型。

这是过去40年大量关于中国企业投资和融资方面的研究所呈现出的学界的最大共识。而厉以宁早在1982年发表的"论社会主义有效投资和合理投资"一文,在将近四十年前就以严密的逻辑、问题导向性的研究方法以及对中国现实的深刻思考,形成同样的结论和判断。虽然这篇论文讨论的是总体经济,但其逻辑和结论同样适用于企业。在这篇论文中,厉以宁首先指出,投资是经济增长的第一推动力量。这一分析与中国当时所处的经济发展阶段非常吻合,也为中国近四十年的经济高速增长所证实。但是,他并没有止步于此。这篇文章最大的理论贡献在于创造性地定义、区分了有效投资和无效投资,以及合理投资和不合理投资。厉以宁指出能够促进经济增长的投资是有效投资;除了增加社会总产品,提供经济增长率,对经济生活中各种比例关系起到协调作用,对经济发展目标起到协调作用的投资才算是合理投资。经济健康发展,需要推动的是有效且合理的投资。此外,他还分析了投资资金的来源及其与财政的关系(注:1982年时的中国金融还是财政的附属),对投资与宏观经济失衡之间的关系做了深刻的讨论。

虽然沿用的分析范式和所用的术语不一样,但是这些问题导向性的思考,在实事求是的科学逻辑的论证下,得到与现代公司金融理论同样的具有一般性意义的结论:合理的投资决策能够更好地促进企业和经济的增长;判断合理投资决策的标准在于其能否创造价值,而不仅仅是做大规模。这些基于中国场景分析得出的结论,成为中国公司金融理论的重要成果,其意义在中国经济目前正在经历的从高速增长向高质量发展的转型过程中已经彰显出来。

目前,随着人口老龄化加剧,国民储蓄率的逐渐下降;再加上较低的投资资本收益率带来的高杠杆率问题,以银行信贷驱动的投资作为经济增长主要动能这种局面已经难以为继。中国经济将经历艰苦的从投资拉动向效率驱动的转型——我们未来需要更多依靠提升投资资本收益率来维持增长。未来的增长将更多地来自于全要素生产率的提升,因为它能带来更高的投资资本收益率——具有高水平投资资本收益率的投资,在我看来,就是厉以宁教授定义的有效投资和合理投资。在经济转型的过程中,以智力资本为基础的企业和创新型企业将会崛起。它们的基因中隐含着对更高的投资资本收益率的追求;对于传统行业,我们必须采用多种手段鼓励企业升级换代,共同将中国打造成为更绿色、更创新的"制造强国"。在这个过程中,我们期待看到中国传统行业的投资资本收益率得到显著改善。只有当中国经济微观单位(企业)的投资资本收益率得到普遍提升时,中国经济整体的投资资本收益率才能得到大幅改善。

为了实现中国经济向高质量发展转型,我们需要更多的有效投资和合理投资,需要营造促成有效投资和合理投资的资源条件和市场条件。厉以宁教授37年前的文章留下的启示,现在仍然成立,其时代意义甚至更加重大。

二、宏观经济调节中的货币与财政

厉以宁早期的研究特别关注宏观经济的调节。对非均衡的中国如何进行宏观经济和微观经济统一的调节这一问题,他留下了大量著述,深刻地影响着中国改革开放40年金融管理体制的演进和货币政策工具的变迁。厉以宁在这个领域的贡献集中体现在1985年发表的"试论我国现阶段金融手段对宏观经济的调节作用"和1997年发表的"论财政政策与货币政策的配合使用"这两篇论文中。

(一)奠定中国宏观经济调节机制设计和演进的理论基础

发挥市场在宏观经济调节中所起的主导作用是厉以宁一以贯之的主导思想。但是,他不拘泥于教条,而是从宏观经济各种调节机制的局限性出发,从政策最终效果出发,讨论货币政策和财政政策在宏观调节中的作用,从而形成"接地气"的研究洞见,带来可操作的政策建议。在"试论我国现阶段金融手段对宏观经济的调节作用"一文中,他论证了在当时的市场条件和资源条件下,采用数量调控(投资信贷额及其增长)而非价格调控的深层逻辑。他论述道:"在投资缺乏利息弹性或投资低利息弹性的情况下,对投资信贷额增长率的直接控制与利息率调整方式相比,不仅在影响投资总量的变动方面有它的优点,而且在影响部门、地区、企业之间的投资分配比例方面,投资信贷额及其增长部分的分配比例的直接规定也将会优于差别利息率政策。"可见,在利率没有彻底市场化以及货币政策传导机制不通畅的情况下,采用市场价格(利率)调节宏观经济并非最优政策选择。换言之,利率市场化以及货币传导机制通畅有效是利用市场价格机制调节宏观经济的前置条件。

厉以宁1985年的这篇文章为中国近三十年的宏观经济调节机制的设计和演进奠定了理论基础。1984年,中国人民银行专司央行职能之后,中国货币政策调节机制的设定和变化几乎就是完全按照上述逻辑来推进的。一方面,政策制定者采用数量调控,将中国宏观调控重点放在监测和分析诸如投资信贷总额、货币总量供给(M2)和新增人民币贷款这样的指标上。2011年年初,中国人民银行正式建立社会融资规模统计制度,社会融资规模成为央行数量型调控的一个重要指标;另一方面,中国也在顽强地推进利率市场化的进程,并通过结构性货币政策工具完善货币政策的传导。

在利率市场化方面,2007年1月4日,上海银行间同业拆放利率(Shibor)正式运行。此举标志着中国货币市场基准利率培育工作全面启动。从2005年始,中国实现"贷款利率设定下限、存款利率设定上限"。2012年6月8日,金融机构存款利率浮动区间的上限调整为基准利率的1.1倍;贷款利率浮动区间的下限调整为基准利率的0.8倍。7月6日更是将金融机构贷款利率浮动区间的下限调整为基准利率的0.7倍。2013年7月20日,中国人民银行发布通告,全面放开金融机构贷款利率管制,取消贷款利率0.7倍的下限,转而由金融机构自主决定贷款利率。商业银行的贷款基础利率集中报价和发布机制(Loan Prime Rate,简称LPR)开始正式运行,这一利率生成和报价方法标志着贷款利率市场化取得了突破性进展。2015年10月,金融机构存款利率上限全面放开,利率市场化改革迈出关键性一步。

在结构调控方面,中国人民银行一直在推动通过结构性手段和市场手段实施宏观调控。央行于1995年4月9日启动以国债为主要工具的公开市场业务。随着时间的推移,一系列新的调节工具被陆续引入。2013年1月,中国人民银行宣布启用公开市场短期流动性调节工具(Short-term Liquidity Operations,SLO),作为公开市场常规操作的必要补充,在银行体系流动性出现临时性波动时相机使用。同月,中国人民银行创设常备借贷便利(Standing Lending Facility,SLF),对金融机构开展操作,提供流动性支持。2013年9月,中国人民银行创设中期借贷便利(Medium-term Lending Facility,MLF),对符合宏观审慎管理要求的金融机构提供中期基础货币,中期借贷便利利率发挥中期政策利率的作用,为降低社会融资成本提供便利。

(二)财政政策与货币政策的配合

财政政策和货币政策是国家调整宏观经济的两大手段。厉以宁在1997年发表的"论财政政策与货币政策的配合使用"一文,以简洁的逻辑和对中国经济发展特性的深刻思考,给出了分析两者如何配合使用的理论框架。他基于市场不完善这一前提,提出货币政策和财政政策的出发点是促进经济增长,而政策的选择要充分考虑政策效应如何。他指出:"在市场不完善条件下,中国经济的显著特点是"刹车容易启动难"。宏观调节效应的不对称性也表现于此:宏观调节抽紧的时候,效应会迅速反映出来,经济会很快趋于紧缩;而当宏观调节放松一些的时候,调节不易达到预期的效果,经济只可能是缓慢地复苏,甚至要滞后相当长的一段时间,经济才会重新活跃。理由是:要经济活跃,必须使企业和投资主体有对盈利前景看好的信心,必须使广大消费者有对预期收入上升的信心,这样才能使购买力旺盛,使市场繁荣。然而,信心的增强是一个累积的过程,并不是宏观调节一放松就能积累起人们对市场前景的形象的。"厉以宁对在市场不完善情况下(注:参见我在前文讨论的市场主体不完善的两者情形),从货币政策和财政政策的可能效果出发来实施政策的配合使用,这一分析框架沿用至今。最近五年,中国宏观政策语境下经常听到的"积极的财政政策和稳健的货币政策"这样的表述,源头可以追溯到厉以宁教授最早关于宏观经济调节的研究。

三、金融发展的理论与实践

厉以宁关于经济效率来源的研究对于金融发展的理论和实践同样有重要的启示。金融学的研究在过去40年取得的最大成就之一就是建立起来金融发展和经济发展之间的因果关系——一个发达的金融体系能够促进经济发展成了理论界和政策界的共识。受这种"金融深化理论"的影响,中国金融高速发展。仅以1991年至2018年这28年为例,中国按M2衡量的广义货币供给从1.9万亿元激增到2018年年底的182.7万亿元;A股上市公司的数量从1991年年初的30家上升到2018年的3600多家;金融行业的增加值从1991年的区区1188亿元增长到2018年的6.9万亿元;2019年《银行家》杂志(*The Banker*)发布的全球前1000家银行排行榜中,136家来自中国的银行赫然在列,中国工商银行、中国建设银行、中国银行和中国农业银行雄踞排行榜前四名……

金融高速发展过程中,我们却逐渐形成了一个认知上的误区,总以为金融行业占GDP的比重越高越好、金融资产规模越大越好、金融机构数量越多越好,甚至金融中介的交易结构越复杂越好。在这种认知的引导下,中国金融业蓬勃发展,几乎各地政府都在建设金融中心,把提升金融业增加值的GDP占比作为重要的施政目标。刚刚出台的2019年上半年数据显示,上海和北京的金融业增加值的GDP占比都突破了19%。然而,金融业高歌猛进的同时,实体经济得到的金融支持并没有相应增加,金融中介的成本一直居高不下。

这其实是一个世界性的难题。数千年金融演进,金融中介方式越来越多元、金融产品和服务种类越来越丰富、金融创新的"科学技术含量"越来越充沛。然而,这一切没有转化为更低的实体经济融资成本。金融中介的成本并没有随着金融大发展相应降下来。例如,法国学者纪尧姆·巴佐(Guillaume Bazot)2017年发布的一项研究成果显示,美国、德国、英国和法国四个国家历史上产生和维持单位金融资产的平均成本相对稳定;托马斯·

菲利普（Thomas Philippon）在2015年发表的文章中研究美国1880—2010这个时间段产生金融资产的单位成本，他发现大约在1.5%—2%之间——美国金融体系在过去一百多年的漫长岁月里发生了巨大的变迁，但金融的单位成本却是惊人地稳定；纪尧姆·巴佐发现英国、德国和法国产生和维持单位金融资产的成本大致与美国相似，平均在2%左右。透过对这些数据的解读，我们却发现一个关于金融发展的难解之"谜"——随着人们对金融认知的不断加深，金融创新的不断涌现，新的技术也不断被运用到金融中，为什么产生和维持单位金融资产的成本并没有下降，甚至在大部分经济体还呈现出上升的趋势？

事实上，最近几十年的金融发展，除了形式上的精彩纷呈、概念上的推陈出新、思想上的天马行空和实践上的大开大阖，已经给金融行业带来远超出市场竞争所能容忍的高利润之外，并没有降低金融中介的成本，提升金融中介的效率——我把这一问题称为"金融发展之谜"。"金融发展之谜"的长期存在严重挑战着现有金融演进的底层逻辑，也挑战着我们现有的金融理论体系。进化并不一定意味着升级，如果不能有效降低金融中介的成本，任何形式的金融演进都毫无意义。没有任何一个时代、任何一个经济体能够否认金融对经济社会发展的重要作用。遗憾的是，金融在过去的演进过程中始终没有解决"金融发展之谜"。

金融发展怎样才能降低金融中介的成本，提升金融中介的效率？厉以宁于1998年发表的"论效率的双重基础"一文，提供了解决问题的思路，其重要性在人们开始思考金融尤其是中国金融未来该如何发展的当下，愈加凸显出来。在这篇文章中，厉以宁在肯定技术对提升效率的重要性的同时，指出提升效率的另一大基础：人的因素。他指出，对效率的研究有必要在市场调节和政府调节之外展开,其中不可避免地需要考虑人的积极性和创造性的发挥。要发挥人的积极性和创造性,道德力量的作用不容忽视。他在文中讨论了凝聚力对效率提升的重要作用,强调了团队凝聚力和社会凝聚力的重要性。他的分析显示,效率的道德基础是客观存在的。提升金融中介效率,降低金融中介的成本,需要人们跳出传统金融思维的窠臼,在市场和政府之外寻找诸如社区和文化这样的力量。我很诧异,这一直观而精辟的思想,在最近二十年的金融演进过程中居然没有被给予足够的重视。而这或许正是金融发展没有解决"金融发展之谜"的根本原因。

任何金融中介活动,更广而言之,任何商业活动,都是由投资者、管理层、雇员、消费者、供货商、渠道商,甚至监管者通过合同和各类'契约'形成复杂的社会网络关系来进行的。只有当这些复杂的社会关系能够通过社会和经济的架构、成文的法律约定或是其他安排形式(文化、宗教等)增强人与人之间的联结(Bond),创造出信任(Trust),在家庭、企业、社区甚至更大的组织里建立起表现为所有权(Equity)的归属感时,金融才能够真正创造价值。提升金融中介效率的文化和道德基础因此客观存在。

无独有偶,在厉以宁论文发表20年后,前国际货币基金首席经济学家和印度中央银行行长、芝加哥大学金融学教授拉古拉姆·G.拉詹(Raghuram G. Rajan)在2019年2月份出版了他的新书《第三支柱:在国家与市场外维持社会稳定的第三股力量》(*The Third Pillar: How Markets and the State Leave the Community Behind*),对这一问题同样做出了思考。书中,拉古拉姆·G.拉詹强调一个人出生、成长、生活和工作的社区的重要性。他指出,除国家和市场之外,社区是另一个重要的社会基石,一个能够实现可持续发展和包容性成长的社会需要在充满活力的市场竞争、诚实有效的政府以及健康的社区之间找到一个有效的平衡。社区的活力能带来人与人之间的"信任",这是社会效率和公正提升的一个源泉。

2019年我和两位合作者邓家品和汪小圈完成的一项研究中,利用中国地级市层面的数据,发现金融中介成本与建立"信任"成本之间有显著的正相关关系。"信任"能够提升金融中介的效率,有效降低金融中介的成本。这一实证发现印证了厉以宁教授关于效率的道德基础的论断。

类似大数据和人工智能这样的科学技术突破可以极大地消除信息不对称,但是降低金融中介成本的关键在于降低资金两端建立信任的成本。技术能够解决信任问题吗?未来的金融创新能否回归到"降低建立信任的成本"这一基本法则?怎样才能有效促进信任的建立呢?建立信任不是仅仅靠技术就能够解决的,它取决于更为积极的人与人之间,人与社区之间,人与企业和各类组织之间的良性互动,取决于人是否具有"定义美好的能力和实现美好的愿力"。对于这一系列影响金融发展甚至经济发展的第一性问题,[1]给出了解决问题的思路。

参考文献

1. 厉以宁:"中国股份制改革的回顾与前瞻",《改革开放三十年:见证与回顾》,中国言实出版社,2008年版。
2. 厉以宁:《非均衡的中国经济》,广东经济出版社,1990年版。
3. 厉以宁:"所有制改革和股份企业的管理",《中国经济体制改革》,1986年第12期,第25—28页。
4. 厉以宁:"试论我国现阶段金融手段对宏观经济的调节作用",《中国社会科

---

[1] 厉以宁:"论效率的双重基础",《北京大学学报》,1998年。

学》,1985 年第 4 期,第 27—34 页。
5. 厉以宁:"论社会主义有效投资与合理投资",《财贸经济》,1982 年第 1 期,第 28—32 页。
6. 厉以宁:"论财政政策与货币政策的配合使用",《亚太经济时报》,1997 年。
7. 厉以宁:"论效率的双重基础",《北京大学学报》,1998 年。
8. Bazot, Guillaume, "Financial Consumption and the Cost of Finance: Measuring Financial Efficiency in Europe 1950—2007", Working Paper, 2017.
9. Jiapin Deng, Qiao Liu, and Xiaoquan Wang, "Trust and Finance: the Effects of Social Capital on the Efficiency of Financial Intermediation", PKU Guanghua Working Paper, 2019.
10. Philippon, Thomas, "Has the US Finance Industry Become Less Efficient? On the Theory and Measurement of Financial Intermediation", *American Economic Review*, 105 (4): 1408—1438, 2015.
11. Rajan, Raghuram, *The Third Pillar: How Markets and State Leave the Community Behind*, Penguin, 2019.

(刘俏,北京大学光华管理学院)

故事与教学——理论之树长青,故事之花绚烂

江明华

人类社会的很多道理和智慧,大多都是通过那些寓意很深、耐人寻味的寓言故事传播,并一代一代地传下来的。这导致了人类喜欢听各种寓言故事,而不是单调、枯燥的"说教"。例如,我们从小就被老师和家长谆谆教诲"要做老实人、做老实事",老师和家长是如何教育我们的呢?其中的道理万万千,我们能够脱口而出的则是"狼来了"的故事!而且,还记得那个孩子是"一而再、再而三"地讲狼来了,而狼"一而再、再而三"地不来,才让孩子失去了人们对他的信任,最后被狼吃掉了。

现代社会,各行各业成功人士的共同特征之一就是"善于讲故事",通过各种故事来阐述一些复杂的道理,尤其是在有些道理不宜采取直接的方式明说的情况下,故事往往有其"只可意会、各自理解"等得天独厚的优势。另外,大量的研究也证明,故事更易于记忆和传播。

厉以宁老师讲的故事,不仅寓意深刻,耐人寻味,而且,启迪思想,激发智慧。例如,厉老师通过讲述"孔子批评子贡"和"表扬子路"的故事,说明遵守规则比追求个人道德的高尚对国家利益和人民利益更重要,尤其不能以道德品质的高尚与否来绑架个人的言行。

"孔子批评子贡"的故事是这样的:春秋时期,鲁国规定,凡是鲁国人看到本国人在其他国家做奴隶,可以出钱把他赎买出来,回国之后报销。孔子的学生子贡到晋国看到被拍卖的奴隶是鲁国人,就把这个奴隶赎出来,回国并没有去报销。于是全鲁国人都说:子贡多高尚啊,自己花钱赎买奴隶不报销。孔子后就批评子贡,子贡奇怪了,说做好事怎么就错了呢?孔子说,你赎买奴隶不报销,是品德高尚!其他没有钱或有钱的人,原本也想把做奴隶的鲁国人赎回来,由于担心去报销会被鲁国人认为品德不高尚,就不会赎买了。你"高尚的行为"破坏了国家制定的规则,自你之后,再无人去赎回在其他国家做奴隶的鲁国人了,反而会导致做奴隶的鲁国人深陷"奴役之中而不得解脱"。

"孔子表扬子路"的故事是这样的:孔子的学生子路看到行人不小心掉到水里,跳下水把人救起来了,家属为表感激就送他一条牛(在春秋的时候一条牛很贵的),子路很高兴地把这头牛牵回家了。结果,不少人议论道,小伙子虽然救人很不错,可是也比较贪心。孔子说子路应该拿这一条牛,因为他做了榜样,以后谁掉到水里,都会有人去救,这样救人的人多起来了,每个人面临的危险反而少了。

厉老师还通过讲授"宰相出门路遇喊冤者不理,发现耕牛倒地却仔细询问"的故事,说明"各司其职、不越级管理的制度性安排,并维护这种制度安排"对国家正常运行的重要性!

厉老师对中外历史烂熟于心,可以针对现实情况,选取适宜的故事,并给予恰当解读!例如,厉老师对中国历史盛世之一的"文景之治"的解读:缓流总比激流宽(见下图),描述了管理者在面对困难局面时,那种"忍一时"的智慧和"退一步"的格局,不仅对企业经营管理,而且对管理宏观经济都有着豁然开朗的启示!

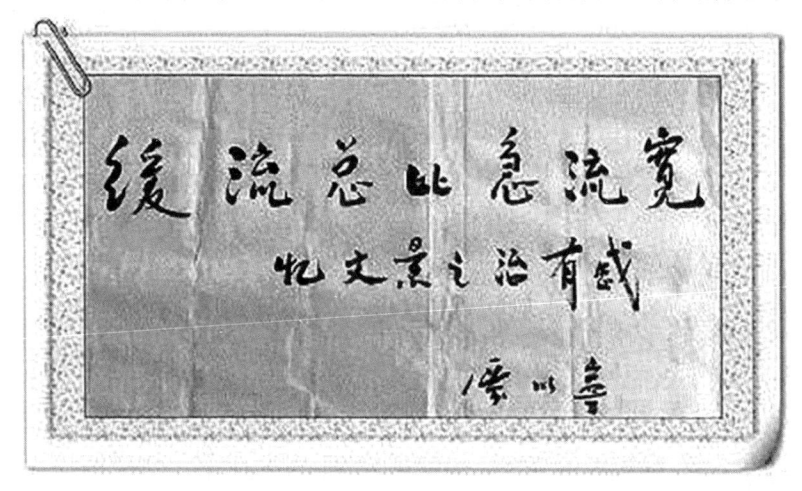

智慧与格局

厉老师讲过的故事非常多,再分享两个大家非常熟悉,但是经厉老师解读之后让我在"营销学"的教学中脑洞大开的故事。

一、"梳子卖给和尚"的故事及其启迪

(一)厉老师"梳子卖给和尚"的故事

厉老师在很多不同的场合都讲过"把梳子卖给和尚"的故

事:"某梳子制造厂有四位推销员,厂里要求他们把梳子卖到一座寺庙去,结果出现以下四种不同的情况:

1. 第一个推销员到庙里以后,发现和尚没有头发,认为他们不需要梳头,因而不需要梳子,庙里根本没有梳子的市场,就空手回来了!

2. 第二个推销员去后,卖掉好几十把梳子,办法是:通过给庙的方丈讲,和尚虽不蓄发,但经常梳头有利于头部血液循环,有利于身体健康、延年益寿;这样的销售话术打动了庙里的方丈,就给庙里的和尚每人都买了一把!

3. 第三个推销员卖掉几百把梳子!这位推销员给方丈的建议是:把梳子卖给香客!因为香客来烧香,一路奔波,头发可能乱了,拜佛之前需要整理一下仪表,拜佛之后可能会沾上香灰,庙里可以备些梳子供香客梳头使用,香客因为感受庙里的关心,会常常光顾,出手也会更大方一些,庙里的香火就会更加旺盛!

4. 第四个推销员则带回上千把订单,他的方法是,说服方丈把木梳作为纪念品送给香客,把香客最喜欢庙里的对联刻在木梳上,另一面再刻了'吉善梳'三个字。"

(二)常规的解读

"梳子卖给和尚"的故事很多人都讲过,他们讲这个故事是想阐述"如何激发客户需求"的技巧!因为,他们相信客户有时并不知道自己有需求,企业及其销售人员可以通过适当的销售技巧创造客户对产品的需求,为此还引申出"两个推销员去非洲卖鞋"的故事:

1.第一个推销员去非洲发现很多人都不穿鞋,就说非洲没有市场!

2.第二个推销员,认为正是由于非洲人现在不穿鞋,如果能够激发他们对鞋的需求,那么鞋的市场将会非常地大!

这说明同样的市场,取决于你看待的角度和高度!

(三) 厉老师的解读

"同样的产品为什么会有如此不同的结果"? 厉老师对此故事的解读,首先,是四位推销员对产品的功能有不同理解:

1. 第一位推销员只是从梳子的梳头功能去考虑市场,把目标市场局限在产品功能适用性上,因而无法打开市场!

2. 第二位则对产品的附加功能做了拓展,因而可以开发市场!

3. 第三和第四位不再局限在产品的目标市场,而开发了产品更多新功能和价值,尤其是第四位推销员,赋予产品体验价值,因而可以扩展市场!

基于上述几点,厉老师的点睛解读是:在我国不少企业面临产能过剩和转型压力的挑战中,要想打开市场,需要企业家广开思路、提升经营管理的智慧:不仅需要让旧产品增加新功能,给不同的客户带来不同的价值,同时,让产品更加个性化、让服务更人性化! 才能带领企业走向新的发展高度,才能实现供给侧改革的创新!

(四) 营销启迪

厉老师的故事及其解读,给营销教学中产品功能及其价值的问题的思考带来了诸多启迪:

香客之所以会购买梳子,是因为梳子不仅是香客本人其烧香拜佛过程中,帮助自己保持形象的工具(此时梳子只是一件功能性产品),而且,梳子还是香客愉悦经历的物证(此时梳子更多是一件体验性产品):每每看到梳子,烧香拜佛的过程都会像电影一样在香客脑海反复播放……

和尚对梳子的需求量很小,但是,庙是一个大平台,有很多的香客到庙里烧香拜佛,方丈可以借助梳子来满足香客的各种需求:捐赠,赠梳子;香客买梳子可以放在家里或办公室作为一个向亲朋好友和商业伙伴展示的物件(相当于一个表示自己信佛,是一个心地善良、有诚信的人的符号)。

企业在看待市场需求的时候,不能仅仅局限于客户的需求,而应该通过客户看到其客户的需求,也就是说,通过看待市场需求的角度不同,把原本是2C的产品(卖给普通人),变成先2B再2C的产品(通过庙卖给广大的香客),通过平台(庙)本身的流量可以极大地提升产品的销售量!当然,这要求企业不仅要了解客户的需求,更要深刻地了解客户的需求,并能够采取有效的措施通过满足客户的客户需求来满足客户的需求。

厉老师从我国目前经济急需的"供给侧改革"角度解读"梳子卖给和尚",对营销学界的学者和行业从业人员都具有脑洞大开的启迪!目前,不少企业面临一个非常突出的矛盾:一方面,面临因产能过剩而导致的供过于求的压力,另一方面,市场则因消费者收入水平的不断提高而出现消费升级,消费者的需求更加多样化、复杂化:消费者购买产品,往往不是为了简单地满足功能性需求,而是需要满足抽象的情感和体验性需求!

要有效缓和或解决这个矛盾,就要求这些企业进行转型(包括产业转型和经营观念的转型)!这些企业不少是传统企业,要进行产业转型,不仅不容易(厂房改造、更换新设备,以及对生产工人进行培训等都需要大量的投资),而且,转型往往需要的时间很长,企业在转型过程中可能等不到转型成功就破产倒闭了!

根据厉老师的解读,给这样的企业指出了一条转型的康庄大道:那就是在不改造厂房、不更换设备的前提下,进行营销观念的转型:以产品的功能价值为基础,赋予产品情感和体验价值,突出产品的个性化特征,以满足消费者的情感性需求,从而赋予产品新的生命,为产品打开一个新市场(延续产品的生命周期)!例如,在越来越多的消费者出行要么选择开车,要么选择公交的情况下,自行车企业无疑面临越来越大的生存和发展压力,如何让一家生产自行车的企业转型呢?在不改造原有生产厂房、更换生产设备的情况下,改变产品的市场定位,就有两个转型方向的选择:一是,生产玩具型自行车,消费者购买这种类型的自行车不是满足出行的需求,而是把它作为一个玩具,在住家的小区或公园骑行;二是,生产怀旧型自行车,消费者购买这种类型的自行车,甚至都不是以骑行为目的,而是为了满足对过去时光的追忆!这类消费者的主力人群应该是50后、60后!这种玩具型和怀旧型自行车的价格可能会远远高于骑行型自行车,以这种营销观念来看待消费者的需求,将给不少面临转型的传统企业提供一条"不瞎折腾"的实施途径!

二、"龟兔赛跑"的故事及其营销启迪

(一)常规的"龟兔赛跑"故事

龟兔赛跑的故事,我们在幼儿园就听老师讲过了:乌龟与兔子比赛跑步,看看谁跑得快。比赛开始后,兔子很快就遥遥领先,一看乌龟落在身后不知什么地方,兔子开始骄傲,然后睡觉了,结果,落后但不气馁的乌龟坚持不懈,最后超过了兔子,取得了比赛的胜利。

这个故事想要说明的道理,就是希望领先者不要骄傲,落后者不要气馁。此所谓:谦虚使人进步,骄傲使人落后。

（二）厉老师的新编"龟兔赛跑"

厉老师的故事可不只是这些！厉老师的"龟兔赛跑"又增加了四个版本：

1. 第一次兔子输了，兔子不服，要求再赛一次。这次龟兔赛跑，兔子吸取上次输的教训，领先也不睡觉，而是一直坚持跑到终点，所以，兔子毫无悬念地赢了比赛；

2. 乌龟输了，不服气要求再赛，为了保证再次获得胜利，兔子在选择比赛路线上动了心思：选择包括崎岖山路的比赛线路。结果自然如兔子所愿。

3. 乌龟自然不服，要求再赛，并说以前都是按照你指定线路跑的，现在得由我指定线路。兔子想反正我跑得比你快，就同意按乌龟指定线路跑。兔子没有想到乌龟在比赛线路上也做了精心安排：到达终点之前，必须要经过一条小河。结果当兔子跑到前面，很快到了河边，却一筹莫展，兔子过不了河，只能看着慢慢爬行到河边的乌龟游过去，赢得比赛的胜利。

4. 总是进行要分出输赢的比赛，使双方无法走出来回算计的"死循环"！兔子和乌龟意识到这样的比赛不会有结果，于是决定从竞争的角度改为优势互补的合作：不论多么复杂的地形，只要在陆地上，兔子驮着乌龟跑，每当遇到需要涉水、过河的时候，则由乌龟驮着兔子游，两个人同时到达终点，这样，兔子和乌龟的比赛成绩都比过去都有大幅度的提高，比赛呈现双赢的结果。

（三）厉老师的解读

针对"龟兔赛跑"故事中兔子和乌龟的表现，厉老师的解读对企业制定并实施竞争策略有着重要的启示。

第一个启示:处于劣势的一方(乌龟)不要气馁不要松懈,要坚持到底,等待领先的对手(兔子)犯错误!如果乌龟一看兔子跑在前面了,心想怎么也赢不了了,放弃吧!如果这样的话,兔子睡觉仍然能赢,因为它醒过来还可以轻松跑到终点取得比赛的胜利。在漫长的比赛过程中,对落后者和领先者来讲,都是一场关于"韧性"的比赛:比谁不犯(或少犯)错误,而不仅仅是比谁做得好!

第二个启示:要善于把潜在优势转化为胜势,兔子能跑是潜在优势,第一次因为睡觉,没有实现有效的转化;第二次它一口气跑到终点,实现了潜在优势的转化,所以,赢得了这次比赛!对于企业来讲,构建优势当然重要,但是将优势转化为胜势才是赢得竞争的重要保障。

第三个启示:乌龟明白,只要沿着原来这条路线跑,哪怕跑一万次只要兔子不睡觉,永远都是赢,而自己永远没有取胜的可能。在市场处于弱势的一方要想取得成功的话,就要选择一个对自己有利的比赛规则,通过调整游戏规则,让竞争对手无法发挥其优势,才有更大的机会赢得比赛。

第四个启示:在市场竞争里面,虽然是一场没有硝烟的战争,商场如战场,甚至商场比战场还要残酷,但目的也不是简单的要消灭对手,而是不断地要维护一个竞合的环境,双方在竞争的过程中不断地提高自己。竞争的目的,不只是为了取得某一次比赛的胜利,而应该将竞争的理念改为竞合:既是竞争,更是合作,竞争双方优势互补,竞争的结果是双赢且长期双赢。但是,竞合的基础是必须首先建立相互信任,双方对未来的收益有共同的预期,否则,竞合只能是空想。

厉老师的新编"龟兔赛跑"及其解读,对那些信奉"商场如战场",并一心想着如何在竞争中战胜对手的企业来讲,无异于开启了一个新的竞争视角。

（四）营销启迪

厉老师的新编"龟兔赛跑"，对我的营销教学有着很多的启迪：

1. 竞争是一种企业无法回避的生态

企业不可能在没有竞争的环境中开展经营管理，竞争既是企业生存的压力，更是企业发展的动力。竞争，不以企业的意志为转移地存在，你把它从门口推出去，它也会从窗户再钻进来。因此，审时度势地制定适应市场环境的竞争策略才是企业应有的态度！

2. 识别竞争参与者的市场地位是企业的首要任务

在企业参与市场竞争之前，需要完成的第一项任务就是对其自身的市场地位的评估与确认，在企业所在的领域，谁是市场领导者、市场跟随者和市场挑战者，即到底谁是乌龟，谁是兔子。从全球来看，还是从全国来看，还是从局部来看；不同的地区、区域的市场，区域市场某个行业里面，在某个门类里面，市场地位因评估角度和标准的不同会动态变化。

确认市场地位之后，企业的目标就变得非常重要！如果是市场领导者，则面临要保持领先地位的压力，这就要求企业不仅需要防御市场挑战者的各种挑战，更重要的是能够提前预判哪些是主要的竞争对手，可以运用什么样的竞争策略来与对手博弈。

20世纪50年代到70年代，美国摩托车生产企业哈雷一直自认为是世界老大，但从全球来看，60年代初，从产量、总收入上，本田已经是老大了。哈雷只是局限于美国市场上的大型摩托车，它是老大。最后，由于市场地位的评估不准确，哈雷的竞争策略出现很大的问题,导致与本田的竞争失败,80年代哈雷申请了破产保护。所以,市场竞争会因参与者的实力变化而导致竞争态势发生变化。有时候这个变化可能很微妙,有时变化会非常地明显,不管怎样变化,市场格局的这种变化都会对竞争策略带来一定的影响。

除了保持市场地位之外,市场领导者还必须重视其他行业的发展对本行业竞争的影响,尤其要对因政治、经济和科学技术的发展变化而引发的对本行业和自身的影响,这种影响往往是颠覆性的!例如,对方便面行业市场领导者康师傅市场地位影响最大的不是来自本行业的竞争对手统一,而是外卖。因为,随着互联网原住民的长大,他们一刻也离不开网络,没有时间去泡方便面,而更习惯通过网络点外卖!

如果是市场挑战者,也需要制定适宜的赶超策略,乌龟坚持不懈取得胜利的经验应该有一定的借鉴意义:耐心地、一步一步地坚持实施自己的策略,等待竞争对手犯错误(甚至是犯低级错误)。不要去妄想弯道超车,市场领导者之所以是领导者,是因为其在很多方面具有相当的实力,而且是比挑战者更强大的实力,而且,领导者的地位不是一天建成的,消费者的认知改变也需要时间。

3. 竞合新观念

虽然竞争是不可避免的,但是,竞争不是简单的战胜竞争对手,更不是消灭竞争对手,那种为一时或一次胜利而为其竞争对手设置障碍,阻碍竞争对手前进而使自己获得胜利的做法,并不能保持自己的优势地位,反而会导致相互报复式的恶性竞争,从长期来看,参与竞争的都是失败者。实际上,竞争还意味着与自己和时间比赛,只有不断提高自己,不断超越自我,达到更高的境界。同时,在竞争中,只有企业的利益相关人都获得成功,才能真正赢得竞争：不仅获得期望的利益，还赢得利益相关人的尊重，从而为长期持续的成功奠定坚实的基础。

三、结语：故事的来源及规则

理论对商业世界发生的现象有非常强大的解释力，但是，在如何在教学中把理论阐述得容易理解和接受，需要对理论有很深刻的理解，并选择适宜的故事来对理论进行阐释。那么，这样就产生两个问题，一是，故事从哪里来？二是，故事应该遵守的基本规则有哪些？

（一）故事的来源

故事的来源很多，如"黔之驴"这样的寓言，或"卧薪尝胆"这样的历史传说！故事的一个有意思的来源是对自然界的观察。例如，阿根廷树獭的兴旺与洪都拉斯树獭的凋零。为什么同样是生长在南美的树獭，差异这么大呢？

洪都拉斯的树獭为了更好地在树上休息，就学习其天敌蟒蛇的天敌——獴的呼噜声，他们在睡觉的同时发出像獴一样的呼噜声。虽然这种声音足以吓跑靠近它们的蟒蛇，但是，不料这种声音却吸引来了獴的天敌——秃鹫，所以洪都拉斯树獭尽管尽了最大的"努力"，学到了一手看上去无懈可击的本领，实际上却只是一点权宜之计，"躲过了初一，却没有躲过十五"，最后还是招致灭顶之灾。这样的"花拳绣腿"致使洪都拉斯的树獭越来越少。

而阿根廷境内的树獭能够"人丁兴旺"的原因，是它们不像洪都拉斯的树獭用这些"歪招"去蒙骗天敌。相反，它们苦练过硬本领，把皮练得可以生活在长满尖刺的树上，蟒蛇即使看到树獭在睡觉也无法爬过去，因为会被树上的尖刺刺伤，只好望而却步。

从"洪都拉斯树獭的凋零"到"阿根廷树獭的兴旺",我们知道故事企业要保持长期的生存和发展,必须注重提升竞争力,这种竞争力是能够应对残酷市场竞争的核心竞争力,而不是迎合市场的花架子,更不是没有实力就靠编织"概念"而满世界找风口的"猪的飞行能力",虽然风来的时候可以飞起来,一旦风停了,肯定就只有摔得粉身碎骨了。

(二)故事的规则

无论故事来源于哪里,都需要对故事的选择和阐释加以限制,也即,故事必须要遵循一定的规则。首先,故事必须符合社会规范,违背这个原则的故事不仅会引发社会公众和消费者的抗议和抵制,还会使企业陷入法律纠纷,甚至遭到政府的制裁。例如,国外某剃须刀企业就以"极度锋利以致杀死动物"这个话题来开展广告传播,这样的广告一定会引发社会公众和消费者的抗议。

其次,故事要与消费者的"三观"吻合,例如,耐克就曾以"残疾人来做广告",结果引发社会公众和消费者的抗议和抵制,耐克不得不花更大的代价进行道歉、赔偿。

最后,故事要尽可能生动、有情感,这样能够更好地传递产品(品牌)的价值,打动消费者。

历史的经验教训告诉我们,人们不会从历史的经验中吸取教训。有可能是因为关于"历史经验教训"的故事不太生动有趣,也有可能是故事的传播方式不利于人们记忆,因此,需要我们运用智慧来编辑更好的故事,并有效地传播故事,从而避免走入"历史的怪圈"!

(江明华,北京大学光华管理学院)

所有制改革与企业的活力

孙来祥

一、厉以宁的所有制改革理论[1]

中国过去40年的改革发展成就吸引了世界经济学界的好奇心和研究关注。中国改革发展的几个主要步骤彰显了中国特色。在这些特色中最为震撼的是国有和其他公有制部门中的所有制改革。所有制改革的理论与政策准备足足持续了十余年时间,[2]这些

---

[1] 参阅厉以宁:《中国经济改革发展之路》,英国剑桥大学出版社,2010年版。
[2] 厉以宁:《改革开放以来的中国经济 1978—2018》,中国大百科全书出版社,2018年版,第362—379页。

理论和政策主张在20世纪80年代中期还被认为是离经叛道,而到了90年代中期已经成为了主流思潮。

厉以宁教授可以说是这个历史进程中的最著名人物。他于1986年4月25日在北京大学发表了题为"经济改革的基本思路"的公开演讲,这是他关于所有制改革最具影响力的演讲。他的著名论断"经济改革的失败可能是由于价格改革的失败,但经济改革的成功并不取决于价格改革,而取决于所有制的改革,也就是企业体制的改革",很快就出现在一些主要改革派报纸的头版头条上,并很快成为谈论中国经济改革的新格言。

在20世纪80年代中期的中国和东欧的社会主义国家中,经济改革的指导原则顺应由奥斯卡·兰格(Oscar Lange)[1]和阿巴·勒纳(Abba Lerner)最先提出的"市场社会主义"理论。[2]这个理论认为,自主经营将会引导国有企业像谋求利润最大化的公司那样运作。一旦国有企业变得足够自主,综合性价格改革(即价格自由化)将会促成经济改革的最终成功。这个主流思路似乎也被1949年联邦德国"休克疗法"式的"放开物价"的经济改革的成功所证明。顺应这个主流思路,中国领导层也赞同这个"大跨越"式方法,并在1988年夏天进行了"控制货币,物价放开"的"价格闯关"改革。然而消息一传开,挤提存款、抢购商品的风潮迅速蔓延;"控制货币"并未挡住人们利用持有的现金和动用储蓄存款来抢购商品,反而抑制了投资。不得已,"物价放开"被叫停,改行"治理整顿"。[3]

在这场改革辩论中的另一边,亚诺什·科尔内(János Kornai)

---

[1] 奥斯卡·兰格:《社会主义经济理论》,中国社会科学出版社,1981年版。
[2] Abba Lerner, *The Economics of Control*, Macmillan USA, 1944.
[3] 厉以宁:《改革开放以来的中国经济 1978—2018》,中国大百科全书出版社,2018年版,第362—379页。

教授对市场社会主义理论和其自1968年以来在东欧地区的实践的批评变得越来越具有影响力。科尔内教授于1980年出版的《短缺经济学》[1]一书在东方和西方经济学界很快成为了畅销书,同时科尔内自己也成为20世纪80年代中国年轻知识分子的偶像。他对国有制和计划经济官僚体制富有洞察力的分析使得许多年轻的经济学家相信不最终实现彻底的私人所有制,在国有制下扩张企业自治和自我经营并不是一副解决软预算约束(soft budget constraint)的有效药。软预算约束的持续将使得企业对价格的反应迟钝,并由此限制价格信号的作用。科尔内随后自己也总结说除非将国有资产以真实的市场价格卖给私人所有者,企图以例如95%、90%、85%……这样的速度逐渐降低国有制比重的尝试终将无所作为。[2]

和以上两种思路明显不同的是,厉教授对中国国有制中事实上存在的多种公有产权结构拥有敏锐和独到的观察。他指出,通过将不同公有者的产权数量化并把这些数量化的产权转化成为股份的方法来在国有企业中实现股份制是可行的,也是可取的。有这样一个股权制度的存在,公立机构在公司的财产中就会拥有一份可以度量的份额,也可以从中获得现金流和控制权。其结果是公立机构能够更容易地协调他们的物质利益,也能在面对市场竞争时设置更为连贯和有效的商业战略。他们会发现提高公司的价值而不是扩张一己的行政权力将更有利于他们各自的物质利益。更进一步,以股份来量化产权将有利于国有股份企业吸收集体和私人的股份投资。由国家、集体和私人合作投资而导致的企业混合所有制,以及经济体中多样的所

---

[1] 亚诺什·科尔内:《短缺经济学》,经济科学出版社,1986年版。
[2] János Kornai, *The Road to a Free Economy*, W.W. Norton & Company, 1990.

有制形式能够刺激竞争并引发更高层次的产权改革与重组。[1]

在20世纪80年代中期的中国,官方意识形态仍然视社会主义国有制为国家代表全体人民的、百分之一百的所有制,因此相比之下,厉教授的论述具有分析上的深刻与独到性。当然,分析上的深刻与独到性并不会自动转化为实践上的重要与可行性。有效地实现这一转换不仅需要有对当时中国经济运行特征的准确把握,而且需要有政治上的勇敢与技巧。为了有说服力地展示所有制改革在实践上的可行性和重要性,厉教授在他1986年4月25日"经济改革的基本思路"的公开演讲中对价格改革和所有制改革进行了深入浅出的十大比较。我将这十大比较概括为以下三个方面的比较。第一,价格改革必须在全国同时一次性展开,无法试点。放开物价之后,只能等待。一旦出现事先没有预料到的问题,小问题就需要财政补贴,大问题诸如挤提存款、抢购商品则会危害社会安定。相比而言,所有制改革可以试点。先在点上取得经验,再逐步从点到面地推广。在试点和逐步推广中发现的问题可以通过进一步试验来解决。就价格改革而言,价格一旦放开,个人、企业、地方政府部门均被被动卷入其中,心理反应会以"我和我所在单位会失去什么"为主。所有制改革却很可能吸引企业和地方政府自愿加入,因为以股份来量化产权将有利于国有股份企业吸收集体和私人的股份投资,从而壮大自己并获得更大自主权。第二,价格改革即使顺利实施,不出大问题,也只是在商品市场上纠正了价格的扭曲,并不能保证传统的公有制企业会根据价格信号来调整投资和生产。相比而言,所有制改革要理顺的是企业的利益、责任、激励等根本性机制,使企业有内在的动力和活力去加入市场竞争。第三,与所

---

[1] 厉以宁:"社会主义所有制体系的探索",《河北学刊》,1987年第1期。

有制改革相比,价格改革是较低层次的改革。就算顺利地放开了价格,如果市场主体并不根据价格信号来调整投资和生产,商品的比价将不会有效地展示稀缺性,市场的扭曲将依然存在。所有制改革旨在解决传统的公有制企业中利益、责任不明,缺乏内在激励机制等根本性问题。只有当所有制改革取得基本成功后,价格改革才能成功。[1] 这样,厉教授就将当时国有制中存在多种公有产权结构的事实与所有制改革的可行性和可取性令人信服地联系了起来。

在西方学术界中,大卫·格拉尼克似乎是第一个分析这种多元产权结构的学者。在他1990年出版的一部专著中[2],格拉尼克指出中国的国有企业实际上是由多个主体控制的机构,这些主体通过过去在国有企业中的投资或者和个别国有企业的传统关系获得产权。他引用并阐释了1966年左右的一句流行口号"谁建立并管理了企业,谁就有使用产出的权利"。这句口号是对20世纪六七十年代中国的国有企业中产权结构关系的高度概括,即控制权不是源于所有权,而是决定所有权。换句话说,事实上的产权安排和通常教科书上所教授的"管理权源自所有权"的学说背道而驰。

扎根于中国国情,厉教授的分析表明关于国有制的传统学说在东、西方都过于狭隘。尽管私人投资者拥有企业的主张十分重要,但这并非是自由市场和自由企业的唯一合乎逻辑的前提。中国的经济体制改革必须从"控制权不是源于所有权,而是决定所有权"这一中国特色的前提出发,通过渐进的以股份制为核心的所有制改革,逐步走向"管理权源自所有权"的自由企业

---

[1] 厉以宁:《中国经济体制改革的思路》,中国展望出版社,1989年版。
[2] David Granick, *Chinese State Enterprises: A Regional Property Rights Analysis*, The University of Chicago Press, 1990.

体制。在这一艰巨而曲折的体制转型过程中,多样所有制和管理模式也会随之产生和发展。这些所有制形式和管理模式可能是非标准的,对它们的现代企业化改造不可能一蹴而就,甚至会在行政控制权扩张的政治经济周期中出现反复,厉以宁教授对这一曲折的进化过程在他1990—2010年的一系列论文和专著中进行了跟踪研究并提出了政策和法规建议。[1] 如果某个人因为某个特殊的贡献而出名,中国人一般喜欢给他起一个外号。因此毫不令人惊讶的是,厉教授一直以"厉股份"的外号而闻名全国。

二、厉以宁论企业的活力

在"控制权不是源于所有权,而是决定所有权"的体制下运行的传统公有制企业不是独立的商品生产者和经营者,它们的投资行为和交易行为经常被政治考虑和行政指令所左右,即使价格信号是准确的,它们也不必和不会根据价格信号调整投资和生产。如果对它们不进行以股份制为核心的企业制度改革,它们不大可能成为以盈利为导向、适应市场经济的、具有充分活力的现代企业。正是基于这一深刻认识,在20世纪80年代中期的价格改革主线和所有制改革主线的大辩论中,厉以宁教授明确地指出1949年在联邦德国成功的价格改革案例不可能适用于中国。这是因为在1949年联邦德国,企业的控制权是源于所有权,企业的所有权是明确界定的。一旦废除战时和战后物资极度短缺时实行的定量和价格管制,作为独立的商品生产者和经

---

[1] 参见厉以宁:"中国股份制改革的回顾与前瞻""谈谈产权改革的若干问题",《改革开放以来的中国经济 1978—2018》,中国大百科全书出版社,2018年版,第362—455页。

营者的联邦德国企业就会对体现物资短缺的价格信号做出积极和正确的反应,并根据价格信号调整投资和生产,以期增加有效供给、获得社会可接受的利润。能够增加有效供给从而获利的企业会存活下来,并有可能通过企业兼并而迅速壮大。无法盈利的企业会被淘汰。如此优胜劣汰的市场竞争促使联邦德国的经济迅速走向复苏和成长。

相比较而言,20世纪80年代的中国经济中传统公有制企业占有主导地位。进而,在条(行业部门)块(省市地域)分割的经济格局中,企业有很强的条块隶属关系。这种隶属关系一方面架空了企业的自主权,一方面又赋予企业在条块内的不同程度的垄断地位。垄断地位与条块隶属关系的结合使得企业可以在价格改革的过程中通过和主管政府部门的谈判来提高产成品价格,用高价格向社会索取"利润",而非改造自身。这就是当时所流行的"吃社会"比喻。如果企业在价格谈判中失利,它们就可以向隶属条块报亏损并进行补贴谈判,这就是当时所流行的"吃财政"比喻。如果财政补贴不能满足,企业又可以在隶属条块的保护下拖欠银行贷款并争来新贷款,这就是当时所流行的"吃银行"比喻。在这样的条块隶属关系保护下,产成品价格就失去了传统经济学的最优化分析中所要求的"外生性",企业的预算约束也就失去了传统经济学的最优化分析中所要求的"严格性"。[1] 可见,在这样的企业体制下,价格放开不可能促使隶属于条块的公有制企业去改造自身以期成为有活力的适应市场经济的商品生产者和经营者,反而会导致企业"寻租"的加剧和通

---

[1] Liangzou & Laixiang Sun, "Interest Rate Policy and Incentives of State-owned Enterprises in the Fransitional China", *Journal of Comparative Economics*, Vol. 23, No. 3, pp. 292—318, 1996.

货膨胀。[1]

厉教授对企业活力的思考和研究并非到此止步,他将自己对中国经济中控制权与所有权的特殊关系的深刻认识与比较经济史和经济思想史结合起来,对非均衡理论提出了具有创新性的论点。[2] 根据经济体中绝大部分公司是否具有充分活力,厉教授将经济的非均衡区分为两类。第一类经济的非均衡和现存的非均衡理论相对应,主要特点是由于市场摩擦、价格和工资刚性以及需求或者供给约束而产生的需求过剩或供给过剩。第二类经济的非均衡特征不仅包括不完善的市场,还包括在"控制权不是源于所有权,而是决定所有权"的体制惯性下受不同形式的政府控制或干预的企业。厉教授指出在中国的整个转型过程中,中国经济都基本属于以上第二种形式。为了使得第二种形式的非均衡状态转变成为第一种形式,首要工作是进行企业制度改革,培育具有充分活力、以盈利为导向的企业。这一理论创新也为他的著名论断"所有制改革是改革的关键"提供更进一步的支持。

和厉教授对企业活力的系统研究相平行的是林毅夫教授从发展战略出发对企业活力的研究。林毅夫教授把企业活力定义为在一个自由竞争的市场上,在没有政府保护和补贴的前提下,人们可以预期一个正常管理的企业可获得社会可接受的利润。这一定义和厉教授对企业活力的定义相兼容。然而,"没有活力"的企业在林教授的分析中是指由于在行业、产品、技术选择上偏离了比较优势原则,一个正常管理的企业在一个自由竞争

---

[1] 孙来祥:"我国企业的目标函数和工资成本",《经济科学》,1991年第4期。
[2] 参见厉以宁:《厉以宁论文精选集》,经济科学出版社,2005年版。

的市场上没有能力去获得社会可接受的利润。[1] 林教授在他著名的剑桥大学马歇尔讲座 2007 年课程授课中指出,20 世纪 50 年代在大多数发展中国家流行的逆比较优势而行(Comparative advantage-defying)的赶超型发展战略导致了要素市场的扭曲,该扭曲导致了在优先发展的行业中的企业受到长期保护,这些受保护的企业在一个自由竞争的市场上没有活力,在这些受保护的企业中就业的管理者和工人缺乏主动性和积极性。[2] 可见林毅夫教授的企业活力并没有关注"控制权不是源于所有权,而是决定所有权"这一传统公有制企业的体制特征和由此导致的体制转型挑战。

三、厉以宁论中国的双重转型

以上就厉以宁教授和林毅夫教授对企业活力的论述之比较表明,林毅夫教授对企业活力的研究聚焦于适应于典型发展中国家的发展战略转型和发展转型,厉以宁教授对企业活力的研究着眼于计划经济体制下的发展中国家所面临的双重转型挑战:从条块行政管理的经济体制向市场经济体制转变的挑战,从传统农业社会向现代工业社会的转型的挑战。这种双重转型的结合或重叠是没有先例的。传统的发展经济学也没有对此进行过系统研究。厉以宁教授的研究表明,在双重转型中,重点是体制转型。这是因为条块行政管理的经济体制对中国经济的束缚和制约是全面的:从城市到农村,从工业、服务业到农业,既包括

---

[1] Justin Yifu Lin, "Development Strategy, Viability and Economic Comergence," *Economic Development and Cultural Change*, Vol. 53, pp. 277—308, 2003.

[2] Justin Yifu Lin, *Economic Development and Transition: Thought, Strategy, and Viability*, Cambridge University Press, 2009.

城市居民又包括农民。如果不能真正打破这种条块行政管理的束缚和制约,中国不可能实现从传统农业社会向现代工业社会的转型,因而也无法实现使中国成为现代化国家的转型目标。在体制转型中,主线是产权改革,即从条块行政管理下"控制权决定所有权"这一中国特色的前提出发,逐步走向"管理权源自所有权"的自由企业体制。[1]

举例而言,虽然中国国家层面的发展战略早已摆脱了逆比较优势而行的传统赶超型发展战略,中国经济已在全球经济发展中体现了自己的比较优势,但地方政府主导的"投资冲动怪圈"现象一直在周期性地发作,在这种投资冲动中上马的不少项目往往是逆比较优势而行的"重复建设"和"盲目建设"。这种表面看非理性的投资行为实际体现了条块行政部门对"控制权决定所有权"的不懈的和"理性"的追求。如果不能根除这种不懈追求的体制性激励机制,大量的投资就会被低效甚至无效使用,双重转型的目标就难以实现。

上述条块行政部门对"控制权决定所有权"的不懈的和"理性"的追求在一定程度上反映了传统计划经济体制中行政协调机制的"制度惯性"和行政管理体制的"路径依赖"。厉教授系统地论述了为什么跟典型发展中国家的发展战略转型和发展转型相比较,中国的双重转型更受制于以上"制度惯性"和"路径依赖"。典型发展中国家的发展转型是从"前资本主义"的传统经济体制转向(准)现代市场经济体制。在"前资本主义"的传统经济体制中,人们或服从地主的支配,作为佃农,缴纳地租;或受雇于种植园或作坊中,充当雇工;或自给自足,受氏族社会的约束。他们一旦挣脱了传统经济体制,参加了市场活动,很少人愿意返

---

[1] 厉以宁:"论中国的双重转型",《中国市场》,2013年第3期。

回传统的生产和生活方式。人们普遍向往市场化的生产方式和准现代化的生活方式。进而言之,"前资本主义"的传统经济体制对社会和个人的控制力和影响力与市场活动的吸引力相比是非常有限的。与"前资本主义"的传统经济体制相比,计划经济体制的控制力和影响力是政治和经济合一的,覆盖全社会的。虽然中国实施计划经济体制的历史只有二十余年,这套完整的体系的确非常有助于将政府的意志嵌入政治、经济、社会、文化生活的方方面面。这就容易导致将试图根除"控制权决定所有权"的这种制度惯性的改革尝试误认为挑战政府意志,走"邪路"。因此,在真正完成经济体制的转型方面,中国所面临的改革的艰巨性要远远大于典型发展中国家的发展转型。体制转型的反复会时有发生,尤其是在经济中发生了高失业、高通货膨胀、经济秩序紊乱等情况时。正是基于这一深刻、独到的分析,厉教授在他2013年11月出版的《中国经济双重转型之路》专著的"代结束语:中国道路和发展经济学的新进展"中指出"现在距离双重转型的完成还有相当大的距离""现在对中国双重转型作出总结还为时过早"。当然,这也意味着对中国经济双重转型的进一步跟踪和研究将会极大地丰富发展经济学和制度转型经济学。

除了为中国的双重转型提供系统的和提纲挈领的分析,厉教授对双重转型条件下中国经济运行的研究同样强调了在第二种非均衡状态下谋求并保持健康的经济运行和社会发展的重要性。比如收集在厉教授的英文版论文集《中国经济改革发展之路》中的大部分文章讨论了在经济改革、增长和发展过程中的行政协调与市场协调问题,以及为当时所面临的实际政策困境寻求方案的紧迫性和对策建议。其中心指导思想是:改革与转型应服务于经济增长与社会发展;经济增长和社会发展应服务于提高社会普通公民的福祉。

为了解决不同时期的政策难题,厉教授吸收了传统中医"辨证施治和四诊合参"的方法论,这种方法论强调人体不同解剖和生理构造之间的有机和普遍联系并检验社会、自然环境对阴阳内在关系的影响。厉教授对每个政策的"治疗结果"和"副作用",短期效果和长期效果都予以关注。举例而言,厉教授"论教育在经济增长中的作用"是在1980年6月发表的,[1]彼时城市的高失业率正是政策议程中的最重要议题。通过对高失业率的历史性和结构性根源的综合全面分析,厉教授主张在中短期大力发展劳动密集型产业和劳动密集型加工出口业以充分利用中国劳动力资源富裕的比较优势。然而从长期看来,中国需要发展人力资本密集型生产和服务业,并且提升人力资本密集型出口以期将持续的人口压力转变为新兴的人力资本比较优势。因此,要使得中国在下个20到30年中不再承受高失业率之苦,要使得中国为必将到来的人力资本密集型生产和出口时代做好准备,提高教育投资在20世纪80年代就具有战略重要性。很明显,这个远见在当下仍然有效。

(孙来祥,美国马里兰大学行为与社会科学学院)

---

[1] 厉以宁:"论教育在经济增长中的作用",《北京大学学报(哲学社会科学版)》,1980年第6期。

迎接文化管理的奇点时刻——学习厉老师道德-伦理-文化理论的三点体会

张一弛

一、引言

厉以宁先生学贯中西、涉猎广泛、著作等身。厉老师在文化、伦理和道德与经济的关系领域出版与发表了众多的著作,包括《超越市场与超越政府——论道德力量在经济中的作用》、《文化经济学》和《经济、文化与发展》等。在老师自己看来,《超越市场与超越政府——论道德力量在经济中的作用》是与其《非均衡的中国经济》和《资本主义的起源》一样最能反映自己学术观点的代表作之一。围绕老师关于道德、伦理和文化的论述写一篇学习体会,可以让自己重温一下老师的许多著作,再一次领略老师博大精深的思想。

纵观老师的相关著述,在概念的含义上,道德、伦理与文化可以视为同一个事物的不同层面。道德强调的是人们的言行标准,伦理强调的是群体的思想观念,而文化强调的是社会的整体氛围。正如老师所说:"信任是社会的道德规范,它不仅是对个人的一种激励或约束,而且也是处理人与人之间关系的一种原则"。[1] 从道德到伦理再到文化相当于由小及大、从中心到外围的层层包含的关系。基于本文的目的,三个概念含义之间的细微差异不是重点,将被作为指向同一个方向的概念束来使用(必要时统称为文化管理)。同时,虽然老师作为经济学家的讨论较多地是在宏观范畴内展开的,但是理论之所以是理论就在于其价值的光芒能够照亮四面八方一样,这些著述中的核心观点与基本原理对微观层次的企业以及一般组织同样具有重要的指导意义。因此,本文在讨论中综合了宏观与微观两个层面的内容。

每位大师的著作都是一座金矿,不同的人将会从中得到不同的收获。作为一个经济学背景的从事企业管理教学和研究的学生,我将从以下三个方面汇报学习老师道德-伦理-文化理论的心得。第一,老师的三次调节理论为文化管理的角色定位建立了坐标系;第二,老师的文化经济学思想是韦伯学说的继承与发展;第三,老师的文化管理理论对转型发展理念提供了重要的指导。囿于本人的理解水平与表达能力,本文必定挂一漏万,错误百出。还望各位同门多多指正。

---

[1] 厉以宁:《超越市场与超越政府——论道德力量在经济中的作用》,经济科学出版社,1999年版,第26页。

二、三次调节理论是文化管理角色定位的坐标系

尽管不同领域的学者对文化管理的重要性与意义都非常重视,但是在文化管理的角色与作用空间定位问题上却存在着很大的差异。不论是在社会管理层面还是在企业组织管理层面,众多的学者都非常强调法治、制度、政策与规则的作用。在这些明确的控制措施由于技术原因或者经济原因确实无法发挥作用的领域,文化的作用才被重视。这些经济学家与管理学者可能是或隐或明地受到了经济学中合同的不完备性与交易费用学说的影响,认识到权利配置(与文化)是显性控制措施的一个必要的补充,从而把文化管理无奈地作为被动的补集来进行定位。从这一角度出发,文化管理的角色并没有完全的独立性,同时在作用的性质上也与显性控制手段处于同一个水平。但是,老师的三次调节理论把市场调节、政府调节与文化调节置于同一个治理体系框架内,为文化管理的角色定位与作用空间的识别建立了一个清楚的坐标系,从而可以让我们认识到文化管理是整个社会或企业组织治理体系的有机组成部分,突出了文化管理的独立性、重要性和优越性。

老师是从四个方面论述了道德-伦理-文化调节的独立性与重要性的。第一,从历史角度看,在市场尚未形成和政府尚未出现的时期和市场与政府无法发挥作用的情境下,道德调节是社会经济生活中人际关系的唯一调节方式。第二,从人性假设的角度看,人不仅是经济人,同时也是社会人。市场机制与政府职能只能在经济人假设成立的情况下才能起作用,而只有道德调节机制才能在社会人假设成立的情况下发挥作用。第三,从交易性质角度看,社会生活作为一个广泛的领域,既包括经济交易活动,也包括非经济交易活动。市场机制与政府职能只能调节

经济交易范畴,非经济交易活动只有依靠道德调节。第四,从市场调节与政府调节的效力看,市场调节与政府调节都不是万能的,存在着市场失灵与政府失灵的情形,这时只能依靠道德调节。[1] 由此可见,不论是从历史沿革的角度看还是从社会生活演变的范围看,道德文化调节不是从属于某一种或者某几种其他调节途径的,而是有着其显著的独立性与重要性。

文化管理的重要性还体现在其有效性上。虽然文化就其本身而言具有天然的无形和软性的特点,但是在一定情况下,文化管理仍然可以发挥巨大的作用。老师在习惯与道德调节的强度影响因素问题上指出:第一,习惯与道德调节被群体成员接受的广泛程度,被群体成员接受的广泛程度越高,约束力就越强;反之越弱。第二,习惯与道德调节被群体成员接受的一致性程度,被群体成员接受的一致性越高,约束力就越强;反之越弱。老师的上述论点与西方企业管理学近年来的讨论是高度一致的。从20世纪80年代开始,企业文化对企业竞争力的影响成为西方管理研究的一个重点和热点。麻省理工学院的沙因教授把企业文化划分为三个层次:最表面的人为现象,如仪式和符号;中层驱动行为的价值观;底层关于世界本质的假设。其中,假设决定价值观,价值观继而决定人为现象。西方学者的研究证据表明,企业文化促进企业竞争力的机制是通过企业员工普遍采取特定的和具有一致性的行为模式来实现的。由此可见,老师的观点是具有实际证据的支持的。

文化管理不仅具有独立性与重要性,而且与前两次调节相比还具有无与伦比的优越性,这是因为文化调节的作用要重于

---

[1] 厉以宁:《超越市场与超越政府——论道德力量在经济中的作用》,经济科学出版社,1999年版,第2—3页。

市场调节和政府调节。老师针对企业微观层次指出,企业文化是习惯与道德调节的重要形式之一,并会对企业的生产、经营和管理具有重要的影响。企业文化的作用首先表现在对企业中每个成员的精神状态的影响。在经济发展和企业成长过程中,虽然资本、技术和信息等要素都很重要,但是人的心理状态决定了人对资本、技术和信息的理解方式和感知方式,进而决定了人的情绪和动机,从而决定人的行为决策。因此,人的精神状态和心理状态在资本的筹集和运用、技术的操作和改进以及信息的收集和加工过程中发挥着非常重要的作用。换言之,经济发展和企业成长过程中最重要的因素就是富有进取精神、开拓精神和创业精神的人。那么,企业中每个员工的进取精神、开拓精神和创业精神从何而来?虽然市场调节中的物质激励和政府调节中的经济政策能够在一定程度上促进企业及其员工进取、开拓和创新;但是,企业员工的进取精神、开拓精神和创业精神的形成,依靠的主要是企业的文化氛围对员工的影响[1]。虽然企业在对员工进行晋升和财务奖惩过程中所实施的政策措施也会对员工的精神状态产生影响,但是企业所实施的这些政策措施作为信号在本质上反映和体现了企业所坚持的价值观和所倡导的理念,同时这些政策措施也会进一步强化和巩固企业所坚持的价值观和所倡导的理念。由此可见,企业人力资源效力的核心是人力资源的质量,而人力资源的质量的核心是员工的心理状态,而员工的心理状态的核心决定因素是企业的价值观和管理理念,也就是企业的文化。换言之,习惯与道德等文化调节在企业成长中的作用要远远大于市场调节和政府调节所起的作用,这

---

[1] 厉以宁:《超越市场与超越政府——论道德力量在经济中的作用》,经济科学出版社,1999年版,第18—19页。

就需要强调文化管理的优越性。

应该指出的是,老师基于逻辑推理得到的关于文化管理的优越性的论述是可以从西方学者基于实证研究得出的结论那里得到支持的。美国华盛顿大学的汉森教授和麻省理工斯隆管理学院的沃纳菲尔特教授的一项合作研究对企业绩效的决定因素从经济学和管理学两个角度进行了分解,从而在很大程度上为比较市场和政府调节与文化调节的实际作用提供了佐证。[1]应该说,要从实证层面直接比较市场和政府调节与文化调节的相对优劣势是非常困难的。这两位研究者巧妙地利用统计资料和调查结果开创性地对这一问题进行了研究。其中,从经济学角度出发,该研究选取了行业平均资产回报率来反映行业的增长率、行业集中度和进入壁垒等因素的作用;选取了企业相对市场份额来反映企业的相对竞争地位,还选取了资产规模来反映企业的财务基础。这些因素可视为市场调节和政府调节的结果。从管理学角度出发,该研究选取了企业的有效沟通水平、对员工充分奖励与认可的程度、制定决策的参与式程度、相互支持的组织结构和工作体系以及清晰一致而高远的目标来反映组织管理的特点。正如老师曾经指出的那样:"企业文化建设的成果是形成一个企业独有的企业风格、企业精神、企业目标……[2]"。因此,两位西方学者所选取的上述因素可视为企业文化调节的各个维度。该研究从反映市场调节和政府调节的经济学领域和反映文化调节的管理学领域分别设定了模型进行实证检验,并

---

[1] Gary S. Hansen, Birger Wernerfelt, "Determinants of Firm Perfomance: the Relative Importance of Economic and Organization Factors", *Strategic Management Journal*, 1989, Vol. 10(5), pp. 399—411。

[2] 厉以宁:《超越市场与超越政府——论道德力量在经济中的作用》,经济科学出版社,1999年版,第22页。

运用整合模型对企业的利润率的方差进行了分解。研究结果表明,虽然反映市场调节与政府调节的经济学理论和反映文化调节的管理学理论都对企业的绩效产生了显著的影响,而且两个理论对企业绩效的影响是高度独立的。但是,反映文化调节的管理学理论对企业绩效的影响(37.78%)基本上是经济学理论对企业绩效影响(18.50%)的两倍。所以,老师关于文化管理的优越性的思想是有实证证据支持的,是值得信赖的。

文化管理虽然具有独立性、重要性和优越性,但是并非社会治理与企业组织管理的唯一手段,而是应该作为整个治理体系的一个有机组成部分来发挥其效能才会实现最佳效果。在这个问题上,老师的三次调节理论为文化管理的角色定位提供了坐标系。老师的三次调节理论与三次分配理论是相辅相成的。老师指出,在市场经济中,人们通常把市场按照要素贡献或要素禀赋原则进行的收入分配作为第一次分配,把政府通过税收等政策主导的收入分配作为第二次分配。老师强调指出,在两次收入分配之外,还存在着第三次分配,即基于道德信念而进行的收入分配。这种第三次分配是个人的一种收入转移,是在道德力量作用下的个人自愿捐赠行为。这种行为与个人的信念、同理心、社会责任心密切相关,也就是社会文化管理的结果。老师认为第三次分配的发展是大势所趋,是社会经济发展理念从重物轻人到以人为本的观念转变的成果和体现[1]。结合老师关于三次调节理论和三次分配理论的论述,我们可以理解市场调节是第一次调节,政府调节是第二次调节,而文化调节是第三次调节[2]。相应地,第一次调节是基本人性特点的作用,第二次调

---

[1] 厉以宁:《超越市场与超越政府——论道德力量在经济中的作用》,经济科学出版社,1999年版,第141页。
[2] 厉以宁:《文化经济学》,商务印书馆,2018年版,第125—135页。

节是群体利益的理性作用,第三次调节是种群利益的感性作用。可以说,市场调节是无形之手,政府调节是有形之手。因此这两者依靠的都是外力,而文化道德调节是更高层次的心,是内力。如果在企业层面看这个问题,第一次调节利用的是自利机制,第二次调节利用的是组织的激励政策机制,第三次调节利用的就是企业文化的作用机制。可以说,宏观与微观层次在此问题上存在着同构的关系。由此可见,老师的三次调节理论为文化管理的角色定位提供了清晰的坐标系。

三、文化经济学思想是对韦伯理论的继承与发展

老师关于道德-伦理-文化与经济发展之间的关系的理论是对韦伯经济发展学说的继承与发展。如果说韦伯是从经济发展史的角度阐明了新教伦理对资本主义起源与发展的作用的话,老师的文化经济学思想则是从经济学说史的角度为我们今后的经济发展理念指明了道路。换言之,老师的文化经济学思想不仅是对文化在经济发展中的作用的解释,而且是用文化管理推动经济发展的政策启示级别的良药处方。

在《超越市场与超越政府——论道德力量在经济中的作用》一书的第七章中,老师深入地评述了韦伯的伦理与经济发展的关系学说并引申出重要的现实启示。20世纪初德国历史学家、社会学家和经济学家韦伯发表的著名的"新教伦理与资本主义精神"只是一篇研究论文。当时他想要研究一定的宗教思想对经济文化的影响,也就是要研究一种经济体制的精神气质对经济发展效果的影响。具体到这篇文章,韦伯实际上要讨论的是资本主义经济活动中所隐含的精神气质与主张禁欲的新教伦理观念之间的联系。在他看来,资本主义经济的本质只是以利用交易机会取得预期利润为基础的经济活动。谋利、获取、赚钱甚

至贪得无厌地赚钱这类冲动本身与资本主义毫无关系,其实这些冲动对于一切时代和所有国家的所有人而言都是普遍存在的。所以,唯利是图和贪得无厌不等于资本主义,更不等于资本主义精神。虽然资本主义需要持续地追求利润,但是,资本主义是可以等同于节制的,或者至少可以缓和贪得无厌的冲动。

韦伯在"新教伦理与资本主义精神"一文中开创性地强调了伦理观念对经济发展的影响,并由此阐明了资本主义为什么起源于西欧而非南欧或东方,从而为各国的经济发展与经济增长提供了文化视角的方法论启示。在他看来,经济发展需要人们的内在动力,也就是老师所说的精神状态。而内在动力或者精神状态来自道德伦理层次的价值观念,而决定人们行为取向标准的道德伦理层次的价值观念来自人们的信念与信仰,所以宗教将在一个国家或者地区的经济发展过程中扮演非常重要的角色。具体而言,虽然以意大利为代表的南欧地区在中世纪后期工商业经济繁荣,但是统治南欧的天主教认为人作为上帝的仆人都是有罪的,应该通过克己修行和慈善捐赠来赎罪,以求赦免。在这种旧教伦理的影响下,追求财富的欲望被视为卑鄙可耻的,而乞讨则由于为富人提供了施舍赎罪的机会而被视为体面甚至荣耀。这种赚钱可耻的伦理观念导致南欧没有率先进入资本主义。类似地,当时的东方如中国明朝经济应该说也很发达,之所以没有步入资本主义也与宗教伦理有关。简言之,佛教的重来生轻现世的轮回理念、道教的清静无为主张以及儒家的修身忠君纲常思想无一不是资本主义萌芽的观念障碍。相比之下,以荷兰与英国为代表的西欧地区在同时代主导的基督教虽然也认为人作为上帝的仆人都是有罪的,也应该赎罪;但是,在赎罪的途径上与旧教有着本质区别。新教的赎罪主张是为上帝工作,因此应该克勤克俭、远离奢华、勤奋工作、积累财富进而荣耀上帝，同时证明自己是上帝的选民。于是，在由多种宗教构成的国家和地区的职业统计中，在企业的经理、股东和专业人员中，尤其是在技术和管理方面受过较高的教育和训练的人员中，新教徒占据了绝大多数。在子女教育问题上，新教徒或者清教徒与天主教徒的选择不同。不仅在高等院校学生中天主教徒的比例通常低于其人口占比，而且学习技术和工商业技能的天主教徒的比例要远远低于新教徒或清教徒的比例。结果，在熟练工人中，天主教徒更倾向于留在其手工业行业中，而新教徒更多地去工厂从事高级技术工作或管理工作[1]。家庭的宗教氛围带来的观念和精神特征决定了两种人的学业方向与职业选择。相应地，从历史的角度看，欧洲经济最发达的地区从16世纪开始都纷纷皈依新教。

由此可见，宗教生活方式与商业思维判断力的活跃程度之间具有密切的联系……狂热的虔诚与强烈的商业思维判断力的结合造就了资本主义发展[2]。美国国家的联合创始人之一本杰明·富兰克林说过，时间就是金钱，信用就是金钱。类似的表述还有："从牛身上榨油，从人身上赚钱。"在韦伯看来，这种看似贪婪的说法实际上反映了享有信誉的普通人的理想，表现出了个人对于增加自己的资本并以此为己任的理念。"这并非单纯的安身立命的手段，而是一种独特的伦理。违背这种伦理的规则不会被认为是愚蠢，而会被视为渎职。这才是事情的实质[3]"。在新教伦理中，获取的经济利益不再是从属于个人，不再是满足自己物质需要的手段。只要合法，赚钱就是职业美德

---

[1] 马克斯·韦伯：《新教伦理与资本主义精神》，四川人民出版社，1986年版，第8—9页。
[2] 同上书，第14—15页。
[3] 同上书，第24页。

与能力的结果与体现。在现代经济秩序中,"把赚钱视为人有义务实现的目的本身,视为一种天职的思想,与任何时代的道德情感都是对立的[1]"。正是这种被某些人视为不合理的观念成为资本主义的一项主导原则,而这种观念与特定的宗教信仰密切相关。韦伯明确指出,宗教改革并非意味着废除了教会对人们日常生活的控制,而是以一种新的控制方式代替了旧的控制方式。天职观念的形成是宗教改革的成果。确切地说,赋予世俗活动以道德意义是以路德为代表的宗教改革取得的最重要的成果。韦伯指出,对尘世日常行为的积极评价的现象其实至少可以追溯到中世纪,但是,把完成世俗事务的义务尊为一个人道德行为所能达到的最高形式则是首创。天职观念赋予了世俗行为以宗教意义,这与天主教把伦理训诫分为命令与劝告不同。新教认为上帝所接受的并不是用禁欲清修超越尘世道德,而是履行自己在尘世所被赋予的义务,履行尘世的责任是上帝接受的唯一生活方式,这是他的天职[2]。新教所秉持的永不停歇地和有条不紊地从事一项世俗职业是信仰纯真和获得再生的最可靠证据的宗教观念成为推动资本主义精神发扬光大的有力杠杆。不难预见,一旦人们既限制消费又积极谋利,那么禁欲引起的节省必然导致资本的积累。所以,"现代资本主义精神,以及全部现代文化的一个根本要素,即以天职思想为基础的合理行为,产生于基督教禁欲主义"[3]。由此可见,新教的伦理标准与旧教的清苦修行并慈善施舍以赎罪不同,与东方儒家的安贫乐道并效忠君王以成士也不同,其突出的特点是在强调自我清修的同

---

[1] 马克斯·韦伯:《新教伦理与资本主义精神》,四川人民出版社,1986年版,第46—47页。
[2] 同上书,第56—57页。
[3] 同上书,第170页。

时主张以更为积极的创造的方式来奉献上帝或敬业乐群。这种为了上帝而勤劳致富的伦理观念为西欧资本主义的发展提供了内在动力。可想而知,谦谦君子不甘为五斗米折腰的士大夫理念是无论如何也不会接受资本逐利的"低级与庸俗"的。

老师特别重视韦伯关于伦理文化对资本主义经济发展的作用的观点,明确指出"资本主义精神是资本主义社会产生的前提[1]"。按照老师的说法,韦伯的理论说明一个国家或者民族在某个发展阶段如果只是具备了物质技术条件,但不具备意识形态方面的条件,不具备道德伦理文化方面的条件,不具备产生工业革命或者现代化的精神动力,那么这个国家或者民族的工业革命就难以发生;或者现代化进程即使开始了,也会面临中断的可能性。[2] 老师所强调的在工业革命和现代化进程背后这种激励人们开拓、进取、谋求利润和积累财富的无形的精神力量很容易让我们想到企业家精神,其实这也是和老师多年来一贯强调的企业改革对我国经济改革与经济发展的重要性的主张一脉相承。同时,老师也强调了韦伯理论中关于伦理文化与经济发展之间的双向的相互的影响的观点。因为传统的等级关系、世袭制度、家族统治和人身依附文化都严重地阻碍经济的发展,所以当资本主义经济在一个国家或地区发展到一定阶段后,这个国家或地区的人际关系也会相应地发生变化,与此相伴共生的将是这个国家或地区的道德伦理文化观念发生相应的变化,从而使之有利于促进资本主义经济的进一步发展。也就是说,经济发展的过程同时也是生产关系调整的过程,而生产关系的调整将会反过来进一步促进经济发展。应该说,这一理论主

---

[1] 厉以宁:《文化经济学》,商务印书馆,2018年版,第355页。
[2] 厉以宁:《超越市场与超越政府——论道德力量在经济中的作用》,经济科学出版社,1999年版,第208页。

张与马克思主义经济学说中关于生产力决定生产关系,生产关系又会反作用于生产力的观点是高度一致的。基于上述观点并结合我国的历史现实,老师非常关注文化对经济发展的重要性,在强调文化自信的同时,明确指出要"让文化成为生产要素的组成部分"[1],发挥文化的生产力。

老师从韦伯的理论出发还提出一个重要的历史进程合理性的问题。韦伯认为"在各种不同的生活领域,所有的文化地区,合理化的特征差异极大"[2]。他所谓的历史进程合理性指的是人们的行为基础或者社会的行为基础从激情转为理性,例如人们从满足温饱的本能需要转变为追求克勤克俭并创业致富以尽"天职"就是一个行为目标理性化的过程。老师指出:"人类社会总是从缺乏明确的目标走向明确的目标"[3],正是通过每个阶段的目标内容的不断变化,人类历史才会不断进步,历史进程的合理性才会逐渐明朗。因此,综合韦伯与老师的论述,我们可以认识到历史进程的合理性需要以人们的行为或整个社会的行为的目标理性化为基础,而人们或社会目标的理性化需要特定的道德-伦理-文化为目标的设定和选择提供取舍的参照与标准。从老师的论述中,我们不难引申出一个重要启示:那些符合社会公平正义要求与社会可持续发展要求的先进的道德-伦理-文化才能引导人类社会不断取得持续的进步。综上所述,老师从韦伯的学说出发,从文化伦理的角度为我们今后促进经济发展与社会进步的方法和思想提供了非常

---

[1] 厉以宁:《文化经济学》,商务印书馆,2018年版,第350页。
[2] 马克斯·韦伯:《新教伦理与资本主义精神》,四川人民出版社,1986年版,第25页。
[3] 厉以宁:《超越市场与超越政府——论道德力量在经济中的作用》,经济科学出版社,1999年版,第210页。

重要的启示。

四、文化管理理论对转型发展理念的指引

一个有趣的观察是韦伯的《新教伦理与资本主义精神》最初发表于20世纪初的1904年。老师的《超越市场与超越政府——论道德力量在经济中的作用》初版于21世纪前夕的1999年,再版于2009年。同样是在21世纪初的2007年,也就是几乎在韦伯的"新教伦理与资本主义精神"一文发表整整一个世纪以后,肯尼斯·霍博和威廉·霍博兄弟出版了《清教徒的礼物》(该书同样再版于2009年)。如果说韦伯是从经济学说史的角度在理论层面阐明了道德-伦理-文化与资本主义在英国与荷兰的起源的关系的话,那么霍博兄弟的这部著作则是从管理学说史的角度在实践层面阐明了道德-伦理-文化与美国和日本的经济兴衰的关系。该书所说的清教徒与韦伯所说的新教徒具有密切的联系。如果说新教徒是基督教的升级版,那么清教徒可以视为新教徒的升级版。尽管在起源、教义以及地理分布方面,新教徒与清教徒之间存在着一定的差异,但是就本文所讨论的议题而言,两者可以相互替换(在《新教伦理与资本主义精神》中新教徒和清教徒的称谓就是混合使用的)。而且,与韦伯当年对新教徒职业取向的观察一致,《清教徒的礼物》的作者肯尼斯·霍博读中学时就认真学习数学和理科,读大学时选取了机械工程专业,大学毕业后去公司做助理工程师。《清教徒的礼物》认为美国从1870年到1970年之间的经济成功源自勤俭持家、亲力亲为、集体主义、组织能力和技术革新这五大文化特征,而这些优秀管理文化是清教徒带给美国的礼物。美国在1970年以后的衰落就是因为丢掉了清教徒的天赋,转而过分强调财务指标,加之浮躁、自满和贪婪。而日本和德国战后的兴起则是因为运用了清教徒

的礼物。正反两个方面的事实都表明以新教伦理和清教徒的天赋为代表的道德-伦理-文化不仅是推动一个国家或社会经济发展的内在动力,而且也是一个企业持续成长和兴旺发达的内在动力。另一个值得提及的事实是,霍博兄弟分别出生于1926年和1929年(的苏格兰),是老师的同龄人。可以说,在韦伯的学说面世一个世纪以后,同时也是新一轮经济金融危机全球四伏的时点,人生轨迹毫无关联的老师和霍博兄弟以杖朝之龄基于各自的深刻学术思想和宝贵人生阅历几乎是不约而同地警醒我们关注文化对经济发展与企业成长的作用。这些貌似巧合的现象本身可能就蕴含了深邃的启示。换言之,老师的道德-伦理-文化理论在此时此刻尤其值得我们深思。

就我个人理解而言,老师近年来通过一系列论述一再强调文化管理的价值,不仅仅只是提醒我们认识到文化管理对经济发展与企业成长的重要性,而是警醒我们更要重视文化管理对经济发展与企业成长的紧迫性。换言之,文化管理对经济发展与企业成长促进作用的显著性可能正处于空前爆发的时点。借用一下流行的说法,当今的VUCA时代可能正面临着文化管理的奇点时刻,这可能是老师的文化管理思想给我们当今转型时代十分重要的启示和指导。道德-伦理-文化调节的重要性的空前上升至少源自以下四个方面:第一,老师指出,在社会发展过程中,交易活动随着生产力水平由低到高的变化,经历了从无到有和由少到多的过程;相应地,非经济交易活动则经历了从多到少的转变。因此,习惯与道德调节似乎就会从多到少地变化。但是,随着生产力水平的极大提高和人均收入的增长,人们社会生活的范围随着人们的需求范围的扩大和需求层次的提高增加了,非经济交易活动也相应地随之增加,因此习惯与道德调节的范围扩大了,重要性反而增强了。第二,当前的VUCA环境下市场和政府的作用局限性增加导致类"史前社会"的无序阶段或者失序阶段重现,如近年来出现的互联网金融监管滞后、区块链比特币监管失调、人工智能发展引发的伦理顾虑以及新型技术进步导致就业机会衰减的伦理问题等都是这种困境的表现。这些无序和失序引起的混乱在一个很长的时期内必须借助道德文化管理的力量,因此道德文化调节的重要性空前上升。由于道德-伦理-文化调节是同理心与利他精神的焕发,是天意的内生化,因此特别需要每个人的自觉,需要责任意识的觉醒,需要大我观念的醒悟。第三,文化调节与市场调节和政府调节相比具有长期效应。老师指出,企业是全体员工构成的,而企业内部人际关系的融洽程度对企业的凝聚力的高低和企业效益的高低具有重要的影响。如果企业内部不团结,人与人之间存在着摩擦和不协调甚至钩心斗角,那么各个部门之间就无法有效地合作与支持,即使原本具有资源优势也无法得到发挥,注定带来低效率甚至负效率[1]。要解决这些问题,不能只依靠严明企业的组织纪律,明确企业内部各个部门和各个岗位上员工的职责分工;更重要的是需要加强企业文化建设,提高企业内部各个部门之间和部门内部的各个员工之间的协作水平,增强组织的凝聚力。这种企业文化调节的作用是非常巨大的。从短期看,企业的文化调节可以通过促进协作来提升企业的资源使用效率和提升企业的竞争力;从长期看,企业文化调节措施有助于形成一种氛围,而这种氛围就像阳光、空气和磁场一样影响今后进入企业的员工,调动他们内心深处的进取精神、开拓精神和创业精神,进而有助于促进企业长期的成长与持久竞争优势的建立与保持。这

---

[1] 厉以宁:《超越市场与超越政府——论道德力量在经济中的作用》,经济科学出版社,1999年版,第19—20页。

些长期效果既是习惯与道德调节的具体体现,同时也是习惯与道德调节相较于市场调节和政府调节的突出特点。第四,文化调节对经济发展和企业成长的促进作用将随着经济发展水平的提高和企业规模的扩大而单调递增。老师指出效率可以分为三种类型,即生产效率、资源配置效率和X效率。其中,生产效率指的是企业的投入与产出之比,因此反映的是企业在生产过程中生产要素的使用效率。而资源配置效率指的是资源配置的合理程度以及由此产生的经济效率。此外,还不能忽视X效率的影响[1]。X效率最初是1978年由经济学家列宾斯坦在《一般X效率理论与经济发展》一书中提出的概念,其含义指的是由于投入产出比和资源配置以外的原因所引起的低效率,是一种原因不明的效率损失。X效率与员工的努力程度不足有关,也与员工之间的不协调有关,也与企业目标与员工目标的不一致有关。换言之,即使企业采用了先进的设备而且资源配置合理,只要存在着员工的工作动力不足、合作不足以及目标错配,那么企业就会出现低效率的情况。老师指出,市场调节和政府调节虽然能够对生产效率和资源配置效率产生影响,但是无法作用于X效率。而能够对X效率产生影响并降低甚至消除X效率的只有依靠作用于习惯和道德标准的文化调节。因此,文化调节不仅可以提高生产效率和资源配置效率,而且还可以影响甚至消除X效率。这是文化调节相较于市场调节和政府调节的突出优越性。更加重要的是,随着经济的发展和企业成长,经济活动的规模会不断扩大。这种经济规模的扩大会表现在以下几个方面:一是大企业的数量会增加,二是企业的总数会增加,三是随着技

---

[1] 厉以宁:《超越市场与超越政府——论道德力量在经济中的作用》,经济科学出版社,1999年版,第20—21页。

术进步而引起的企业内部和企业之间的交易活动的复杂性会随之增加,四是经济社会生活中的非经济交易活动的规模也会增加。这些变化将引发更加复杂的生产关系,对企业与企业之间以及企业内部的员工之间的协调配合提出更高的要求,因而有别于生产效率和资源配置效率的X效率的高低对现实经济活动水平趋近生产可能性边界的程度将具有越来越大的决定性的作用。毋庸置疑,这就意味着超越市场调节和政府调节的文化调节在经济活动中将扮演越来越重要的角色。正是由于经济发展和企业成长中的X效率问题会随着经济体规模的扩大和企业规模的扩大以及企业数量的增加而日趋加剧,所以文化调节对经济发展和企业成长的作用才会呈现出单调递增的效应。

应该说,老师对文化调节的重要性和紧迫性的强调是可以从西方学者的探讨中得到佐证的。蓝海战略理论创始人金和莫博涅两位教授在《哈佛商业评论》上也表达过类似的见解。他们指出:"当员工不相信管理层能够制定出正确决策或者能够表现出正直行为时,他们的工作动力将受到严重伤害。员工的不信任和相应的敬业度不足在绝大多数组织中都是一个巨大的却被忽视的难题。"(即上文中的X效率)"其实这一问题一直都很重要,只不过现在这个问题比以往任何时候都更关键了,原因是以知识为基础的组织完全取决于员工的工作投入度与创意"。[1]这就表明,随着信息技术的进步和知识经济的发展,企业组织的业务性质越来越从传统的工业制造业类型转向高端服务业类型,员工的工作过程越来越难以客观观测与清晰解码;因此企业的绩效越来越需要隐性知识而不是显性知识,越来越依靠脑力

---

[1] Kim W. Chan, Renee Mauborgne, "Fair Process: Managing in the Knowledge Economy", *Harvard Business Review*, 2003, January, p. 127.

而不是体力。因此,员工的内在工作动机甚至员工在工作中的体验和情绪(也就是老师所说的精神状态)就成为了企业生存与发展的关键影响因素。而能够对员工的内在工作动机以及情感体验产生影响的显然不是基于物质利益刺激的市场调节和基于宏观规制需要的政府调节,只能是作用于行为习惯和伦理道德标准的文化调节。其底层的逻辑是在市场调节和政府调节主导的情况下,或者在宏观经济层面强调产业政策和资源配置的效率,或者在企业层面强调运用组织结构调整和经济刺激以及物质激励,总之人们的心态将是关注分配公平和结果公平,最佳的效果就是感到自己的付出值得自己的获得。在这种情况下,人们在工作过程中进行合作行动时充其量就是按照外生的职责要求付出努力,追求的最高目标就是获得感。从社会整体或者企业整体的角度看,最终的产出将是水平较低的强制性合作的业绩边界。而在道德-伦理-文化调节主导的情况下,调节的手段在经济社会层面将会强调引导、倡导和鼓励,在企业层面将会强调沟通机制运用和参与式民主决策风格,人们的心态将是关注程序公平和人际公平,进而增强相互信任和彼此认同,感到自己的观点和看法得到了关注和尊重。老师曾经说过,所谓的"认同"指的是一个人作为群体中的一员,会把这个群体看成是自己的组织。他不仅要同这个群体协调和适应,而且也要同这个群体中的其他成员彼此协调和适应。换言之,认同就是一个人承认自己同群体是一致的,是合为一体的[1]。由此可见,这种认同对于人们之间彼此合作的意愿与合作的水平将具有十分重要的影响。于是,在这种由道德-伦理-文化调节主导的情况下,人

---

[1] 厉以宁:《超越市场与超越政府——论道德力量在经济中的作用》,经济科学出版社,1999年版,第87—88页。

们在工作过程中进行合作行动时将会心甘情愿地付出额外的努力,进而超越自己的职责要求,也就是超越了社会和组织对自己的期望与要求,在体现利他主义的同时也让自己获得成就感。在这种情况下,人们追求的最高目标就不仅仅是获得感,而是意义感,也就是因为自身的努力为他人提供了帮助的奉献感和满足自身价值实现的成就感。从社会整体或者企业整体的角度看,最终的产出将是随着合作规模的扩大不断上升的自愿性合作的业绩边界。显然,自愿性合作的业绩边界与强制性合作的业绩边界之间的缺口就是道德-伦理-文化调节的价值空间,这种价值空间会随着合作程度的提高而增加。[1] 需要指出的是,不同的技术条件对社会经济活动中人们的合作水平具有不同的要求。在简单的手工工厂和大机器生产线时代,技术条件决定了人们彼此之间的合作对于绩效水平的影响是非常有限的。但是,在当前第四次工业革命背景下,技术的发展对人们在工作中的合作方式与合作程度提出了前所未有的更高的要求,技术进步需要人们在工作中表现出更多的互惠性合作和紧密性合作。因此,合作的潜在价值空间正在以类似指数化的方式空前增长,也就是道德-伦理-文化调节的潜在经济价值正在以类似指数化的方式空前增加。这,就是文化管理奇点来临的本质含义。

五、结语

每次重温老师的著作都会获得一些新的感悟,这一次也不例外。从老师关于道德-伦理-文化理论的角度开展学习,不仅

---

[1] Kim W. Chan, Renee Mauborgne, "Fair Process: Managing in the Knowledge Economy", *Harvard Business Review*, 2003, January, pp. 134—135.

可以使我们体会到文化管理的深刻内涵,而且结合老师关于三次调节和三次分配的论述还可以使我们对文化管理在整体社会治理体系和企业组织管理体系中的角色与定位具有清晰的认识。鉴于伦理道德对于经济发展的历史作用,我们能够更加透彻地领悟老师关于道德重整与文化重建论述的现实意义。正如老师所言,道德重整和文化重建是我国现阶段一项迫切的任务。在用新文化和新伦理代替旧文化和旧伦理的过程中,我们非常需要从权力崇拜与人身依附的旧文化转变为自立自尊与尊重科学的新文化。应该说,老师对未来之路的指引与现代文明中所强调的严于律己同时勇于创新的理念是高度契合的。当然,最紧迫的是老师关于文化管理奇点临近的启示。随着新技术的不断涌现和我国人口结构的变化以及新新人类呈现出的不同以往的价值观念特点,不论是在宏观社会层面上还是在企业微观层面上,传统的管理思想与理念都正面临着严峻的挑战。虽然技术决定主义者非常重视科技手段对企业成长、经济发展乃至社会进步的推动作用,但是人们逐渐认识到科学技术虽然可以具备强大的算法和能力,但是由于它们没有灵魂,无法建立道德-伦理-文化的基准,不可能感知意义因此难以找到正确的方向,所以文化管理突出的重要性正日益显著地呈现在我们眼前。正如在本文构思期间举办的2019年夏季达沃斯论坛的主题已经从过去连续多年对技术主题的强调转为对人文主题的强调那样,肩负着道德-伦理-文化使命内涵的领导力4.0需要运用文化伦理指导科技关照边缘群体、指向公平目标、解决环境保护与可持续发展问题,谋求更高质量的合作与更大范围的共赢,为人类的光明前途寻找出路。也许,这正预示着文化管理奇点时刻的降临。

(张一弛,北京大学光华管理学院)

厉以宁有关民营经济的述评

陈 凌

一、本文缘起

本文是厉以宁老师有关民营经济和企业家精神的诸多学术论著的综述文章。自本科求学阶段阅读厉老师的经济学论著，印象深刻，尤其是《论加尔布雷思的制度经济学说》（1979年）《二十世纪的英国经济——"英国病"研究》（1982年）《社会主义政治经济学》（1986年）《体制·目标·人——经济学面临的挑战》（1986年）等书，当时对我一个在管理学系求学，经济学还刚刚入门的大学生来说，是非常激动人心的阅读体验。这些书引起了我对于现实很多经济现象的浓厚兴趣，也促使我下决心从管理学转向经济学。1987年9月我如愿以偿地进入北京大学经济学院，正式师从于厉老师攻读经济学专业宏观经济运行方向的硕士研究生。但是1988年7月我被选拔进入中国与民主德国的留学生交流计划，通过一年的德语强化训练以后于1989年10月去柏林洪堡大学经济系攻读博士学位。虽然我在厉老师身边求学的时间只有短短的一年，但是厉老师每年的著述依然陪伴了我漫长的求学和研究的历程。我自1996年1月开始在浙江大学经济学院和管理学院工作，一直从事民营企业，尤其是家族企业的成长发展的比较历史和管理研究，我想结合自己的理解谈谈长期研读厉老师有关民营经济论述的心得体会。

在正式开始讨论民营经济话题以前，我先谈谈对于厉老师经济学理论和政策著述的以下两点总体印象。

第一，厉老师的学术积累和思考与他的出版发表的时序并不完全一致。众所周知，由于历史的原因，厉老师在1979年出版《论加尔布雷思的制度经济学说》一书以前就有漫长的学术积累期，他对西方经济学理论和外国经济史的钻研和积累长达二十余年。在这段时间厉老师做了很多资料整理、介绍学术动态的内参和经济史的研究，默默无闻，完全是凭着对于经济学的兴趣和热爱一直坚持着。自20世纪80年代后期，厉老师又有很多的时间精力放在中国经济体制改革的研究和参政议政上，因此，他有很多经济史的研究成果要在多年以后才正式出版面世。比如说，我在北京大学经济学院求学的时候，厉老师开设的研究生课程"经济史比较研究"对我帮助很大，他的很多独特观点一直保留在他的书稿和教案上未见发表。这门课的很多内容要到2003年，也就是大约15年以后，在《资本主义的起源——比较经济史研究》由商务印书馆正式出版后才为全国读者所了解。考虑到厉老师在20世纪80年代给北大研究生上课的时候，这些内容已经在他的教案中成文，因此厉老师对于很多经济现象的认识经历了长期酝酿和反复思考。因此，在改革开放伊始，厉老师就凭着多年的研究对于现代市场经济运行机制的精髓所在有着深刻、全面的理论把握。在改革开放不断推进的过程中，厉老师又参与了经济体制改革若干重大问题的社会调查、政策研究和分析，因此能够较为全面地掌握相关领域的最新进展，这是厉老师能够长期作为中国改革开放的重要理论家和思想家发挥作用的主要原因之一。

第二，厉老师作为改革开放的重要理论家和思想家并不是依靠个别与众不同的观点，短时间吸引大量关注或热点讨论，而是持续研究，不断对于改革开放面临的重点问题从理论到政策加以及时而深入的探索。厉老师不断提醒我们，书本上已有的经济学理论无法涵盖现实中国社会经济的发展逻辑，西欧现代化进程的历史经验也无法照搬到中国改革开放的实践中，中国国情更是有着丰富而复杂的内容，因此，厉老师对于很多理论和比较经济史的研究一直延续，不断地与中国改革实践进行细致的比较和分析，正是依靠这样的严格治学态度和精神，厉老师发表了大量针对重大中国社会经济问题的理论和政策观点，这些观点刚提出的时候会受到质疑和批判，但是厉老师的观点一旦提出以后会持续坚持并不断改进、细化。

当然，由于厉老师的著述很多，涉及的领域非常之多，不同时期发表的观点无论从用语还是内容上都有一定的变化。在我读研究生的时候，厉老师就经常告诫我们，他不写别人50年前就可以写的内容，也不写50年后别人可以写的东西。即使他做的经济史比较研究牵涉几百年甚至上千年以前发生的历史，他强调用最新的视角来加以看待,从而在非常成熟或古老的题目上写出新意。他经常强调:历史发展在每个时期都有最突出的重大问题,每一代人都有自己的使命,每一代人都需要承前启后,学术研究不是单打独斗,而是需要互相合作,代代相传。因此,我们大家来对厉老师的各个重大问题或领域的经济学思想进行梳理、分析、比较和综合,就是一件非常有意义的事情。

笔者前面提到的厉老师著述的两个总体特征对于我们理解他对于民营经济的经济学思想非常重要。厉以宁老师对于民营经济的发展一直非常关注。在"北京大学民营经济研究丛书"(2007年)的总序中,厉老师对民营经济的总体评价是:"民营经济在中国的经济结构中是最活跃、最积极、最具竞争力的经济成分,并且正在发展成为涵盖国民经济三大产业、涉及各行各业的庞大经济体系。二十多年来的改革实践证明,民营经济发展有力地支持了国民经济的持续、快速、健康增长,促进了所有制结构和产业结构的调整和优化,成为启动民间投资和拓宽就业渠道的重要力量。"无论是改革开放初期乡镇企业异军突起,还是个私企业从无到有的数量增加和你追我赶的质的提升,这些中国民营经济的骄人业绩,验证了这一总体评价到现在仍然有效。

另外一个角度,厉老师对于民营经济的学术论述很多,内容丰富。据我现在的阅读,《厉以宁论民营经济》是他有关民营经济的论述相对集中的一本书,该书重点讨论了"非公经济36条",民营企业的转型问题,进一步发挥民营经济在经济和社会发展中的作用等内容,其中对于民营经济和企业家精神的理论问题并没有完全展开。但是如果把厉老师有关民营经济的这本书和其他论述放在他的系统的经济学理论和政策体系中去的话,我们仍然可以汲取到丰富的经济学思想和智慧。在该书前言中，厉老师提到他对民营经济、民营企业的研究开始于 20 世纪 80 年代后期。厉老师 1980 年首次提出所有制改革论的观点，并成为这一观点的代表人物，持有这一观点的中国经济学家还有其他几位。1986 年 4 月 25 日在北京大学"五四"科学讨论会上所做的题为"经济改革的基本思路"的报告中，厉老师对于七个问题提出了二十八个观点。厉老师在报告开始就明确提出了"所有制改革是改革的关键"这一著名论断："经济改革的失败可能是由于价格改革的失败，但经济改革的成功并不取决于价格改革，而取决于所有制的改革，也就是企业体制的改革。"集体所有制企业是可以实行股份制的。全民所有制企业体制改革的可行措施之一也是实行股份制、控股制，建立社会主义的公司财团（企业财团）。……国家将摆脱中小企业，只保留一些全民所有制的骨干企业，中小企业可以卖给集体或个人，"这就可以形成一种新型的经济联合体：混合企业。这样，我们才能实现真正的多种所有制、多种经营形式。这绝不影响全民所有制的主导地位和公有制的统治地位"。要实现企业体制的改革，厉老师提出需要建立一个比较完善的社会主义市场体系（包括商品市场、资金市场、技术市场和劳务市场），需要政府行政改革提高政府部门的效率，中国需要一大批社会主义企业家，需要企业家精神，需要符合社会主义伦理原则的经济行为规范。这个报告后来收入《厉以宁论文精选集》（2005 年）从而得以为广大读者所知。报告中的二十八个观点掷地有声。虽然这些报告中的不少概念或提法有着那个历史时期的时代特征，当时这些观点也引起了非常大的争议和争论，但是难能可贵的是，这一报告有关股份制改革的重要性，多种所有制和多种经营形式的并存和共同发展，企业家和企业家精神的作用和意义，市场体系建设和政府职能转换等内容已经非常系统和深刻。但是由于当时的经济学理论和政策环境的限制,厉老师无法明确地用民营经济来称呼这些多种所有制和多种经营形式的企业。

1989年1月20日,应香港经济学会等机构的邀请,厉老师在香港浸会学院做了题为《私营经济的发展与私有化问题》的学术报告,提出了以下三个核心观点:一、私营经济对中国经济的巨大作用,私营经济在我国的长期存在,既可与社会主义社会的性质相适应,也可与高水平生产力水平相适应。二、一些私营企业将会从家族制过渡到股份制,而且这些企业的股份制不可避免地会有从不规范到逐渐规范的过程。三、中国必定会出现一批私营企业的企业家。显然,这些在香港表述的观点和上述"经济改革的基本思路"基本一致,但是使用的词汇和概念有不同。

2005年12月3日,在北京大学光华管理学院庆祝厉以宁教授从教50周年暨75岁华诞座谈会上,厉老师自己对人生阶段的总结分成四个阶段,其中第一阶段是1955年留校任教到1978年,这是厉老师在资料室潜心工作,积累经济学理论和经济史知识,形成现代市场经济运行及其政策系统概念的时期,厉老师用辛弃疾的词句"别有人间行路难"来概述。厉老师人生的第二个阶段是1978到1985年,这个时期他的主要工作是探索改革开放以后的经济理论,标志性成果是《社会主义政治经济学》。在这本书中,他分别从国民经济运行、企业经济活动和个人经济行为三个方面来探索社会主义经济体制下的经济运行,以宏观经济和微观经济的协调问题作为贯穿整个运行分析的主线。厉老师人生的第三个阶段是1986年到1999年:经济学家不能沉默,必须勇敢面对市场经济改革和股份制改革的批判。这个阶段厉老师的主要工作是积极参与市场经济改革研究,积极参政议政;这也是一个经济学理论研究和政策研究相得益彰的阶段。这个时期他的著述也非常丰富,主要集中在有关中国经济改革和发展的理论。2000年以后厉老师的人生阶段:假如历史重新开始,在参政议政的时间和强度逐渐减少的情况下,厉老师把工作重点重新转回一直在做的经济史学研究。

了解了厉老师的这样一个人生阶段的大致情况,我们就可以看出,虽然厉老师自己承认,他是从20世纪80年代后期开始明确研究民营经济,但是他对民营经济和民营企业的研究是放在社会主义宏观经济运行的框架下进行的,而成熟市场经济体制下的企业的大多数是产权明晰、自负盈亏的私营企业。因此,厉老师对于民营经济和民营企业行为的思考远远早于这个时点。

厉老师有关民营经济的经济学思想的逐步酝酿和成熟贯穿于他的整个学术生涯,正是他对于市场经济体制下的企业运行有着如此深刻的理解,所以早在个私经济被允许存在和发展,而民营企业还没有拿到官方"准生证"的20世纪80年代初,厉老师就可以在理论上构筑出民营经济健康发展的核心观点,指明民营经济未来的发展方向。厉老师对于民营经济的强大活力和发展韧劲是有充分信心的。当然,现实的中国民营经济发展绝不是一帆风顺的,民营企业的成长发展也是极其艰苦,很多民营企业家由于种种原因在改革浪潮中兴衰沉浮。但是作为改革开放以后应运而生的民营经济整体,无论是从数量还是从质量上来说,不断成长壮大并且蔚为壮观。

当然,对于中国民营经济的快速发展,没有人能够先知先觉,事先就洞察一切,厉老师也是不断观察,不断思考,不断总结经验教训的,基于这样的背景,本章将从以下四个方面(本章的第二节到第五节)讨论厉老师有关民营经济的经济学思想:第二部分讨论中国民营经济的作用和性质;第三部分民营经济发展与企业家精神;第四部分民营经济与政府职能转换;第五部分民营经济成长与转型。最后是厉以宁有关民营经济的经济学思想对于构建未来民营经济理论体系的启示和展望。

二、如何理解中国民营经济的作用和性质

民营经济在厉以宁经济学思想体系中起到怎么样的作用?首先我们来看一下民营经济的基本定义。民营经济一词是从经营主体角度表述的概念。由于我国现行法律或者政策是依据生产资料所有制性质来划分经济类型,因此根据经营主体划分经济类型存在统计上的困难。因此这个概念被人经常应用,但是并没有统计数据支持。随着市场经济体制的不断建立和完善,民营经济的范围将不断扩大。厉以宁认为:"民营经济这个概念是中国改革开放过程中的一大创造,它包括个体工商户和私营企业在内,但又不限于个体工商户和私营企业……因为'民营'的对应物是'官营'或'国营'。既然不是官营,不是国营,称之为民营企业、民营经济,也是顺理成章之事。"[1]改革开放以后首先出现了个体工商户,城乡出现的大量私营企业还戴着乡镇企业的红帽子,所以虽然私营企业已经大量出现,但是还没有被正式被承认。20世纪80年代中期,一批科技人员从原来的科研单位分离出来成立了科技企业,这类企业既不像纯粹的私人企业,又不同于原来的国有企业,于是,人们根据其经营体制的特点称其为民营企业。因此,最早被冠以民营企业这个称谓的,是民营科技企业。

20世纪90年代开始对于中小国有企业的改制,各地政府允许民营企业并购或整合竞争性行业的国有企业,民营企业的数

---

[1] 厉以宁:《厉以宁论民营经济》,北京大学出版社,2007年版,第3页。

量和规模不断壮大。因此,我国民营经济包括来源和发展途径非常不同的三类企业:它们分别是个体工商户和私营企业,科研型民营企业和不断发展和多样化的各种混合所有制企业。

如何理解民营经济在中国经济改革进程中所发挥的作用呢?厉以宁在多种场合表述了这样的观点,那就是民营经济的快速发展是中国经济体制改革的重要原因,这种改革是一种存量暂时不动的所谓的"增量改革":"中国经济改革表现最优秀者,在于民营经济的蓬勃发展,即'增量改革'。之所以增量改革的绩效远远优于存量改革,是因为后者必须'破旧+立新',而前者仅仅需要'立新'而已。旧体制的政治经济既得利益阶层对'立新'睁一只眼闭一只眼任其发展,对'破旧'却顽强地抵制。"[1]这段话有以下几层含义:首先,中国经济体制改革是渐进式的改革,而不是毕其功于一役的激进式改革。渐进式改革遇到的旧体制下的既得利益阶层的反抗和抵制会比较弱,成功的概率会比较大;其次,渐进式改革充分发挥了原有体制下的发展潜力。原有体制并非铁板一块,原有国有部门汇集了大量技术和管理人才,一旦改革开放给这些人才提供了创业发展的广阔空间和机会,这些人身上的无限潜能就会迸发出来。第三,增量改革所积累的资源又可以提供逐步改革已有存量的机会。厉老师经常强调"无民不稳,无民不富,无民不活"的观点,可见,民营经济的作用是从微观理解中国奇迹的关键之一。

民营经济是从经营管理角度进行划分的一种经济形式,其基本特征主要在两个方面:(一)从产权关系上看,民营企业具有产权主体多元化、产权明晰和利益分配明确等特征。民营企业多数为自筹资金、自由组合的经济实体,无论是个人投资、合伙

---

[1] 厉以宁:《厉以宁论民营经济》,北京大学出版社,2007年版,第53页。

投资或外商投资以及集体筹资创办的企业,其产权关系和利益关系都比较明确。当然,这样的产权关系明确是相对的,这对于国有企业来说是相对明确的。正是由于民营企业具有产权明晰的制度优势,因此民营企业的经营成果能够为出资人所获得,从而解决企业为谁所有、为谁获益的激励问题。(二)从经营机制上看,民营企业"自主经营、自负盈亏、自我约束、自我发展"的机制比较健全,所以它们能够在市场竞争中自主决策,在经营活动中依靠科技,不断创新,不断开发新产品,开拓新市场,以求自身的发展壮大。显然,较好地解决了产权激励和经营机制的民营企业,为中国市场化改革提供了无穷的动力和活力。

厉以宁对于民营企业在市场竞争中发挥的作用,有一个"大型搅拌机"的形象比喻:如果市场是一个大型搅拌机的话,那么它的动力来自何方呢?其实,它跟真正的搅拌机是不一样的。真正的搅拌机都有一个外接电源,电源一开,搅拌机就转动起来了。而市场这个大型搅拌机没有外接电源,怎么转动?就看参与市场竞争的企业有没有活力。假定都是过去那些计划经济下的国有企业,市场就没有活力。而在改革开放以后,无数民营企业进入市场,机制灵活,市场这个大型搅拌机就转动起来了。

那么,为什么在从计划经济到市场经济的转型过程中,中国通过引入民营经济,市场这个"大型搅拌机"就可以发挥如此显著而持久的作用呢?理论上,厉老师后来在1990年出版的《非均衡的中国经济》一书做了更加严密的解释:他认为,可以根据在非均衡条件下微观经济单位是否充分活力,把经济中的非均衡区分为两类:第一类经济非均衡是指市场不完善,价格不灵活,存在超额需求或超额供给,但是市场活动的微观经济单位却是自主经营、自负盈亏的独立商品生产者,它们有投资机会和经营方式的自由选择权。但是第二类经济非均衡是指,市场不完善,价格不灵活,存在超额需求或超额供给,不仅如此,参加市场活动的微观经济单位并非自主经营、自负盈亏的独立商品生产者,它们缺乏自由选择投资机会和经营方式的自主权,它们也不自行承担投资风险和经营风险。这样的微观经济单位没有摆脱行政机构附属物的地位。显然,改革开放初期以及后来的相当长时期内,中国经济处于第二类非均衡状态,市场机制还没有确立或者还处于逐步确立的过程中,参加市场活动的微观经济主体如各种规模的国有企业还没有摆脱行政机构附属物的地位;与此相联系的是,大量优秀人才也没有摆脱国有企事业部门的人事羁绊。因此,如果市场主体尤其是企业主的行为越来越理性和高效的话,总体经济体制的效率将提高,而这又将促进市场机制的改革。而企业行为理性化的制度前提是所有制改革,企业家将成为促进所有制改革的受益者和推动者,企业家精神的生发是其中的关键所在。这应该是厉老师经济改革理论的一条重要的主线。

诺贝尔经济学奖得主罗纳德·科斯教授在他与合作者王宁一起出版的《变革中国——市场经济的中国之路》一书中就指出,中国改革开放的成功是一系列所谓的"边缘革命"促成的,"中国社会主义经济最为重要的发展并不发生在其中心,而是在它的边缘,在受国家控制最弱的地方。真正的改革先锋不是拥有各种特权并被奉为社会主义'掌上明珠'的国营企业,而是那些落后的、被边缘化的群体。他们游离在政府机构和中央计划之外,在现有体制下饱受歧视。尽管如此,正是这些处在社会主义边缘的经济力量成就了一系列变革,将私营企业带回到经济体制中,为日后的市场转型铺平了道路"(科斯、王宁,2013)。科斯教授认为,这些"边缘革命"包括从农村的农户发展而来的乡镇企业和私营企业,海外华人投资大陆所带来的资金、技术和观念,城镇个体工商户所发展形成的私营企业等。显然,厉以宁强调的增量改革和民营企业,和科斯教授所谓的"边缘力量"概念有相似的含义,而且更加重要。"边缘力量"可以解释改革开放初期的原动力,但是增量改革和民营经济的发展也影响了中国社会经济的核心地带和存量部分,厉老师的理论解释了为什么中国的改革开放可以可持续和不断走向深入。通过改革开放40年,这些民营经济不断发展壮大,成为中国市场经济的主力军和生力军。这个现象在中国历史上是亘古未见,具有重要的经济意义和社会价值。

三、民营经济发展与企业家精神的产生和发扬

那么,为什么民营经济会有那么巨大而且可持续的力量呢?民营经济快速发展的主要原因是民营企业主身上体现的企业家精神。厉以宁反对社会上一般人肤浅地认识企业家,简单认为企业主或厂长、经理就是企业家;他强调,企业家是经济学上的概念,企业家代表人的一种素质,而不是一种职务。我发现厉以宁在为企业家鼓与呼的很长时期内,很少用具体企业家的个人事迹或业绩来举例说明,这是他一直坚持地把企业家看做是人的一种素质,而不只是个别优秀厂长或经理才可以称作为企业家的基本观点。企业家的最主要素质有哪些呢?厉以宁认为企业家素质有三个条件,第一个条件是有眼光,第二个条件是有胆量,第三个条件是有组织能力,一个人具备了这三个条件以后,你就可以成为企业家。为了叙述方便,笔者建议用企业家群体来指那些具有企业家素质的人,而用企业家精神来概括这一群体的共同特征。

企业家素质首先是一种人力资本。在传统计划经济体制下,这样的人力资本只是潜在的,或者是休眠的,这样的人力资

本发挥作用往往受到了原有体制的束缚和限制。厉老师喜欢用《水浒传》第九回"林冲棒打洪教头"的故事，来说明国有体制下受到过多限制的企业家素质，非常形象。八十万禁军教头林冲在做客柴进庄园时遇到洪教头的挑衅，林冲虽然武艺高强，但是因为戴枷无法伸展拳脚，只能委屈认输，不和洪教头过招。当柴进央求看押林冲的公人取下他的枷锁，林冲放开手脚几个回合就打败了洪教头。洪教头羞颜满面，自投庄外去了。在传统计划经济体制下，体制内人才济济，但是僵化的体制使得他们很多人的才华没有机会得到展示和发挥。

20世纪80年代初，以温州、苏南为代表的农民企业家，率先将家庭联产承包责任制所释放出来的劳动力组织起来，纷纷成立政策允许或默许的乡镇企业，在国有企业的夹缝中寻找市场生存发展的机会。以鲁冠球、吴仁宝、禹作敏等为代表，在改革开放前就从事经营活动的企业家发挥了领头羊的作用，在1978年正式创业。1984年被称为"中国公司元年"，王石、张瑞敏、柳传志等企业家开始创业，分别创办了万科、海尔和联想。

1992年，受邓小平南方谈话和经济改革推进的影响，一大批在政府机构、科研院所、高等学校工作的体制内官员或知识分子纷纷下海创业，形成一股商业浪潮，这是20世纪90年代中国经济高增长的主要动力。厉以宁在邓小平南方谈话后不久就受邀去广州和深圳做系列演讲和企业家座谈会，他敏锐地发现了这股创业浪潮所孕育的巨大能量。"九二派"就是指在这波创业浪潮中成长起来的一批企业家，他们当中很多人当时还很年轻，之后逐渐成为市场经济空白领域的开拓者或行业佼佼者。

厉以宁后来总结道："这些人（'九二派'）同20世纪70年代末和80年代涌现的那些企业家是不一样的。七八十年代之交出现的一批企业家，大多数是体制外形成的企业家，有胆量、敢拼搏,但文化水平一般比较低,他们缺少专业的训练。而'九二派'则与他们不同,他们有专业知识,有开阔的眼界;更重要的是,他们不仅为个人事业的成功,还满怀振兴中华的热情。他们有世界眼光,有志使中国经济在国际上名列前茅。同时,他们不是体制外形成的,而是先在体制内成长起来,再从体制内转到体制外的……他们既了解体制内的经济运行,又懂得体制外的种种酸甜苦辣。他们善于借鉴发达国家的成熟经验,把它们引入中国市场的空白领域,成为某个行业的开拓者或佼佼者。而这一切,往往是新旧体制的转换时期和市场运行的灰色地带中完成的,从而可以为顶层设计提供更多的建议。"[1]

从不同波商业浪潮中涌现出来的企业家群体的来源和特点可以看出,中国经济体制改革是从边缘到核心,从体制外到体制内不断深入,层层递进的。前面引用的科斯教授的"边缘革命"很好地说明了中国奇迹发生的起始条件和初始阶段,但是厉以宁所强调的"增量改革"不仅发生在边缘领域,而且随着社会主义市场经济体系的逐步建立和完善,中国经济体制的存量部分也悄悄地发生了变化,其中最具有代表意义的是政府职能的转换和公有制经济的转型发展。

中国经济体制改革成功的一个重要秘诀,是企业家精神的不断生成和高扬,企业家精神成为时代精神,这是中国历史上迄今为止第一次出现的情况,中国人从来没有像在当代那样富有冒险精神和竞争意识。厉以宁认为,中国企业家除了拥有一般企业家所有的企业家素质以外,还有一种独特的忧患意识和社会责任感,他说:"世界各国的企业家都是具有竞争意识、效益意识、风险意识的创新者。这一点,已被世界各国企业发展的历史

---

[1] 厉以宁:"'九二派'的启迪",《中华读书报》,2012年7月4日。

所证实。然而,当我们转而对中国的企业家进行考察时,对上述问题将会有新的认识。中国的企业家除了必须具有上述的竞争意识、效益意识和风险意识外,还应当具有另外一种意识,我们可以把它称之为忧患意识。什么是忧患意识?简要地说,就是时代的紧迫感和民族的危机感。"对于国内外企业家的共性,比如竞争意识、效益意识和风险意识,厉以宁认为这是大家已经有共识的内容,这些内容可以少讲,但是企业家群体所需要的忧患意识却很少被之前的文献所提及,在中国经济改革过程中又是必不可少的,他就会经常提及和讨论。我想,他这么做,就是最好地践行了他不做50年前的人可以做的研究的思想。

有关中国企业家素质厉以宁还有一个"特殊环境下的植物"的比喻,非常形象:"植物分两种植物,一种植物是正常条件下生长的植物;另一种植物是特殊环境中生长的植物。什么叫特殊环境中生长的植物呢?耐旱、耐涝、耐高温、耐严寒、耐霜冻。外国企业家都是正常条件下生长的植物,因为那里宏观经济持续正常,法制法规健全。而中国的企业家都是特殊环境中生长的植物,中国的企业家经过的环境,外国人根本想不到。"[1]这里可以顺便讨论,厉以宁是一位特别喜欢用形象的比喻来阐述观点的经济学家。形象的比喻可以生动地表达出深刻的哲理和智慧,给人留下难以忘怀的记忆。那么,如何理解他把中国企业家比作"特殊环境下的植物"呢?笔者试图做一些讨论。首先,经济学至少从马歇尔开始就认为,"经济学家的目标应当在于经济生物学,而不是经济力学"(《经济学原理》第八版序言),用生物学的概念来思考经济现象的想法由来已久。其次,民间也有把

---

[1] 厉以宁:"中国企业家有标准吗?",《中外管理》,2000年第9期,第30—31页。

民营企业比作"给点阳光就灿烂"或者"野火烧不尽,春风吹又生"的小草、野草,只要环境或政策允许就能够迅速生存发展,具有持久而野蛮的生命力和生长力。当然,这个比喻更适合生命力旺盛、数量巨大的中小企业,而不是大中型民营企业。第三,把企业家比作能够忍耐各种极端环境并韧性成长的植物,就不仅是中小企业,更是那些能够持续成长并成为各个产业领导者的大型民营企业,如华为、万科、阿里巴巴、腾讯等。虽然这些企业的规模已经能够进入世界级大型企业排行榜,但是它们依然还是在创始企业家的领导下,还是处于企业家的企业这一阶段。因此这些民营企业的成长与企业家精神始终有着千丝万缕的联系。

四、民营经济与政府职能转换

进入 21 世纪,民营经济有了很大的发展,但是在民营经济发展过程中,遇到了不少政策方面的问题。原来,各级政府只是给民营经济的发展提供条件,允许和支持其发展。但是当民营企业的规模越来越大,希望进入的产业领域越来越多,如何处理好公有经济与非公有经济之间的关系,如何促进政府职能转换。社会主义市场经济体制的完善,要求政府把微观经济主体的经济活动交给市场调节。政府由原来对微观主体的指令性管理转换成为市场主体服务,转换到为企业生产经营创造良好发展环境。这一转变是极其艰难的。随着社会主义市场经济的发展,尤其是国有经济布局的战略性调整和国有资产管理体制改革,政府的公共管理职能和国有资产出资人职能分开,政府与国有企业在市场中的角色混淆现象得到改变;非公有制经济的发展迫使政府管理经济方式发生转变。现代产权制度的建立也将使得政企不分、政社不分、政事不分的现象有一定改变。但是政府对微观经济活动不当干预与市场竞争秩序维护"缺位"并存,政府规模的膨胀加剧,影响了市场交易的顺利进行。

2003年下半年,全国政协经济委员会成立了以厉老师作为组长的非公有制经济专题组,到辽宁、广东两省的一些城市进行调研,在这以前还在吉林、河北、江苏、浙江、福建等省召开调研会、座谈会。年底专题组形成了一份报告由全国政协报送国务院。在温家宝总理的重视和批示下,国务院研究室和发改委共同起草并形成了最终于2005年2月24日下发的国务院《关于鼓励支持和引导个体私营等非公有制经济发展的若干意见》(民间称之为"非公经济36条")。从此,中国民营经济的发展进入一个新的阶段。

中共十六大提出,从国民经济整体来看,必须坚持两个毫不动摇,也就是必须毫不动摇地巩固和发展公有制经济,必须毫不动摇地鼓励、支持和引导非公有制经济发展。十六大以后,尤其是十六届三中全会以后,我国非公有制经济已经进入历史上最好的发展时期,这得益于党和国家的重视和市场经济体制改革的稳步推进。但是也不能不看到,由于历史传统的惯性和转轨时期体制的复杂性和局限性,非公有制经济发展在许多方面仍存在制约因素。如何真正贯彻落实"非公经济36条"是关键。

首先,厉老师认为,我们讨论民营经济的"原罪"问题和政治地位问题,分别牵涉对于民营经济的历史和未来的看法。不仅是国内普通民众,就是研究中国经济的学者和部分民营企业家自己,都会认同这样的观点,那就是,民营企业存在着所谓的"原罪"问题。对这个观念,厉以宁很早就给出了明确的回答,他认为总体来说,民营经济的所谓"原罪"问题并不存在:"'原罪'这两个字出自《圣经》,就是说人一出生就是有罪的。用这种说法来评论当前的民营企业并不符合实际,而且这也不能代表民营经济发展的主流。对于所谓"第一桶金"的来历,要做细致的分析。如果是通过贩毒、走私、盗卖国家文物、抢劫财物、贪污侵吞国有资产等违法手段而来的,那是应当追究的,因为这已突破了底线。如果是由于当时经济政策界限不清而造成了问题,那就应该根据实际情况,酌情处理。总之,一定要实事求是。当前国内的民营企业家不是旧社会资本家的延续,而是在改革开放时期成长起来的。"[1]

2006年7月中旬,全国统战工作会议召开,加强新的社会阶层人士工作是这次会议的一个亮点,具体来说这个阶层是由非公有制经济人士和自由择业知识分子组成。对这些人士,中央确定了"充分尊重、广泛联系、加强团结、热情带动、积极引导"的二十字工作方针,强调要尊重他们的劳动创造和创业精神,凝聚他们的聪明才智,引导他们爱国、敬业、诚信、守法、贡献,做合格的中国特色社会主义事业的建设者。由此可以看出,中央对于民营企业在社会经济中的贡献和地位是充分肯定的。

其次,持续解决民营企业的领域准入问题,给予民营企业平等的国民待遇,减少"玻璃门"现象。《国务院关于鼓励支持和引导个体私营等非公有制经济发展的若干意见》("非公经济36条")中第一项意见就是"放宽非公有制经济市场准入",其中包括八条,即1.贯彻平等准入、公平待遇原则;2.允许非公有资本进入垄断行业和领域;3.允许非公有资本进入公有事业和基础设施领域;4.允许非公有资本进入社会事业领域;5.允许非公有资本进入金融服务业;6.允许非公有资本进入国防科技工业建设领域;7.鼓励非公有制经济参与国有经济结构调整和国有企业重组;8.鼓励、支持非公有制经济参与西部大开发、东北地区等老工

---

[1] 厉以宁:《厉以宁论民营经济》,北京大学出版社,2007年版,第15页。

业基地振兴和中部地区崛起。以上这些意见无疑是对民营企业和民间投资者的巨大鼓舞。"非公经济36条"出台以后,民营企业的市场准入政策环境确实有了明显改善和改进,但是在很多方面还是出现了所谓"玻璃门"现象,也就是说以上种种行业准入的大门,理论上说是敞开了,然而中间还是隔着一层阻碍,想进去的非公有制企业还是被挡在外面。造成"玻璃门"现象的主要原因是行业垄断和地方封锁的存在,真正消除各个领域的"玻璃门",还需要一个漫长的过程。

  第三,要为民营经济发展提供好的环境,必须加快落实政府职能转变,切实建设服务型的政府。政府职能转变滞后主要表现在:行政部门条块分割,政府采购招投标信息等往往只在部门内部发布或只向公有制企业发布,使非公有制企业无法参与公平竞争;非公有制经济管理部门力量相对薄弱,机构重叠政出多门;计划经济时期那种"一大二公"的倾向往往继续存在,一些政府部门扶持国有企业或规模大的非公有制企业轻车熟路,往往忽视对众多中小型非公有制企业的帮助和服务。作为服务型的政府,政府法人职能包括四个方面:即经济调节、市场监管、社会管理和公共服务。真正的政企分开,政府不再是企业的投资决策者和经营管理者。企业按照现代企业组织的要求,由投资者决策,由经营层负责经营管理。就国有企业而言,即使是国有企业或国家控股的企业,也应当按照这一原则决策和管理。

  显然,这些现象的改变需要一个漫长和艰巨的政府体制改革过程。各级政府应该在"无为"和"有为"之间寻找到一个合理的平衡点。2004年8月厉老师在甘肃平凉市道教圣地崆峒山游览时,应当地旅游部门邀请写了一副对联:"雄秀仙山,万物竞生,无序原来有序;升平世界,安居乐业,有为出自无为。"这副对联很好地说明了中国改革开放进程中,各级政府对于民营经济的应有态度和理念:厉老师自己解释,上联说的是:世上一切,无不遵循客观规律,看似"无序",原来全都"井然有序";下联说的是:人间万事,只要适应客观规律,政简路宽,"无为"必定导致"有为"。厉老师在《厉以宁论民营经济》一书引用了这副对联,并认为,在中国改革开放进程中,民营经济正是在政府"有为出自无为"的方针指导下发展起来的。具体说来,"民营经济在市场条件下发展起来,正是政府遵循客观规律,采取引导、扶植的结果,这表明政府的'有为'出自'无为'。而民营经济至今仍在市场准入、公平待遇等方面遇到困难,难以进一步发展,也正是有关地方和有关行业的主管机构违背了'政府不该管的不要管'的原则,处处'有为',不该'有为'之处也'有为',结果既有损于国民经济,扼杀了民营企业的积极性和活力,又不利于政府职能的切实转换。"[1]厉老师的这些观点揭示了民营经济发展和政府职能转换之间的相互关系,非常深刻,值得我们认真体会和玩味。

五、民营经济的成长与转型

与政府职能转变同样重要的是,民营企业自身的建设必须加快,厉老师在很多场合提醒民营企业:"民营企业的产权要清晰,经营要规范,管理要有序,对法律法规要遵守,以消除一些行业对民营企业的误解。民营企业要努力拿出自主创新的成果,拿出高质量的产品。这是民营企业得以打破'玻璃门'进入市场的'敲门砖'。"[2]

民营经济作为我国社会主义市场经济的重要组成部分,正日益显示自己的活力。但是民营经济的活力是否可以保持和持

---

[1] 厉以宁:《厉以宁论民营经济》,北京大学出版社,2007年版,第54页。
[2] 同上书,第24页。

续，民营企业是否能够不断成长和发展，尤其是当改革开放40年以后，大量民营企业进入从创始人到他们的接班人传承阶段；在新的产业结构调整和发展阶段，民营企业面临各种组织变革和转型的挑战。随着社会的发展、生产力的提高、高新技术的广泛应用，传统的经济理论已经不能很好地解释和指导民营经济的快速成长。

民营企业以家族制（又称家族经营制）为较普遍的形式，典型的家族制企业保持企业的所有权、控制权和经营权并有意向在家族内完成传承。厉老师认为，不容否认，在民营企业初创阶段，家族经营制曾经起过一定的积极作用。然而一旦企业规模增大，市场竞争加剧，技术进步速度加快，家族经营制的局限性就越来越突出。厉老师认为，对一些规模已经扩大的民营企业来说，家族经营制主要有以下五个方面的局限性：第一，家族经营制下的企业决策实际上是家长个人决策，而个人决策往往会有很大的主观性和盲目性，因此具有很大的决策风险；而且家长个人决策的情况下，家长与晚辈之间可能形成巨大裂痕，逐步导致企业解体或倒闭；第二，家族经营制企业只能在非常有限的范围内挑选接班人，甚至企业的接班人是注定的、不可更换的。然而，下一代却不一定适宜担任企业接班人。第三，在家族经营制之下，企业经常录用家族成员或亲戚来担任高、中层管理岗位。用人唯亲的结果使得管理混乱，也会使得一些同家族没有关系但有才能的人，对企业未来失去信心从而选择离开。第四，在家族经营制下，企业的产权通常是封闭型的，家族持有股权，既不愿外界前来参股，也不打算走产权多元化的道路。第五，在家族经营制的企业中，企业目标往往是模糊、不确定的。当企业代表家族，家族与企业是同义词，企业盈利率固然仍会被考虑，但家族还必须考虑自身的社会地位、形象、声誉、命运、家族成员的相互关系等问题。在多算"家族账"而少算"经济账"的思想指导下,不少企业逐步陷入了自己所设置的困境之中。[1]

从家族制走向委托代理制,走向现代企业制度,是稍具规模的民营企业面临的挑战。走向委托代理制后,企业的重大决策由董事会做出,家长或其他家族成员不能越过董事会去干扰总经理的管理工作。企业聘来的总经理向董事会负责,而不是对家长或某一个家族成员负责。但是,现实中的民营企业在这方面很容易犯错,即使聘来了高层管理者,但家长或某一个家族成员始终"不放权",或"放权不放手",不按照公司制的制度做。此外,民营企业的产权应当开放,即向愿意投资的人开放。产权的开放不但拓宽了企业融资的范围,有利于技术进步,而且企业产权结构得以发生变化,企业成为真正由多元投资主体投资所组成的企业。民营企业的管理权开放和产权开放,就需要建立一种制衡机制。厉老师认为,这是现代企业发展的必由之路。虽然,我们可以观察到,境外华人企业中不少仍是家族经营制企业,其中有些规模虽大但是治理有方,并继续盈利。这些大型家族制企业的存在是否可以否认家族制经营的局限性呢?厉老师认为:"当我们谈到规模已经扩大的企业的家族制局限性时,是就企业体制而言的。这些局限性有普遍的、长期的意义。某些规模大的企业目前没有暴露出家族经营制的弊端,或者弊端尚不明显,暂时还未影响企业的发展,但不等于说这种体制上的问题不存在。至于它们仍在盈利,除了客观经济形势可能对企业有利而外,也可能与华人企业的特色文化和特色领导方式有一定的关系。"[2]厉老师这个观点对于民营企业的现代转型非常

---

[1] 厉以宁:《厉以宁论民营经济》,北京大学出版社,2007年版,第59—61页。
[2] 同上书,第64页。

及时和重要。

厉老师始终清晰地区分中小规模的私营经济和达到一定规模的、走向股份制的民营经济。他认为,"严格地说,真正属于私营经济的,只是那些并未进行股份制改革,仍然保留个人、家庭或家族所有的企业和合伙制企业。但这些企业基本上都是规模小和资金有限的。一旦规模大了,迟早会改为股份制企业(包括有限责任公司和股份有限公司),否则不仅难以继续发展,甚至不易在市场竞争的环境中生存下去"。[1] 厉老师谆谆教导民营企业家要及时完成民营企业发展战略的转型,实现小业主意识向现代企业家意识的转变,避免民营企业"兔子脑袋,恐龙身体"的问题,不断提升企业组织能力和市场竞争能力。

六、如何构建中国社会主义政治经济学中的民营经济发展理论

改革开放以来,中国民营经济、民营企业从无到有、从小到大,作为最具活力的增长极,已经成为中国国民经济的基础和社会主义市场经济的重要组成部分,并为改革开放的顺利进行和国民经济的持续、稳定、健康发展,作出了巨大贡献,取得了令人瞩目的成就。厉老师认为,与民营经济发展创新的进程相适应,学术界同样面临如何提升民营经济理论研究水平、构建民营经济理论体系的任务。因此,需要不断有新的理论诞生,对民营经济发展过程中的普遍规律和基本原理加以科学的研究,结合中国市场经济发展特有的现实和中国传统文化的背景,寻求民营经济增长的最佳途径。构建民营经济理论体系的目标是:在对原有经济理论传承与借鉴的基础上,进一步完善民营经济的发

---

[1] 厉以宁:《厉以宁论民营经济》,北京大学出版社,2007年版,第68页。

展理论,为民营企业的成长注入蓬勃的生机,引导和帮助民营企业进行体制创新、机制创新和管理创新,提高层次和水平,不断增强市场竞争能力,把理论创新转化成为巨大的生产力,为民营经济发展创造丰厚的效益。我们要学习厉以宁老师基于中国改革开放的实践勇于创新和善于创新的理论气概,积极探索我国民营经济发展中不断出现的新形势新问题,发现前人所未发的观点,作出理论贡献。篇幅有限,我想讨论主要针对以下三点谈谈我的不成熟观点。

第一,民营经济发展的类型学研究或者说是如何对中国民营企业进行分类研究。按照笔者阅读厉以宁著作的论述,我觉得当今中国的民营企业按其大致的来源可以分为以下四类:第一类是来自改革开放以后出现的个私企业逐渐发展壮大的本土型民营企业,它们也包括戴着"乡镇企业"红帽子的事实上的私营企业。这类企业的最主要特征是企业的产权从创立开始就基本上是清晰的:它们由创办该企业的个人或家庭、家族拥有。这些企业即使有其他参与的个人股东或法人股东,仍然改变不了创始人及其家庭家族的控股股东地位。第二类是由国有企业和大中型乡镇企业通过改制生成的衍生型民营企业;第三类是通过外资和中外合资在国内建立并逐渐发展的外来型民营企业。另外还要一类,那就是最近几年越来越重要的国有企业和民营企业合资合作的各种混合所有制企业,如果我们把它们也归入民营企业的大类的话,我们可以有第四类国有民营企业。上述四类民营企业起源不同,产业分布、组织结构和管理模式都有系统性的差异,我们在做研究的时候应该避免对它们相提并论而忽视差别。如何对于数量巨大的民营企业进行科学合理的分类,并按照类型学的方式来探索不同的发展模式和成功之道,会比把所有民营企业放在一个大类里笼统对待更好。

第二,积极探索具有中国特色的,国有企业与民营企业双重引擎互相补充、互相竞争又协调发展的强大市场经济发展规律。毫无疑问,改革开放以来的中国民营企业向世人展示了市场化改革以后,民营企业促使中国市场这个"大型搅拌机"越转越快:中国经济在过去四十多年里能够持续高速增长,重要原因是民营经济能够在国有企业的夹缝中顽强成长,从微不足道的边缘力量成为重要的经济力量,甚至倒逼中国国有企业的改革发展,最终形成一种具有中国特色的,国有企业与民营企业双重引擎互相补充、互相竞争又协调发展的强大市场经济。

党的十六届三中全会决定指出,"要适应经济市场化不断发展的趋势,进一步增强公有制经济的活力……使股份制成为公有制的主要实现形式"。这为国企改革指明了方向。股份制有多种类型,如股权集中型股份制、股权分散型股份制、国家参股的股份制、没有国家参股的股份制、公众直接持股的股份制、公众间接持股的股份制等。哪些类型的股份制是公有制的实现形式或哪些类型的股份制不是公有制的实现形式,这是一个影响深远的重大理论问题,需要进行深入探讨和理论创新。

第三,比较经济史与中国民营经济发展。正如我前面提到的,厉老师对于民营经济的经济学思想由来已久,其中很多来自他对西欧资本主义起源和工业化的比较历史中间接得到。他在《资本主义的起源——比较经济史研究》一书的前言中就提到,"社会科学研究者对于青年一代的影响大致上可以分为两种类型,一种类型是:研究者希望自己的研究成果或个别研究心得能直接给读者以影响,使读者能循着所提出的思路作进一步的研究,解决尚未解决的难题。另一种类型是:研究者只是发表自己的某种见解或思考,他并不想去影响其他人的研究,但一种见解、一种思考一旦在报刊上发表或见于某本著作之中,读者就可能从中得到启发……"。他在2007年集中论述民营经济一书的附录中,放了一篇题为"工业化的比较研究"的文章。他曾经在闲聊时告诉我,比较经济史或者是比较工业化历史可以为民营经济的发展提出非常有意义的理论材料,但是这个问题比较复杂,不是简单的罗列和类比可以讲清楚的,需要专题深入研究。在我回国任教以后,厉老师也多次提醒我,可以好好发挥能够熟练运用英语和德语两门外语的优势,多多做些英国、美国和德国的比较经济史分析,有助于为中国民营企业未来发展提出有价值的研究成果。

比如,英国和德国最早的工业企业家是从哪里来?不同的起源和成长有什么规律?工业企业家的产生取决于当时的社会、政治、经济条件,他们在工业化初期并不被人重视。在英国开设工厂的,都是小业主、小老板,上层社会瞧不起他们,所以当时工业企业家的地位很低。情况慢慢发生变化,从小商人、小业主起家的工业企业家逐渐把工厂做大,做大之后就知道要培养自己的孩子,那就要读好学校。尽管第一代工业企业家还是被人瞧不起,到第二代、第三代就不同了。后来,随着证券市场的发展,大商人、银行家也参与工业投资,于是就产生了金融家兼工业企业家。因此,工业企业家的成长是从实践开始的,从小到大,从小业主到工业企业家。这是英国企业家的社会来源和历史演进。其他发达资本主义国家的工业企业家来源会有很大不同,德国工业企业家的来源有过去从事商业的容克地主,也有很多经营各种工业产品的手工作坊主或工匠。这些发展变化对我们有启发,其中有着值得比较和总结的企业家群体产生和发展规律。我们期待更多的同行关注民营经济研究领域,沿着厉老师开创的中国特色民营经济发展的理论探索不断前行。

参考文献

1. 科斯、王宁:《变革中国——市场经济的中国之路》,中信出版社,2013年版。
2. 李庆云、鲍寿柏:《厉以宁经济学著作导读》,经济科学出版社,2005年版。
3. 厉以宁:《论加尔布雷思的制度经济学说》,商务印书馆,1979年版。
4. 厉以宁:《体制·目标·人——经济学面临的挑战》,黑龙江人民出版社,1986年版。
5. 厉以宁:《社会主义政治经济学》,商务印书馆,1986年版。
6. 厉以宁:《非均衡的中国经济》,经济日报出版社,1990年版。
7. 厉以宁:《超越市场与超越政府——论道德力量在经济中的作用》,经济科学出版社,1999年版。
8. 厉以宁:《资本主义的起源——比较经济史研究》,商务印书馆,2003年版。
9. 厉以宁:《厉以宁论文精选集》,经济科学出版社,2005年版。
10. 厉以宁:《罗马—拜占庭经济史研究(上下编)》,商务印书馆,2006年版。
11. 厉以宁:《厉以宁论民营经济》,北京大学出版社,2007年版。
12. 厉以宁:《工业化和制度调整——西欧经济史研究》,商务印书馆,2010年版。
13. 厉以宁:"中国企业家有标准吗?",《中外管理》,2000年第9期,第30—31页。
14. 罗志如、厉以宁:《二十世纪的英国经济——"英国病"研究》,商务印书馆,2013年版。
15. 吴晓波:《激荡三十年——中国企业1978—2008》,中信出版社,2007年版。
16. 张五常:《经济解释》,中信出版社,2015年版。
17. 张五常:《中国的经济制度》,中信出版社,2009年版。

(陈凌,浙江大学管理学院)

心未变，道犹宽——厉以宁环境经济思想与政策研究40年发展评述

武亚军

一、以人的发展为目的的经济学体系及环境经济学研究开端

厉以宁先生最早开始环境经济方面的研究，可以追溯至1977年11月召开的世界经济讨论会上提交的论文，它对国外经济学界关于维持生态平衡的经济增长途径的研究进行了评述。稍后，在1984年出版的《西方福利经济学述评》和1986年出版的《体制·目标·人——经济学面临的挑战》两部著作中，他开始用了较多的篇幅讨论环境治理成本与收益、生活质量、环境污

染与产权界定等问题。1988年厉老师担任国务院环境保护委员会顾问以来,开始把较多的时间和精力用来研究环境经济学,发表了近十万字的论著。随后,厉老师又担任两届中国环境与经济发展国际合作委员会委员,并担任10年的环境经济工作组中方组长,期间带领的学术团队对我国环境经济学的发展和政策改革作出了巨大贡献。

厉以宁的环境经济学的代表作就是1995年与学生章铮博士合著的《环境经济学》,以及在领导中国环境与发展国际合作委员会(CCICED)环境经济工作组过程中取得的整体性成果:《中国的自然资源定价政策研究》(1997)《中国的环境与可持续发展:CCICED环境经济工作组研究成果概要》(2004)等。

在1986年正式出版的《体制·目标·人——经济学面临的挑战》一书中就明确提出,体制、目标、人是经济学研究的三个层次,对人的研究是经济学研究的最高层次,人的全面发展是社会主义经济发展的根本目的。厉老师认为,对人的关心和培养,反映在经济管理中就是要重视生活质量,而生活质量是反映人们生活和福利状况的一种标志。为此,还需要设计一种"福利与指标体系"来综合衡量社会主义社会的人们生活质量的提高程度,它应该包括人均经济收入、教育、卫生保健、文化、住宅和环境改善投资等方面的流量和存量指标等,其中,环境方面的指标涉及人均的公用设施和环境改善的投资(流量指标)、城市中的噪音和污染程度(存量指标,作为一项负值)等。应该说,这本专著是厉以宁老师整个社会主义政治经济学体系的奠基之作,也是他开拓中国特色的环境经济学的开山之作。由此开始,环境经济学自然成为厉以宁经济学研究中的一个重要领域,此外,其他几个涉及生活质量的重要领域也被厉老师纳入到研究范围,包括教育经济学、卫生经济学和文化经济学等。

二、具有中国转型发展特色的《环境经济学》体系与原创思想

（一）背景与体系

20世纪90年代初，中国经济转型发展的步伐开始加速。然而，中国的整个价格体系仍处于计划定价向市场定价转换的初期，自然资源价格仍然很不合理，环境污染问题开始逐步显现。在这期间，经济发展目标与环境保护目标的冲突、环境污染治理费用的来源、环境受害者的补偿方式、自然资源定价模式、环境保护与缓解贫困的协调、环境保护中的政府与市场作用等问题，开始成为中国环境与发展方面的重大问题，并引起经济学者、政府部门和环境保护工作者的思考与重视。厉老师开始集中较多精力在环境经济学的研究上，1990年和1991年在《中国社会科学》上相继发表了两篇重要的论文——"环境保护与受害者的补偿问题"（1990）和"贫困地区经济与环境的协调问题"（1991）。随后，在担任中国环境与发展国际合作委员会委员和领导环境经济工作组研究工作的过程中，厉老师感到有必要在吸收国外环境经济学理论发展的基础上，系统地对一些涉及中国转型发展情境的重要环境经济问题进行理论探讨和总结，这本《环境经济学》（1995）就是在这样的时代背景下出版的。

这本书的内容，除了涉及环境经济学的一般理论与方法之外，更多地涉及了经济发展与环境保护相协调这一国民经济管理问题，特别是因中国经济的转型发展而导致的特殊的环境经济学问题。这反映了厉以宁先生治学的一贯风格：学以致用，并始终针对该时期中国的重大现实问题进行创新性的探索。

在环境经济学的一般理论、方法方面，这本书涵盖了当代环

境经济学的四个主要领域:如何决定环境问题(第1章中第4节:市场机制与国家干预)、如何衡量收益和成本(第5章,费用效益分析;第6章,环境价值影响评估)、如何实施环境决策(第7章,环境保护政策手段的经济分析)、如何预测宏观经济影响(第2章,宏观经济运行中的环境保护问题)。不仅如此,它对我国转型发展时期特殊的环境经济学问题,提出了富有创造性的见解。这主要体现在:转型时期环境保护目标的地位与体制性实现途径(第3章)、我国生态效益型的经济发展道路(第4章)、政府、企业和消费者在污染治理中的作用(第8章)、环境保护与缓解贫困的机制(第10章)、自然资源的合理定价(第10章第4节)等,这些问题的提出与相应的分析和建议对解决我国转型发展中的环境经济问题有重要的现实指导意义。

(二) 原创思想

在本书中,厉以宁针对我国的环境状况,提出了一系列原创性的思想,这主要包括:(1)走生态效益型的经济发展道路;(2)"谁受益,谁分摊"与征收环境费(税);(3)地方政府与中央政府的环境责任与追加环境开支;(4)通过环境基金进行社会补偿;(5)贫困地区经济发展与环境生态平衡的协调机制。

1. 走生态效益型的经济发展道路

重速度而不重效益是计划经济体制的一个典型特征,即它只将经济发展速度作为目标,而不衡量以货币计量的投入—产出比,而后者正是经济效益所重视的。在本书第四章,厉以宁在分析了我国的经济发展现状和存在的问题后明确指出:"在转型过程中,我国不仅要把效益型的经济发展作为基本目标,而且在总体上必须走生态效益和经济效益并重的生态效益型经济发展道路",而且,必须通过政府的制度和政策性安排,才能实现这一目标。

在这里,厉以宁分析了"低收入低污染—高收入高污染—高收入低污染"(先污染再治理)、"边发展经济,边治理环境"等模式的特征与弊端,指出在中国存在而且需要走"以生态农业和环保产业为主导的经济发展道路"。他进一步指出,所谓的主导有三层含义:第一,在发展的开始阶段,把生态农业和(广义的)环保产业作为重点投资的领域之一;第二,以生态农业和环保产业的一定程度的发展作为其他部门发展的前提;第三,通过它带动相关部门和农民收入与就业的增长。

在此基础上,厉以宁进而指出,在我国环保产业已经有一定基础、部分地区环境污染严重、地区经济发展不平衡、生态农业发展未受重视、资金供给仍很紧张的情况下,现实中必须区分情况,走三种方式相配合的道路,从而在总体上使我国走上生态效应型的经济发展道路。具体来说,首先,在国内的经济较发达地区,如珠三角、上海和苏南地区等,应尽快采取环境治理措施,减少并消除因工业发展、环境污染带来的损失,同时,防止新污染源的产生。其次,在国内的后发展地区,如海南、青海、西藏这样一些生态环境尚未遭到较大破坏的地区,可以"边发展经济,边治理环境",为此,需要集全国经济力量对这些地区给予支持和帮助。最后,在绝大部分地区,都可以推动以生态农业和环保产业为主导的措施。因此,以第三种解决方式为主,前两种方式为辅,走一条适合我国国情的生态效益型发展道路。"这是现实的选择,也是必须做出的选择。"

应该说,在当时的环境下,这种针对中国实际的分析和对策,既有合理性,也有前瞻性。

2."谁受益谁分摊"与征收环境税费

"谁污染,谁治理"是"污染者承担责任"和"污染者治理"原则的一个简单和通俗的说法。它是讲,企业如果在生产活动中破坏了当地或附近地区的环境,造成了环境污染,那么它作为环境污染的责任者,应对环境污染所造成的损失负责,即除了应对受害者支付补偿费用外,还应当承担环境污染的治理费用。由污染者承担责任是合理的,因为社会(包括大众和后代)有权利获得清洁的环境和资源。从治理的角度看,污染者治理是污染者必须采取一定的措施或支付一定的成本来清除污染源或减少污染,并承担已经造成损害的赔偿费用,这无疑是正确的。但是,从某种意义上,该原则是作为一种事后原则来提出的。厉以宁敏锐地指出了这一原则在现实中的四个局限:第一,在经济转型期价格体系不合理的情况下,资源价格偏低,从而使得资源开发和初加工企业难以承担环境污染治理的全部(合理)费用;第二,负有环境责任的生产单位比较容易清除污染源,却可能难以完成广泛范围的污染治理任务;第三,在同一个区域内,负有共同污染责任的企业之间难以分摊和完成污染治理任务;第四,由于生活方面的原因造成的环境污染不易确定责任者,并难以责成这些责任者支付污染费用并清除污染。针对这些局限,厉以宁提出了一系列对策和观点。

在考虑"污染者付费"这一原则的实际应用时,一个重要的前提是市场价格体系具有完备性和价格反映市场竞争和资源稀缺的程度。在20世纪90年代的中国,价格体系并未建立起来,资源价格还很不合理,因此,单纯采用"谁污染,谁治理"政策并不完全可行。据此,厉以宁提出了"谁受益,谁分摊"原则,作为对"谁污染,谁治理"原则的补充。具体来说,就是资源被开采出来和得到初加工后成为中间产品,这些中间产品在各种加工企业中被利用,资源价格偏低表明利用这些资源的企业是实际的受益者,这些受益者可以承担一部分环境治理费用,以补贴资源开采和冶炼企业的环境治理费用之不足。厉以宁正是在考察从事资源开采与冶炼的企业的承担能力和地方政府的财力的基础上,提出这一补充性原则的。厉以宁认为,这种方法"不仅在理论上可以成立(即上游产品价格偏低,下游产品生产单位的盈利较多),而且实行时也比较简单,这就是,把下游产品价格的一定比例的附加值归于上游产品生产单位,专项收入专项用途(即只能用于环境治理和清除污染)。这既便于核算,又便于检查。从事资源开采和冶炼的企业在取得资源价格附加收入之后,就没有理由再以资源价格偏低和环境治理费用不足而推诿或延误环境治理工作了。至于资源价格附加的具体比例,应当视资源价格偏低的程度而定"。

从本质上说,这种方法要求政府对下游产品环节征收污染产品费(税)并将收入用于补贴上游企业进行污染治理。根据资源与环境经济学的定价模型,资源产品的价格应该包括三个组成部分,即资源的生产成本、生产或消费中的环境外部成本和自然资源的稀缺成本(使用者成本)。厉以宁提出的"谁受益,谁分摊"原则和相应的实施办法,就是在当时的市场状况下对市场失灵进行政府干预或弥补,以一种较简便易行的方式征收污染费(税),从而使环境成本趋向内部化。这是受当时的市场条件限制而提出的一种简易和变通方法。在厉以宁所领导的中国环境与发展国际合作委员会环境经济工作组近十年的工作中,这一思想得到进一步发展和深化,体现在中国自然资源定价政策研究和绿色税费经济理论与政策研究两个相联系的方面。

3. 地方政府的环境责任与环境开支的追加

从克服"谁污染,谁治理"的局限二(污染造成以后所带来的广泛影响)和局限三(多个生产企业共同承担污染责任)出发,厉以宁明确地讨论了地方政府在环境保护工作中的责任和任务:

地方政府作为一个地区的行政主管机构,是对本地区的环境质量负责的。为了弥补"谁污染,谁治理"原则的局限二和局限三,需要地方政府承担起环境治理和清除污染的组织工作,为此也需要追加一些环境治理费用。此外,由于地方政府的决策失误或环境管理失职和不力造成的环境质量恶化,根据后果的严重程度,根据《中华人民共和国环境保护法》和其他法规,地方政府的行政领导人应当受到行政上的处理,地方政府还需要采取积极措施,挽回损失,消除环境破坏导致的后果,为此就需要追加一部分环境治理费用。

对于生活方面原因造成的环境污染,厉以宁也明确地指出,由于污染者的人数众多而且分散以及不易进行污染计量等原因,也难以有效实施"谁污染,谁治理"原则。所以,除了那些造成污染的企事业单位缴纳相应的污染费用外,政府应该负责主要的污染治理费用的筹集和环境开支。一方面,对于那些使用本身会造成环境污染的消费品,除了政府进行某种限制外,还可以向生产者(或使用者)收取一定的环境治理费用,例如对利用氯氟烷烃(CFCs)的冰箱、空调等的生产企业征收一定的费用。类似于前面的方法,这种方法在本质上也要求对有污染的消费品征收环境费(税),目前我国开始实行的对城市居民生活用水征收污水处理费就是这样一种思路。另一方面,大部分生活原因造成的环境污染的治理,则由地方政府承担公共环境基础设施建设和集中治理。这样的话,污染者众、污染源头多的生活型污染的治理就有了经济上的可行方法。

这段论述清晰地表明厉以宁对环境管理中的市场失灵和政府失灵同时存在且必须弥补的论点,以及由此产生的地方政府环境责任和追加环境财政支出的必要性。事实上,我国大部分地方政府在环境保护的意识和投入方面仍存在这样那样的不足,如果不能清晰地认识环境保护给地方政府带来的收益和好处,地方政府可能在环境保护开支方面无所作为。厉以宁的这段论述,使人们清晰地看到地方政府在环境财政支出方面的最低要求。

4. 中央政府环境财政开支与环境转移支付

厉以宁在考虑中央政府的环境管理责任时,明确地指出:(1)考虑到价格改革或税费改革的约束,在难以对资源价格偏低的产品进行污染费(税)的附加时,应该由中央政府拨款来进行环境污染的治理,即中央政府实施环境财政转移支付。(2)在若干个单位共同负有治理某一流域环境的责任,而某一流域所包括的范围涉及若干个省市的行政管辖范围时,中央政府就需要承担环境治理和清除污染的组织工作,并由此而追加一定的环境治理费用,从而形成"企业+地方政府+中央政府"分摊格局。(3)中央政府也应该承担决策失误、环境管理失职而带来的环境损失责任,这意味着在承担行政责任外,需要承担一部分环境治理费用。

这三个方面的讨论都清楚地表明,中央政府作为国民财富和社会资源的管理者,需要对整个社会的环境和资源管理承担责任,尤其是在财政预算中要把环境财政开支(包括环境目的的转移支付、跨行政区域的环境管理的组织费用等)作为一项必需的支出,才能保障整个社会的可持续发展。联系到现实中政府(包括中央政府)在很多时候不把环境财政开支作为一项重要内容,而是当出现大范围的灾害或环境事件(如水灾、沙尘暴)以后才进行环境工程拨款治理的情况来说,这样的观点至今仍然有很强的现实意义和警戒作用。

5. 通过环境基金进行社会补偿

环境保护过程中的分配效应也是厉以宁非常关注的。帕累托改进(即在改进一部分人的收益时不损害其他人的利益)自然是很好的,但是在大部分情况下,一个项目或政策会使一些人受损,而另一些人受益。在对中国的环境受害者的补偿的研究中,厉以宁明确地提出了两类过程和两类受害者的划分。一方面是环境破坏过程中的受害者,另一方面是环境治理过程中的受害者,并且,每一种受害者又可以分为直接受害者和间接受害者。厉以宁指出,这两类受害者的原因是不同的:环境破坏过程中的受害是因为环境破坏者的行为而受害,而环境治理过程中的受害则是因治理环境的行为而受害。同时,这两类受害者受害的程度可能有所差别:环境破坏过程中的受害者不仅在经济上受到损失,而且可能在身体上受到损害,甚至生命受到威胁,环境治理过程中的受害者则主要是收入或财产受损失,可能也包括因生活环境改变而使生活变得不安定,不协调,但不会有身体上受损害和生命受威胁之类的情况发生。

对此,厉以宁认为需要采取不同的补偿方式:(1)环境破坏过程中受害者的补偿,在明确环境破坏责任者对环境破坏应负责任的条件下,应该是由破坏责任人(或通过政府)给直接受害者进行直接和充分的补偿;(2)在环境破坏的责任人无法明确到具体责任者时,对直接受害者的补偿可以通过社会补偿的方式进行;(3)环境破坏过程中的间接受害者可由社会补偿的方式进行;(4)环境治理过程中,需要对直接受害者遭受的损失给予相应的补偿,即直接补偿;而间接受害者由于可以从环境治理中得到好处,因而在环境治理费用有限而涉及面较广时可以不另给补偿,即采取间接补偿;(5)环境治理过程中的补偿费用是通过多种方式筹集的,它既有环境治理方提供的,也有政府、其他受益者和环境破坏的责任者提供的。相关的补偿方式可参见表1。

表 1　环境保护过程中的受害者与补偿方式

	环境破坏过程	环境治理过程
直接受害者	明确责任者时进行直接和充分的补偿;无法明确具体责任者时通过环境基金进行社会补偿	多方筹集资金进行相应直接补偿;政府应承担一定补偿费用
间接受害者	通过环境基金进行社会补偿	因环境改善而得到间接补偿

来源:根据厉以宁、章铮:《环境经济学》(中国计划出版社,1995年版)第177—188页内容整理。

在这里,厉以宁明确地提出了通过环境基金进行社会补偿的设想。他指出,在环境破坏的责任者不明确的情况下,可以对环境破坏过程中的直接受害者进行社会补偿;此外,无论环境破坏的责任者是否明确,对环境破坏过程中的间接受害者可以通过社会补偿的方式进行。这里的社会补偿,是一种间接补偿,是由社会各方通过多种方式筹集资金而形成的基金组织对环境破坏过程中的受害者进行补偿。通过这样的分析,厉以宁指出了建立环境基金进行社会补偿的必要性。事实上,可以认为后代人就是这样的间接受害者。在此,厉以宁的论述涵盖了通过环境基金进行社会(代内和代际)补偿的思想,体现了可持续发展的基本原则和重视公平的思想。

6.政府加强环境保护并建立科学决策机制

在讨论环境保护过程中不可挽回损失的补偿问题时,厉以宁明确指出,在确定环境破坏责任者对环境破坏应负责任的条件下,环境破坏者应当给国家或社会以相应的补偿,以补偿国民财富的损失、社会资源存量的减少或损失。此外,他还指出,在环境破坏责任者不明确、环境破坏责任者虽然支付了一定的补偿费用但已经造成资源破坏、生态环境破坏的损失很大、被破坏的资源和生态难以再生或复原,此时的损失将最终由全民族承担。这说明了政府加强环境保护的必要性。

在讨论政府决策失误所导致的环境破坏以及对受害者的补偿问题时,厉以宁指出了以下两种政府决策失误的情况:一是政府的决策单纯从经济增长目标出发,而没有把环境保护作为同样应受重视的目标,结果在经济增长中出现了环境的破坏,使受害者遭受了损失。第二种情况是,在环境已经破坏而政府感到有必要对环境进行治理的前提下,政府在环境治理过程中采取了错误的决策,结果在环境治理过程中又出现了新的环境破坏,使一些人遭受了损失。但在这些情况下,即使通过经济增长或环境治理费用得到一些补偿,环境受害者的损失可能仅得到有限的补偿,而且很可能是滞后的和间接的补偿,甚至是得不偿失。因此,厉以宁通过分析后指出:"政府在环境工作中的错误决策导致环境破坏的范围广,后果严重,纠正这种错误决策所需要的时间较长,费力较大,而由于政府往往不是具体的环境破坏责任者,因此政府在环境工作中的错误决策的严重性不易被人们所认识。这就告诉我们,必须加强政府在经济增长过程中和环境治理过程中决策的民主化和科学化,努力做到经济增长目标和环境保护目标的兼顾,努力使环境的治理取得预期的成效。"

7. 贫困地区经济发展与环境与生态平衡的协调机制

厉以宁明确指出,贫困地区的经济发展和环境与生态平衡问题,首先取决于经济运行机制。他从贫困地区的资金投入、投入的方向和资源使用效率三方面论述了上述问题,提出了建立贫困地区内部积累机制的重要性,并认为这是加速贫困地区经济协调发展的首要条件。这需要从调动企业的积极性、居民的积极性和劳动供给者的积极性三个方面,逐步解决资源价格偏低以及生产和交易成本高的问题:引导当地的需求,减少当地不合理的消费;尽可能地创造本地资源同外地资源的有效结合方式(如智力扶贫);培养当地民众保护资源和环境保护的意识,变"靠山吃山"为"养山吃山"等多种措施并行,才能从根本上打破贫困地区"低收入—生态破坏—低收入"的恶性循环,走向经济、环境和社会协调发展。

应该说,把环境保护和经济发展、缓解贫困相联系,并从改变经济运行机制的深层次来探讨贫困地区的协调发展,这种观点无疑是全面和深刻的。它可以避免把贫困、人口增长、贸易结构等作为环境退化的唯一重要原因并采取单一政策手段而一味输血式扶贫的倾向。事实上,这往往是近些年那些急于出"政绩"、快速见"成效"的扶贫政策的最大问题所在。

(三) 社会影响

20世纪90年代《环境经济学》一书出版后,在学术界、政府部门等都产生了明显的积极的影响。主要体现在三方面:(1)广泛的教学影响;(2)对有关中国环境问题的一系列专门研究的影响;(3)对政府部门的环境保护和资源管理政策的影响。

这本书出版后,很快就被全国很多院校的环境与资源管理专业列为教材和主要教学参考书,并且很多学校将其作为研究生入学考试的参考书。在环境经济学的研究方面,这本书也产生了相当广泛的影响,尤其体现在对北大的一批年轻学者的影响上。例如,受厉以宁的指导和本书的影响,雷明博士利用投入-产出分析对资源-经济-环境综合核算进行了更深入的研究;武亚军博士对环境税收经济理论及在中国的应用进行了更深入的研究,并提出了绿化中国税制等一系列政策建议;以厉以宁为组长、北大成员为核心的环境经济工作组的专家和研究人员还就中国的污染的环境损害成本、大熊猫保护与生态旅游、绿色税收对贫困的影响、企业环境信息披露与社会环境管理、污染防治与缓解贫困、牧业发展与草原生态环境可持续、企业环境管理与商科环境教育等专题进行了较深入的研究,取得了一系列富有启发性的成果。

这本书的相关观点对政府环境政策制定也产生了积极的影响。例如,这本书的"走生态效益型的经济发展道路""改变经济运行机制来促进贫困地区的协调发展"等观点对中央和地方政府政策产生了积极的影响。又如,安徽马鞍山市政府曾根据该书中的"环境保护的成本-收益均衡"公式,分析环境保护规划项目和政策措施的效应,加大了该市在环境保护方面的投入,取得了很好的环境与经济效果。作为该书的重要后继成果的中国自然资源定价政策研究也对我国的水、煤炭等资源的定价政策产生了较大的影响,取得了良好的社会和经济效益。

三、21世纪中国环境经济与转型发展理论的融合及扩展

20 世纪 90 年代厉以宁对中国经济体制改革与经济发展的系统观点,集中在他 1996 年出版的专著《转型发展理论》,这也是他 20 世纪 90 年代继《非均衡的中国经济》《股份制与现代市场经济》等之后又一部能代表当期学术思想的著作。厉以宁指出,转型是指中国正在从计划经济体制转变到市场经济体制,发展是指中国从不发达状态迈向现代化。在转型发展理论中,厉以宁论述了(1)产权改革比价格改革更重要;(2)失业问题比通货膨胀问题更令人担心;(3)经济增长分析比货币流量分析更有用等基本命题,而且论证了产权改革作为一种优先改革思路,就业优先作为一种发展战略,这两者具有相互促进、相辅相成的作用。显然,厉以宁这本《转型发展理论》的重点,集中在当时中国经济改革与发展思路的重大路线争论和促进经济增长宏观调控

问题上,而环境经济、城镇化和发展模式升级等问题则有待2000年代以后了,在重要路线争论面前转型发展理论的完整体系也非当务之急。事实上,在厉以宁老师的经济学体系中,转型发展理论在数十年之后《中国经济的双重转型之路》(2013)一书中得到系统总结,而其他方面的经济学思考,特别是环境经济学和中国经济转型发展理论的融合,在进入21世纪以后的20年中,随着厉老师及团队各阶段研究重点的不断转变和扩大而得到进一步融合及扩展。

(一)提出体制转型中的林权制度改革与完善公共财政金融支持政策

经济体制转型一直是厉老师关心和关注的研究焦点,在他看来,始于1978年的中国改革在30年后又迎来了一场新的重大改革,即在2008年6月8日颁布的《中共中央 国务院关于全面推进集体林权制度改革的意见》。厉老师把集体林权制度的改革称作是新阶段改革的"第一声春雷",也把集体林权制度改革看成是城乡一体化改革的重要组成部分,并且将环境经济学原理和绿色发展的理念贯穿其中,及时地向中央提出了不少重要的制度改革建议特别是公共财政和金融政策建议,有力地促进了中国林业的改革和发展。其中,比较重要的包括以下一些内容:1)林权制度改革是解放生产力、促使林区生态保护和林业大发展的一种重要产权制度改革,集体林地的所有权归集体,使用权和林木所有权归农民,农民作为集体林地的承包人,在较长期承包条件下(如70年承包期),可以依法进行转包、出租、转让、互换、入股、抵押或者作为出资合作的条件,这将会大大促进林农主体经营地位和山区农村林业组织化规模经营的程度,释放中国林区农民的生产力和促进林业的可持续发展;2)由于林业发展的生态和社会意义,林业生产又具有长周期高风险特征,因此,建立支持林业发展的公共财政制度对中国生态和环境保护、促进农民增收致富和推进城乡一体化发展都具有战略意义;3)建立并完善支持林业发展的四项公共财政扶持制度,包括健全生态效益补偿制度——如提高国家重点生态公益林补偿标准,采用"下游补上游"等方式多渠道筹集补偿基金;建立森林资源培育补助制度——加大"三北"防护林和"天保"工程支持标准,对林农使用优良种苗、林地改良等实行补贴,增加林业科学研究扶持资金,对西北地区进行适当倾斜等;建立林业基础建设保障制度——建议将森林防火、病虫害防治及行政执法体系等基础设施建设纳入各级政府基本建设规划,将交通、供水、通讯等纳入行业发展规划,建议扶持各地筹建林业服务中小、产权交易中心等;建立林业发展基金制度——建议以中央财政为主、地方财政为辅,多渠道融资建立林业发展基金,逐步将林业部门行政事业经费纳入各级政府财政预算,成立林业银行、林业风险投资基金等机构创新林业投融资体系。

(二)倡导城镇化中的生态文明建设与绿色城镇化战略

在工业化和城镇化平行推进的过程中,政府一直面临着两难选择:一方面要保持持续的经济增长,另一方面要维持环境的清洁和良好,两者必须兼顾。但究竟怎样协调持续经济增长同良好的生存环境的关系,是一个摆在政府面前的难题。厉以宁在研究西方国家工业化和城市化历史过程中发现,西方采取的"先污染,再治理","边污染,边治理",以及"发展与环保交叉进行"等,很难取得成效,其结果常常导致城市居民的不满,迁出城区搬到郊区或乡村居住,而需要工作的穷人则不断搬进城区,使得污染和拥挤如故。借鉴西方工业化城市化历史经验,分析造成生态破坏和环境污染的企业、消费者和政府的不同责任及不同治理方式的后果(包括直接责任者——生产过程中破坏环境、滥采资源的企业,以及排污企业,间接责任者——使用相关产品的企业和消费者,政府的规划不当和监管等责任),并结合中国不少地方数十年来环境治理和生态恢复的经验教训,厉以宁提出了转变中国城镇化发展模式和发展绿色城镇化的基本政策主张。其中,他提出如下一系列学理扎实、态度鲜明的观点:1)中国城镇化中环境保护政府态度转变是前提,"环保一票否决"不容许废弃;2)在保持人与自然和谐基础上发展经济,科技进步和制度、体制完善二者缺一不可;3)现阶段,制度、体制完善比科技引进和利用更重要;4)中国当前的城镇化必须吸收人类工业化历史上的教训,以绿色承诺为前提,推进绿色城镇化发展。

把绿色城镇化作为中国新型城镇化的重要内容,厉老师提出了以下实现该目标的重要途径和方法:1)实现绿色增长和绿色GDP:一方面有赖于制度、体制的完善,另一方面要在产品、工艺和标准设计中把清洁生产、原材料选择、节能减排等新标准考虑在内,找到实现绿色增长和绿色GDP增长的途径;2)扩大绿色就业和绿色消费:城镇化在推进过程中考虑增加就业岗位时须考虑是否符合清洁生产、环境治理和修复以及经济低碳化的要求,特别注意发展城镇绿色园林等产业的就业,并对家庭农场、小微企业、个体工商户的清洁生产及绿色就业实施引导和质量标准检查;在城镇居民中倡导与推行绿色消费。3)塑造绿色舆论与绿色文化:发动公众进行广泛参与及发挥监督作用,同时通过媒体和舆论宣传环保社会责任,弘扬绿色文化,扩展环保志愿者队伍;4)努力发展广泛意义上的环保产业:既包括狭义的环保产业——生产环保设备、仪器以及净化环境的物品制造业,以及运用设备从事环境净化与治理恢复的行业,也包括广义的环保产业——绿化造林,土壤改良、治沙、治石漠化、净化江河湖泊和海岸滩涂,资源回收和利用等行业。

(三) 着力研究与构建中国经济低碳化发展战略

厉以宁教授及研究团队在2013年承接了国家发改委的经济低碳化发展宏观战略课题,在这个课题研究中,厉以宁把环境经济学和经济现代化战略研究进行了综合,针对中国经济现代化绿色发展的现实要求,从总体上探索并提出了一条绿色低碳发展的经济现代化战略道路。在2014年出版的《经济低碳化》一书中,他和团队成员论证了中国低碳化发展作为一项经济现代化战略的必要性,分析了低碳发展在中国的现状和制约因素,梳理了经济低碳化在中国发展的潜在优势,从破解制约因素、发挥潜在优势出发,论述了中国经济低碳化发展的基本路径选择,并依次从第一产业、第二产业和第三产业的低碳化发展论述了其重要政策含义。

厉老师在2014年的书中指出,经济低碳化是一种同时追求低排放与高产出的新的经济发展方式,是建立在市场机制基础上由高碳能源向低碳能源过渡的经济社会发展模式。"低碳化经济体制,是指从工业化向后工业化过渡、社会由碳依赖经济发展向经济低碳化转型的生态建设过程中,政府、企业和个人为协调配置各种经济资源和合理分配各经济行为主体利益,所具有的经济低碳化运行机制和组织结构的总和"。

中国在现阶段经济低碳化的路径选择包括:1) 低碳产业结构升级与调整;2) 创新低碳技术;3) 开发低碳能源;4) 建设低碳城市;5) 倡导低碳消费。其中,探索低能耗、低污染的第一产业发展模式是未来我国实现第一产业低碳化的关键,它包括推进农业生产的产业化和创新体系、发展生态畜牧业和优质饲草产业、发展林下经济和农业循环经济等重要政策方向;第二产业结构升级与调整是低碳产业调整的重点,我国要大力推进低碳能源战略及技术创新,调整能源结构,大力发展水力风力等可再生能源,积极发展核电核能等;低碳技术创新要围绕能源、交通、建筑和工业等领域而重点推进关键技术突破,如清洁煤炭技术、电动汽车技术、可再生能源技术和智能电网技术等;建设低碳城市与我国新型城镇化战略不谋而合,其关键在于构筑区域及城市生态安全格局,在城市用地布局方面采取低碳规划策略,如构建多中心网络的城市形态、设计紧凑的用地布局和规划复合的用地性质等,推进我国的低碳城市建设试点和试验;厉以宁特别强调低碳城市建设要坚持以发展低碳经济为中心,以低碳政策、制度创新为支持,以低碳能源、低碳交通为基础,倡导低碳生活与消费理念,共同把城市建设成为美丽的低碳家园。

(四)全面探索中国低碳发展宏观经济管理体制

在上述低碳发展战略研究的基础上,厉以宁及研究团队在2017年进一步从理论上提出了把低碳发展作为国家宏观经济五大目标之一的必要性与可行性,并论述了如何利用宏观经济政策体系来实现这一国家宏观目标与战略要求。

厉以宁等在2017年的论文中明确提出:"低碳发展是一种以低耗能、低污染、低排放为特征的可持续发展模式,有利于'资源节约型、环境友好型'的两型社会建设,达到人与自然和谐相处,同时实现经济的高效发展和人们的高品质生活。"他们认为,低碳发展有必要作为宏观经济五大目标之一,与经济增长、充分就业、物价稳定和国际收支平衡并列,主要是基于5个重要原因:一是它们对宏观经济体系及其发展具有重大作用,二是它们能够进行衡量与测度,三是它们的变动具有一定的规律性,四是它们具有可追求的具体目标与方向,五是它们有可操作的政策进行调控与管理。不限于此,厉老师等不仅从理论上论述了将低碳发展列为五大宏观经济目标之一的重要意义,而且针对现阶段中国低碳发展的战略要求和国际形势,从国家发展政策上提出了具体的路径和策略。例如,在 2017 年的文章中提出,中国已承诺在 2020 年单位国内生产总值 CO_2 排放将比 2005 年下降 40%—45%,这一承诺可以看作中国低碳发展当前阶段的目标。为了达到这一目标,中国需要在以下方面大力推进:1)优化能源结构,提高能源效率;2)强化科技创新,推进低碳技术;3)优化产业结构,推进清洁生产;4)建设低碳城市,推广节能减排。

  在提出这些阶段性策略的同时,厉以宁等论述了低碳发展作为宏观经济目标其有效实现需要一系列政策工具进行调控与管理。具体地说,低碳发展基本政策工具通常有五分法和三分法的划分。所谓五分法,就是依据政策工具设计背后的经济学理论分为 5 类:基于市场失灵理论的低碳政策工具、基于产权理论的低碳政策工具、基于信息不对称和委托代理理论的低碳政策工具、基于不确定性理论的低碳政策工具、基于生态工业学理论的低碳政策工具。三分法是指将低碳政策工具分为强制性政策工具、混合型政策工具和自愿性政策工具三类。强制性政策工具包括直接提供和管制,直接提供如生态工业园规划、建设低碳示范发电站等;管制建筑物节能标准、淘汰高能耗照明设备、绿色白色认证、汽车二氧化碳排放法规等。混合型政策工具有四种,一是税收调节:碳排放税(环境税、生态税等);高效能源、电器等生产税收减免等;二是产权拍卖:排污权交易、排污量拍卖等;三是补贴:可再生能源领域及相关技术和新产品研发资助等;四是信息和劝诫:节能环保宣传教育等。对于自愿性政策工具,如私人市场类的能源合同管理公司,自愿性组织类的节碳基金、行业协会的自愿协议、低碳技术民间交流与合作等。

厉以宁等认为五分法和三分法为中国低碳发展的政策工具选择提供了思路与措施。同时,中国的低碳发展形势相当复杂,所使用的政策工具还需要进行系统性的设计与制定。具体来说,中国低碳发展目标的实现,可以采取碳税与碳交易政策、能源政策、产业政策、财税政策、金融政策等诸多工具进行调控与管理。其中,在碳税与碳交易方面,中国具有广阔的政策空间,可以根据自身的国情设计与征收碳税,合理处理税率、课税对象、征收环节、税收优惠、收入归属与使用等具体问题。中国的能源消费结构存在较大问题,为此,能源政策能否发挥作用就具有举足轻重的地位,能源政策需要从两个方面进行推进:一是改造旧能源,通过对传统能源产业生产工艺的低碳化改造、能源结构调整、淘汰落后产能等措施,努力降低化石能源消耗,促进低碳化生产和生产低碳化消费品;二是发展新能源,大力发展太阳能发电、风电和生物质能发电等。同时,中国低碳发展需要采取积极的产业政策,在产业内部制定严格的产品能耗效率标准与耗油标准,并以严格执法使超出这一标准的企业受到应有惩罚,从而"倒逼"企业降低碳排放。此外,重视引导或影响产业技术创新的产业技术政策,通过利用财政、金融、税收、产权保护等工具引导企业进行技术创新,进而实现产业技术的进步和整个经济体系的技术创新。最后,中国也可以利用财税政策和金融政策推进低碳发展,比如对低碳技术研发与创新加大财政直接投资力度;运用财政补贴政策来支持企业从事清洁生产,支持低碳技术改造、新能源开发等;继续完善政府转移支付制度,加大对地方政府开发新能源、开展节能减排、发展低碳产业等的资金支持力度;完善现有税种包括环境税和资源税等,开征碳税等;发挥政策性金融和资本市场的作用,通过相关立法和金融业监管,促使金融业支持绿色、低碳行业。

(五) 民族文化资源整合、文化产业与区域和国家可持续发展

西部民族地区是我国的主要贫困地区,这些少数民族地区由于自然环境恶劣、基础设施落后、资金人才匮乏、经济社会发育缓慢,因而长期难以摆脱贫困。如何发挥民族贫困地区的后发优势,推动民族地区实现可持续发展,早日解决民族地区贫困人口的温饱乃至致富问题?厉以宁敏锐地指出,这不仅是一个经济问题,也是一个关系国家安定、各民族团结进步和共同繁荣的政治问题。从生态环境、脱贫攻坚与经济发展相协调的角度,他进一步追问:从发展模式看,民族贫困地区是否应该遵循传统的产业演进规律,在优先发展传统农业以解决群众温饱问题的基础上再发展工业,进而推动服务业发展?根据云南、贵州等民族贫困地区的多年发展的实践经验和这些地方的实际资源状况,这一传统发展路径不仅难度高、代价大,而且是难以实现可持续发展的。因而,"民族贫困地区要实现科学发展,既不能简单照搬发达地区的工业化发展模式,更不能在低水平、低层次上承接发达地区的产业转移,必须从民族贫困地区的实际出发,按照科学发展观的要求,找准发展优势,在特色上做文章,促进资源优势向经济优势转变,不断增强自身发展能力,在发展中解决贫困问题"。在这一基本战略思想的指导下,厉以宁提出民族地区走整合民族文化资源、良好生态环境及广泛人力资源进而发展以文化旅游为重点的第三产业为核心的新型现代化道路。厉老师等通过分析指出:1)民族贫困地区的发展环境和资源禀赋中,最具开发潜力和比较优势的资源是自然生态环境和丰富的民族文化资源。2)由于民族贫困地区位置偏僻,社会发展进程缓慢,受工业文明和现代文化的冲击较小,反而使很多古老的文

明因子得以保存,所谓"中原失礼,求诸四野",因此,丰富的民族文化资源成为一座座"闪金烁银"的文化富矿,是民族地区的宝贵财富。因此,"运用现代科技手段对这些弥足珍贵的文化资源进行整合开发,加快发展以文化旅游业为重点的第三产业,通过发展第三产业积累资金、聚集高端人才和技术促进其他相关产业的发展,进而催生民族地区产业转型升级,这既是保护民族文化遗产、弘扬优秀传统文化的迫切需要,也是推动民族贫困地区实现科学发展的必然选择"。

以上述的民族地区现代化战略为基础,以中央提出的"社会主义文化大发展大繁荣"战略要求为指引,厉以宁及研究团队还就如何进行民族地区文化资源整合进行了深度案例研究,比如以云南楚雄彝族自治州(后简称"楚雄州")为例,分析了楚雄州文化资源概况、特征及开发前景,总结了楚雄州近年来文化资源整合的措施、成效及面临的困难问题,同时从机遇与挑战、有利条件与制约因素两个方面分析了楚雄州文化资源整合面临的环境和条件,提出了楚雄州文化资源整合的战略思路、平台建设、重点项目及对策措施。此外,该研究在对全州文化资源整合系统研究的基础上,选择了八个案例进行重点剖析,同时对区域内的铜鼓文化、文化旅游产业和民族文化传承保护进行了重点研究。这一典型案例研究,对中国民族贫困地区基于文化资源整合的新型现代化与可持续发展战略具有非常重要的指导和借鉴意义。

实际上,厉老师非常重视文化在经济与管理中的作用,其自认的三本学术代表著作就包含了一本《超越市场与超越政府——论道德力量在经济中的作用》,在80岁以后,厉老师更是把他对文化与经济关系的理解系统整理成了专著《文化经济学》(2018),并自认为是他的第四部学术代表作。在这本综述型专著中,厉老师明确地提出:文化及文化产业在中国经济转型发展特别是迈向高质量发展的新阶段,可以而且应该发挥巨大的引领和推动作用。具体到中国经济社会的全面可持续发展来说,主要有以下六大核心观点:1)作为第三产业的组成部分,文化产业是中国经济增长的新动力,是中国经济进入后工业化阶段的核心产业之一,是既能拉动经济增长又能扩大新型消费的重要产业领域;2)文化产业在中国社会发展中具有战略地位与作用,它以创意、创新、创业活动为重要推动力,在中国的新型城镇化中将会起到缓解就业压力、帮助创业的重要作用;3)文化产业是中国发展绿色经济和扶贫攻坚的重要伙伴和推动力量:首先,对地方干部来说,把重视绿色经济和可持续发展观念作为重要价值观念在任何时候都不嫌晚。此外,向污染宣战实际上是和向贫困宣战结合在一起的,"绿色经济和绿色发展理念的推广,既有赖于各地各城镇做好环境保护和环境治理工作,又有赖于让各地各城镇的广大居民懂得绿色城镇和绿色农村是同样重要的",否则,"在扶贫搬迁中贫困地区的农民也是不会迁入受污染的城镇的"。另外,"通过文化产业的报道、呼吁,通过广大群众的抗议和抵制行为,环境治理和恢复、污染源的消除可以成为现实"。4)民族文化包容是文化融合的前提,历史上的佛教融入中华文化和西南少数民族与汉族没有大规模冲突就是例证,新时期中国的西部少数民族地区脱贫致富和"以人为本"的新型城镇化也必须要依靠文化包容和文化融合。5)文化是社会生产要素的重要组成部分,文化的传承和共享是社会经济长期发展的重要推动力量,在国家和区域的发展中要坚持不懈地进行文化资源的发掘和保护,并且使文化传统、经济利益、个人基本权利、社会保障权利和"耕者有其田,居者有其屋"等获得真正"共享",从而消除社会不安定,促使社会越来越走向和谐;6)经济学和管理学都具有社会启蒙与社会设计的双重使命,管理的最高境界是适应、是认同。作为社会设计的科学,经济学和管理学应当指导社会成为和谐的社会,指导人成为全面发展的人。

四、结束语

作为从90年代初期开始追随厉老师在北大学习的学生与20多年的光华同事,回望厉以宁老师从事环境经济学及转型发展理论与政策研究40多年的历史,我常常情不自禁地为他光辉的学术人生及学术精神所感动与鞭策。在我看来,他不仅是我们这个转型发展时代的学术典范,也是我们几代燕园学者的人生楷模。厉老师不为名利的学术追求、兼容并蓄的广博积累、切问近思的时代追问、独立思考的治学立场、善于拓荒的创新方法,以及坚持真理的学术品质和永不停息的奋斗精神,既是一百年前蔡元培倡导的"兼容并包、思想自由,民主科学"的"五四"新文化精神的成果,也是1978年中国改革开放以来新时代北大精神的继承与发展,他是我们永远学习的榜样。

在此,我借用厉老师40岁生日时在北大江西分校鲤鱼洲下放劳动时所填的一首《相见欢·四十自述》以及70岁生日聚会时在北京大学光华管理学院朗诵的《破阵子·七十感怀》,来展现厉以宁老师的远大志向、乐观精神与学术创新追求,也借此文向厉老师90岁生日贺礼,并与各位学术界朋友共勉:

相见欢
四十自述
(一九七〇年)

几经风雨悲欢,志未残,试探人间行路有何难。
时如箭,心未变,道犹宽。莫待他年空叹鬓毛斑。

破阵子
七十感怀
（二〇〇〇年）

往日悲歌非梦,平生执着追寻,纵说琼楼难有路,盼到来年又胜今,好诗莫自吟。

纸上应留墨迹,书山总有知音,处世长存宽厚意,行事惟求无愧心,笑游桃李林。

参考文献

1. 雷明:《可持续发展下的绿色核算——资源经济环境综合核算》,地质出版社,2000年版。
2. 李庆云、鲍寿柏:《厉以宁经济学著作导读》,经济科学出版社,2005年版。
3. 厉以宁:《体制·目标·人——经济学面临的挑战》,黑龙江人民出版社,1986年版。
4. 厉以宁、章铮:《环境经济学》,中国计划出版社,1995年版。
5. 厉以宁:《转型发展理论》,同心出版社,1996年版。
6. 厉以宁、陈良琨等:《中国的自然资源定价政策研究》,中国环境科学出版社,1997年版。
7. 厉以宁:《一番求索志难移——厉以宁论文选2008—2010》,中国大百科全书出版社,2015年版。
8. 厉以宁:《只计耕耘莫问收——厉以宁论文选2011—2014》,中国大百科全书出版社,2015年版。
9. 厉以宁:《中国经济双重转型之路》,中国人民大学出版社,2013年版。
10. 厉以宁、傅帅雄、尹俊:《经济低碳化》,江苏人民出版社,2014年版。
11. 厉以宁:《文化经济学》,商务印书馆,2018年版。
12. 厉以宁:《超越市场与超越政府——论道德力量在经济中的作用》,经济科学出版社,2010年版。
13. 厉以宁:《中国的环境与可持续发展:CCICED环境经济工作组研究成果概要》,经济科学出版社,2004年版。
14. 厉以宁:"文化经济学的探索",《经济文化》,1990年第4期。
15. 厉以宁:"环境保护与受害者的补偿问题",《中国社会科学》,1990年第4期。

16. 厉以宁:"贫困地区经济与环境的协调问题",《中国社会科学》,1991年第4期。
17. 厉以宁:"关于环境经济学的思考",《读书》,1991年第2期,第56—61页。
18. 厉以宁:"新阶段改革的第一声春雷:集体林权制度变革",《当代财经》,2009年第1期。
19. 厉以宁、何建章:"卫生事业旨在提高人们生活质量:卫生经济研究中的几个问题",《中国卫生经济》,1987年第1期,第7—9页。
20. 厉以宁、朱善利、罗来军、杨德平:"低碳发展作为宏观经济目标的理论探讨:基于中国情形",《管理世界》,2017年第6期,第1—7页。
21. 武亚军:"绿化中国税制若干理论与实证问题探讨",《经济科学》,2005年1期,第77—90页。
22. 武亚军:"转型、绿色税制与可持续发展",《中国地质大学学报(社会科学版)》,2008年第1期,第5—14页。
23. 武亚军、宣晓伟:《环境税经济理论及对中国的应用分析》,经济科学出版社,2002年版。

(武亚军,北京大学光华管理学院)

中国经济低碳化的理论建构与政策探索——厉以宁低碳经济思想解析

罗来军　傅帅雄

厉以宁是中国最早提出并重视发展低碳经济的经济学家，并陆续为之提出一系列理论创见与政策思路，尤其是最近时期，厉以宁的低碳经济思想、理论与政策，更加具体与深入。厉以宁之所以如此重视低碳发展，是因为他敏锐地意识到，经济低碳化的决策，对中国尤为重要。中国是一个发展中国家，在经济发展的过程中，经济的高碳化是严重的，20世纪90年代就引起全世界注意。从1990年到2010年，中国的温室气体和二氧化碳的排放量逐年上升，而且从2010年起，不论是碳排放总量，还是人均碳排放量,都在上升,2010年中国的二氧化碳排放量排名世界第一,这也表明中国经济必须走低碳化道路的必要性和迫切性。本文对厉以宁的低碳经济思想、理论与政策进行归纳与解析,主要体现为以下六大方面:

一、低碳化作为宏观调控的第五大目标

低碳化作为宏观调控的第五大目标,是厉以宁低碳经济思想中最为重要的一个方面。提出宏观经济的一个目标,具有历史性的重大作用和地位,其观点与内容在理论层面将进一步发展与丰富宏观经济学,在实践层面将对世界各国宏观经济发展方式、宏观调控、目标制定产生变革性影响。在低碳化目标方面,厉以宁作过多次论述,在2014年指出:我们应该把低碳化作为第五个宏观调控的目标,过去我们就四个:充分就业、物价基本稳定、经济持续增长、国际收支平衡,所有的宏观经济学都是这四个目标,但今天已经认识到了,"低碳化"应该是第五个宏观调控目标,它和前四个一样重要,缺一不可。还进一步指出:根据中国的经验,一定要增加第五个指标,经济低碳化;因为经济低碳化同样是关系全局的,是关系到老百姓的幸福的,是关系人们的健康的,关系经济可持续发展的;如果能够把经济低碳化列为第五个指标,对我们国家的经济将来会有很大的指导意义。

低碳化作为宏观调控的第五大目标具有充分的理论逻辑。众所周知,截止于目前,宏观经济目标有四个,这四个目标作为宏观经济目标有五个原因:一是它们对宏观经济体系及其发展具有重大作用,二是它们能够进行衡量与测度,三是它们的变动具有一定的规律性,四是它们具有可追求的具体目标与方向,五是它们有可操作的政策进行调控与管理。同样的道理,低碳化也符合上述五个条件。厉以宁主持的国家发改委课题"低碳发

展宏观经济理论框架研究"结合中国情况,具体分析与论证了低碳发展的作用与影响、衡量与测度、规律与路径、目标与方向、政策与工具,这五个方面能够为低碳化作为宏观经济目标提供理论支撑。厉以宁提出低碳化也作为宏观经济的一个目标,即低碳化和经济增长、充分就业、物价稳定、国际收支平衡一起作为一国宏观经济的发展、调控和管理的目标。那么,引入低碳化目标之后,宏观经济将有五个目标:经济增长、充分就业、物价稳定、低碳化和国际收支平衡。[1]

五大目标分别从不同方面揭示一国宏观经济体系的发展方向和目标。在经济发展速度方面,其对应的宏观经济目标是适度的经济增长;在就业方面,其对应的宏观经济目标是充分就业;在价格方面,其对应的宏观经济目标是物价基本稳定;在国际经济关系方面,其对应的宏观经济目标是国际收支平衡;那么,在环保方面,其对应的宏观经济目标是低碳化。经济增长、充分就业、物价稳定、低碳化和国际收支平衡从五个方面揭示了宏观经济体系的五种重要的发展方向和目标。

提出低碳化作为宏观调控的第五大目标之后,厉以宁还作了进一步分析:目前人们的环境保护观念、环境治理观念已经发生变化;30年前,当人们谈到环境保护时,首先是有毒气体不能排,污水不能排,有毒废渣不能排,关键在于"有毒";低碳化概念出来以后就改变了,二氧化碳没毒,但二氧化碳排放多了全球气候变暖,如果海水都上升了,陆地都被淹掉了,一些国家都不存在了,而且,气候变暖后,我们还不能预料将来会有什么样的病毒出现,因为新病毒的产生可能是和气候变化直接联系在一起;

---

[1] 厉以宁、朱善利、罗来军、杨德平:"低碳发展作为宏观经济目标的理论探讨:基于中国情形",《管理世界》,2017年第6期。

所以我们在观念转变中一定要把低碳化作为新的目标之一来考察。根据上述分析,随着环境保护与治理思想的演进,低碳化的理念是对环境保护与治理的高度概括,或者说,所有关于环境保护与治理的内容都纳入到低碳化的范畴,低碳化的内涵就是要表达对环境进行保护与治理。为此,低碳化不仅仅指碳排放问题,也涵盖有毒有害物质的排放问题。

二、中国要建立低碳产业结构体系

中国要建立低碳产业结构体系,是厉以宁低碳经济思想中另外一个重要的问题。对于该问题,厉以宁着重提出并阐述了四个方面的内容:

(一)中国推进低碳化一定要技术创新

厉以宁指出:中国要建立一个低碳的产业结构体系,仍然是有待于完成的任务;关键问题是,中国低碳技术的创新是严重不足的。有四个原因:第一,缺乏低碳技术创新的主体。低碳技术创新要有市场主体,主体是自主经营的企业。但现在专门研究开发低碳技术创新的企业很少。政府虽然起作用,但其工作重在规范、引领、扶植和监督。第二,中国的低碳结构之所以难以形成,还由于知识产权制度不健全。企业的创新技术很容易被偷窃与假冒,这是企业界感到最头痛的问题。如果不治理整顿,中国的低碳技术创新很难有出路。第三,低碳的科研人才、技术人才、管理人才都严重不足。为此必须加快培养人才。第四,重视低碳经济的研究和开发,并需要有适宜的制度条件。这将在改革中实现。低碳带来的红利是具体的:环境清洁、身体健康、疾病减少、社会和谐,但这些都正等待我们去发掘,是我们遇到的一个新问题。

中国要推进低碳化,一定要技术创新。低碳的技术创新大体上分三类。第一类能源替代技术,就是用非化石的燃料替代化石燃料,用低碳的化石原料代替高碳排放的化石燃料。第二类,节能技术。通过技术进步,能够节能减排。第三类,固碳技术,或称碳隔离技术,即通过物理或者生物的手段,把碳固定了,减少排放量。

然而,中国实现低碳技术创新并不容易,需要国家、企业与民众共同努力,多方促进低碳技术创新。比如发展新能源汽车,厉以宁等就指出其面临三大难题。[1] 首先是技术难题。中国新能源汽车的研究与开发已经取得较大成就,但是仍然跟国际先进水平存在着明显差距,也达不到新能源汽车大规模生产所要求的高安全性、高能量密度、小体积、低成本和轻量化,技术瓶颈有待于突破。这主要是由于中国的技术和工业基础比较薄弱,总体投入也比较少,基础理论、材料、关键部件、系统、装备、工艺、整车性能等各方面明显落后于国际先进水平。比如,在混合动力方面,乘用车混合动力技术与国际相差很大,这是今后制约中国自主品牌乘用车市场竞争力的一个非常重要的因素。在纯电动汽车方面,总体性能与国际先进水平还存在着明显的差距,包括可靠性、一些驾驶性能、附件和配件。对于燃料电池汽车,中国的燃料电池以及燃料电池技术与国际的差距,现在还有进一步拉大的趋势,电池寿命显著短于国际先进水平,相关材料技术还依赖国外,中国企业参与燃料电池以及燃料电池整车开发的程度与国际大公司相比远远不够,在国内只有上汽集团比较深入地介入了燃料电池以及整车开发。除了技术难题,还面

---

[1] 厉以宁、朱善利、罗来军:"我国新能源汽车'弯道超车'的机遇、难题与对策",《高校智库专刊》,2014年9月。

临着基础配套设施难题与地方保护难题。如果破解新能源汽车发展难题,需要国家在管理上、国家与企业在技术上、企业与民众在商业模式上都要做出努力。

(二)中国不仅需要调整低碳结构,还需要产业升级

中国不仅需要低碳结构的调整,而且需要产业升级。低碳结构调整实际包含三个内容:第一,关停一批高碳排放的企业;第二,新建企业中采用低碳技术;第三,对于现有的企业,如果发现它的产品被购买者消费后会增加碳排放,应该停止生产这部分产品,其他产品照常生产。厉以宁还指出:降低碳排放最好把产业结构调整同产业升级结合在一起,这是重要任务。现在,沿海成本太高,沿海的工厂可以向外迁徙或向内地迁徙。以向外迁徙为例,在中国因有污染,不让办了,迁到东南亚去办厂,东南亚那里也有人居住,全世界碳排放的总量一样增加。迁厂不应是简单的位移,简单的位移还是污染,所以应该鼓励在产业转移过程中实现产业的升级。

在对低碳化的研究中,厉以宁还提出一个重要的经济命题:结构问题比总量问题更重要。同等规模或总量的经济,同样的技术水平,如果产业结构不同,则碳排放量可能相去甚远。例如,在三次产业中,第二产业的能耗强度就远高于第一产业和第三产业。据中国科学院统计,中国第二产业的能耗强度为第一产业的5倍多,为第三产业的4倍多;工业部门的能源消费量占全部消费量的78%,其中电力、交通、建筑、冶金、化工、石油和石化等行业的能源消费量占全部消费量的50%以上。也就是说,重化工业的能源强度远高于一般制造业;而且在同一行业中,技术水平越低则能源强度越高。由此可见,产业结构影响能源消耗总量和经济能耗强度。所以,为了降低经济的能耗强度和碳

排放强度,中国需要加快产业结构的优化升级,严格限制高耗能产业的发展,淘汰落后产能,实现经济的低碳、高效发展。

产业结构调整与产业升级相结合,可采取的措施包括以下几个方面:一是尽力缩短能源、汽车、交通、钢铁、化工、建材等高碳产业所衍生出来的产业链,把这些产业的上、下游产业进行低碳化,推进产业与产品向利润曲线的两端延伸。向前端延伸,从生态设计入手形成自主知识产权;向后端延伸,形成品牌和销售网络,提高核心竞争力。二是要大力发展节能环保、新能源产业,加快产业化步伐。要以核能、生物质能、风能、氢能、太阳能、燃料电池等为主要方向,积极发展清洁及可再生能源,加大产业化力度。三是要积极发展低碳装备制造业。要提升内燃机、环保成套设备、风力发电、大型变压器、轨道交通配套装备、船舶制造等装备制造业的研发设计、工艺装备、系统集成化水平,积极发展小排量、混合动力等节能环保型汽车,加快低碳装备制造业和节能汽车产业的发展步伐。四是要大力发展高新技术产业。知识密集型和技术密集型产业属于低碳行业,如信息产业的能耗和物耗十分有限,对环境的影响也微乎其微。IT产业是低碳经济中最具发展潜力的产业,不论是硬件还是软件都具有能耗低、污染小的特点。五是要降低农业对化石能源的依赖,走低碳农业的新路子。现代农业是建立在化石能源基础之上的"石油农业",化肥和农药是现代农业发展的支柱。如何用生态农业和农业循环经济取代"高碳"的现代农业,是中国实现经济低碳发展的又一必然选择。六是要大力发展现代服务业,减少国民经济发展对工业增长的过度依赖。现代服务业是一个能耗低、污染小、就业容量大的低碳产业,它包括金融、保险、物流、咨询、广告、旅游、新闻、出版、医疗、家政、教育、文化、科学研究、技术服务等。

(三)第一产业也需要走向低碳化

在厉以宁的低碳经济思想中,重视农、牧、林、渔业的低碳化。这些都属于第一产业,过去我们想到的低碳化是第二产业的事情。实际上,第一产业有严重的碳排放问题,以农业来说,农业普遍是高能耗、高污染、高排放、低效益。现在中国农业的碳排放居高不下,大概是8000万吨/年。这种农业生产模式如果不改,中国不能成为一个先进的农业国。农业需要走向低碳化,这方面的措施有五个:第一,减少化肥使用;第二,农业走规模化经营道路;第三,农业废弃物转化为有用的物资;第四,加大农业基础设施投入,特别是水利工程;第五,解决农业中土地的利用不足问题。

接下来归纳厉以宁对牧业的研究与创见。牧业和草业是紧密联系在一起的。中国牧业当前的问题是什么:第一,牧业的废弃物实际上是造成污染的重要方面。牛羊遍地拉屎,这就是污染。其中就会把水源污染了,导致人畜饮水困难。第二,草的质量不高。内蒙古有大片牧场,但那里的牧草蛋白质含量低。牧主为什么要加那些乱七八糟的东西在牛奶里?是为了提高蛋白质含量,其根源在于草的质量低。所以,现在需要大规模地改造草业,以便振兴牧业。如果草的质量提高,牛羊吃了,奶的蛋白质含量就会上升。另外,改良后的牧草应当无公害,不应有昆虫寄生在草上。改良后的牧草还应是节水型的。现在内蒙古的草业,正在实施牧场改造。最近草业公司还在北京发展,准备把改良后的草推广到城市,因为城市的草地现在都是从国外进口的,这种草很费水,不适合中国的国情,中国城市缺水。还有,外国生产的草会带来病虫害,这也是很大的问题。所以,要培育出一种新的适合中国城市的草,除城市绿地采用改良后的草以外,也在高尔夫球场推广,现在的高尔夫球场耗水量太大了。上述这些措施都有助于走向低碳化。中国草地的面积占世界第二位,培育新草种十分重要。中国天然草场的二氧化碳排放量大体上占中国碳排放量的一半。可见,草场不改造,是一个大问题。

再分析林业,林改是中国当代改革中很重要的一个环节。国有林场改革是困难问题,正在探索之中。厉以宁带队到黑龙江调研,大兴安岭、小兴安岭大体上有三种模式。第一种模式是按照国家保护区、国家森林公园的模式。国家森林公园,改制后作为企业,可以上市。林地可以折算为股权,但国有林业股权是非流动的,如果流动,国有林地股权可能易手。第二种模式,工业承包。承包者可以是森林工业集团,或者是其他的工业集团。承包者与国有林业部门订立林地承包合同,每年交多少承包费,租赁多少年,多少年以后再重订合同。根据合同,承包者应履行森林保护的职责。第三种模式,一场两制。这是指一个林场有两种体制,一是公有林场,另一部分职工个人承包,承包的职工可以林下养殖,林下种蘑菇等,有一定的收入。

(四)调整能源结构实现能源低碳化

厉以宁曾指出,从目标上说,能源的低碳化,会导致能源结构的改变。中国现在的能源结构不合理,所以低碳化首先要节省能源。中国现在的能源以化石燃料能源为主。目前中国的能源结构大体上是煤炭占 68.7%,石油占 21.2%,这两个加起来就将近 90% 了。中国的新能源开发潜力很大,但是投资不足。国家如果不制定优惠政策,新能源的开发很可能缺少动力,因为这种企业成本高,不赚钱。中国今后的能源结构应该怎样调整?在历史上,人类使用的能源已经经过两次大转型:蒸汽机的广泛使用是能源的第一次转变;能源的第二次转变在 20 世纪初,以石油代替煤炭,并主要用石油发电。而目前正处在第三次转型,第三次转型就是使用清洁能源,包括太阳能、风能、潮汐能、可燃冰等,这些都是新能源。

厉以宁特别强调核电的建设,指出最有前途的新能源是核电。核电是没有二氧化碳排放的,污染最小,又稳定,不像太阳能、潮汐能与风能。在西方国家,2006年统计,法国核电占全国发电量78.5%,法国基本都是用核电。瑞士55%,瑞典46%,德国31%,日本30.8%。中国的统计是,2012年中国核发电量只占全国总发电量的1.97%。这么干净的,这么可靠的能源在中国利用率这么低,这是不正常的。国际上都认为核能是安全的,只要选址得当,设计完善,管理严格,环保到位,可以安全生产。所以,中国现在正在考虑重新启动核能、核电。厉以宁等就中国建设世界核电强国提出建议:内陆核电正规建设前,要严格保护选址,进行安全权威评估与先行建设决策;策划组建"铀资源国际联盟",以应对中国的铀资源匮乏;加快核电设备核心技术自主研发,着力打造核电自主品牌;亟需出台原子能法,为核电发展提供法律保障。[1]

厉以宁还辩证地认识到中国能源结构调整的客观约束:一国的能源构成是"天生"的,也即是说,一国的能源消费结构,是由该国的能源资源禀赋以及经济发展态势这些客观性因素决定的。这种情况意味着能源结构的改变无法以人们的主观意志为转移,并不是人们想进行调整就能够进行调整的。中国的能源结构亦是如此,中国能源资源禀赋的总体状况是富煤贫油少气。又由于新能源技术发展的难度较大,短期内难以大规模使用新

---

[1] 厉以宁、朱善利、罗来军:"关于我国建设世界核电强国的建议",《问题与思路》,2014年7月。

能源。而且,随着中国经济快速发展,能源消耗量不断增加,虽然中国是世界上第三大能源生产国,但是能源生产远远不能满足不断增长的能源消费,能源供给与消费之间的缺口逐年扩大;而今后20年,更是中国基本完成工业化中期任务并进入后工业化阶段的重要时期,以机械、钢铁、石化为核心的重化产业群,以及汽车工业、船舶工业的发展仍是促进增长的重要因素。这样的经济发展态势将导致能源消耗量大规模增加,再考虑到中国的能源资源禀赋,中国进行能源结构调整面临着严重的客观约束,快速实现根本性调整的主观愿望是不现实的。

三、把金融交易运用到低碳化领域

厉以宁的低碳经济思想还涉及碳交易这个重要问题,就是把金融交易运用到低碳化领域。碳排放权成为一个新的金融产品,碳交易金融市场就成立了。厉以宁对碳交易有很多难能可贵的认识与判断,比如其曾带队到黑龙江去考察,指出黑龙江最大的财富,不是现在的森林,也不是林场里种的蘑菇和木耳,而是碳排放的交易。对中国的国营农场来讲,碳交易具有重要意义,大兴安岭这么多树,碳排放少,碳交易的潜力很大。所以,厉以宁指出:要发展林区,把碳交易做好,排放权可以转让给那些超标的国家、超标的城市。

厉以宁主持的国家发改委课题"低碳发展宏观经济理论框架研究"对碳交易作了较为深入的探讨。首先,指出并分析中国目前的碳交易试点所暴露出的问题,其中"如何确定和分配碳排放权配额"成为难点和焦点。碳交易试点地区现在多采用企业历史排放水平("祖父原则")同时辅助行业基准线法则的方法进行碳排放权的配额分配。尽管祖父原则可操作程度较高,但也发现了一系列突出的问题,例如:相关企业往往倾向于高报自己原有排放水平以多获配额,祖父原则容易造成"鞭打快牛"的现象(如进行节能改造,或者技术和工艺水平相对较高的企业,由于其历史的排放水平比较低,相应获得的碳排放权额度反而少),以及难以充分考虑新增产能等。为了解决该问题,根据碳产权理论和国际实践经验,对碳排放权配额的主要分配方式(免费发放、拍卖发放、以政府规定的固定价格购买配额)的优缺点进行深入分析与论证,提出中国的可借鉴之处。中国需要重视排放配额分配机制设计,可以按照总量控制与排放量交易原则,给碳排放产业分配排放额度,各个产业再把排放额度分配到各个企业。排放权指标分配目前有拍卖与无偿分配两种方式,中国在碳交易市场建设的早期阶段,可以采取无偿分配的方式,以鼓励和推动相关产业和企业积极参与碳交易市场机制,经过几年的探索之后,再逐步引入拍卖的分配方式。

其次,围绕碳交易提出当前的政策与措施。比较重要的有:一是建立与规范全国统一的碳排放交易平台。欧盟与美国的碳排放权交易非常有效率,一个重要的原因是它们有完善的碳排放交易市场,具备统一的碳排放交易平台与高效运行的交易机制。对于中国的碳排放交易,在政策标准、交易制度、具体程序等方面均应全国统一。二是构建系统与真实的碳交易市场指标评价体系。碳排放交易指标体系是生态环境变化与企业进行减排的重要依据,也是完善温室气体排放统计核算制度的重要内容。由于中国目前缺少有效的碳排放指标评价体系,难以进行议价和开展交易。三是制定与健全碳交易法律法规与规章制度。现行的《中华人民共和国环境保护法》明确规定实行污染物排放总量控制的制度,可以仿效这一做法。《中华人民共和国关于温室气体排放总量控制的管理制度》明确规定关于总量控制的一系列具体政策与措施,并建立和完善总量控制追踪体系与监督管理机制。为了给碳排放权交易市场的发展提供法律依据和保障,制定《中华人民共和国碳排放权交易法》,在法律层面规范和制约温室气体的排放许可、分配、交易、管理、权利、义务、责任等内容与行为。

四、强调废物回收利用与防止资源浪费

在厉以宁低碳经济思想中,废物回收利用与防止资源浪费也是重要的内容,对实际的低碳发展具有重要的指导价值。根据厉以宁的观点,经济低碳化是同绿色增长适应的。[1] 绿色增长是指无污染的增长,无论对工业、农业、服务业来说,都应该是清洁生产,废水、废气、废渣,其中可以净化的,成为可以再利用的,就利用。垃圾回收利用,也是绿色增长的重要内容。该怎样实现绿色增长?第一,清洁生产;第二,减少温室气体排放量;第三,物资要回收利用。回收利用符合循环经济,也符合绿色经济的要求。

厉以宁还对废品回收澄清了一个重要概念:从事物资回收行业同生产部门没有区别,他们这些工作人员和生产工人一样,都在创造财富。如果没有废纸的回收和利用,全国一年要多砍多少树?如果没有破铜烂铁的回收,全国一年要进口多少金属?否则就不能满足对纸张与金属的需求。传统的观念把他们看成是捡垃圾的,实际上,物资回收者和生产工人同样重要。此外,饭馆以及小摊子的做饭做菜的人员也是食品加工者,他们同食品工厂的食品生产工人一样。

厉以宁对资源的浪费行为也有启发性的看法,并于2015年在《人民日报》理论版发表了重要的人民要论,指出:中国的一些

---

[1] 厉以宁:"经济低碳发展符合新常态",《光明日报》,2014年12月29日。

习惯性行为和做法，导致了资源的严重浪费与过度消耗，极大地妨碍了低碳发展，既体现在生活领域，也体现在生产领域。当提及低碳发展，人们的最大反应是，限制使用传统化石能源，多使用新能源；加大低碳技术研发与使用，限制高消耗、高排放产业，发展低碳产业。针对中国而言，人们的这种反应只是反映了低碳发展的一个重要方面；还有另外一个方面，也极其重要，但被人们忽视了。不仅被大众忽视了，学术界也没有引起足够重视。该方面就是一些习惯性行为与做法所导致的资源严重浪费与过度消耗。减少甚至杜绝这些习惯性行为与做法，对中国的低碳发展具有重大意义。

减少浪费，并加强回收利用，对低碳发展的意义远超出人们的一般性认识。比如"城市矿山"，城市中各种可以回收利用的废弃电器、电子产品以及其他废弃物资所形成的"矿山"。"城市矿山"的资源单位含量往往比自然界中矿山的资源单位含量更为丰富。自然界的矿产资源总有枯竭之时，而"城市矿山"却可循环利用。如果利用好"城市矿山"，将极大促进资源再利用，减少资源生产过程中的碳排放，包括减少开采原生自然资源以及冶炼所带来的能源消耗与温室气体排放。我们需要加大对生产领域、生活领域中各种资源的再回收利用，减少终端的资源浪费。这种低碳发展的价值，并不亚于生产环节的降碳技术的开发与使用。

五、仅生产方式和生活方式都需要低碳化

在经济与社会的实际发展中，厉以宁注意到不仅生产方式需要低碳化，生活方式也要低碳化，并对此提出一系列的重要看法与主张。其主要内容如下：

低碳发展不仅仅影响和改变人类的生产方式，而且还将深

刻影响和改变人类的生活方式。在生活方式上，人们已经开始并将继续走向低碳生活。低碳发展不仅意味着在经济领域中制造业要淘汰高能耗、高污染的落后生产能力，推进和使用节能减排的科技创新，而且还意味着引导人们反思哪些习以为常的消费模式和生活方式是浪费能源、增加污染的不良嗜好，需要克服和改变；并充分挖掘服务业和消费生活领域中节能减排的巨大潜力，建立起低碳的生活方式。摒弃高碳生活方式，确立低碳生活方式，具有很多方面需要人们去关注和改变。

不同的生活方式所导致的碳排放量会显著不同，如果人们倾向于"高碳"产品与行为，那么在生活过程中或者在生产环节就会出现更多的碳排放；相反，如果人们尽量选择"低碳"产品与行为，则会减少碳排放。比如，中国人喜欢开大型车，这样显得气派；与此相对照，不少发达国家的居民都愿意使用小型汽车、小排量汽车。而且，中国人出行喜欢依赖私家车，却不是有节制地使用。其他很多生活方式也存在着类似问题，比如一两层楼都要坐电梯，购物使用一次性塑料袋，吃饭使用一次性筷子，招待客人要多点饭菜，使用电动跑步机等。这些行为的环境代价都是消耗大量能源、增排温室气体。

城市中最大的问题就是汽车日益增多，排放废气严重。要鼓励使用新能源汽车，政策必须配套。有的用户反映，装了新能源汽车，没有地方加气充电。加气和充电，要设法及早解决。还有的地方，尤其是农村和小镇，生产鞭炮，放鞭炮不受限制，这都会造成污染。对于消费方式低碳化，首先是改变人们旧的饮食习惯。比如以青蛙作为食物，任意捕杀，就不利于稻田防止虫害，增加了碳排放。还有大量捕杀蛇类做菜肴，也不利于生态的平衡。所以，应当推广的消费方式要遵循保护生态原则、低碳原则、饮食文明原则。除了用车与饮食之外，低碳生活方式渗透到人们生活中的方方面面,很多细节都会涉及低碳生活问题,低碳理念能够通过多种方式,走进和融入人们的生活观念和行为意识之中。

另外,中国要实现低碳化,公众的参与、全民的投入同样重要。比如消费方式的转变,保持健康的、良好的消费和饮食习惯,这需要大家来做。再比如,注意环境卫生要靠公众的参与。对于环保项目,仅有政府规划不行,还要有监督。为了实现低碳化,要让更多的优秀人才进入环保领域、低碳化领域,从事研究,或者从事管理。

六、中国实行低碳化具有制度优势

多数人更多地看到中国低碳发展的困难与不利因素,但厉以宁却同时意识到中国具有优势,指出:中国在实行低碳化方面是有优势的,尽管我们的压力很大,但制度的优势是我们最大的优势。就当前中国经济而言,超高速增长的年代结束了,"新常态"出现了,这是有利于经济低碳化的一个重要因素。"新常态",首先是抛弃超高速增长的做法,超高速增长有五大弊端。第一,资源过快损耗;第二,生态破坏;第三,低效率;第四,盲目投资引起的产能过剩。以上四个弊端已经够严重了。但更严重的是第五个弊端,即错过了最佳的技术创新和结构调整时期。2008年世界金融危机之后,发达国家美国、法国、德国,包括日本,都在加快国内的技术创新步伐,而中国是维持超高速增长。当前,中国的增长率下来了。提高经济增长质量,自主创新,包括低碳化任务的实现,这才是当务之急。

厉以宁在中国碳排放管理中强调制度与政策的作用。大家认为,如何考虑中国二氧化碳排放总量未来的趋势变化,是关于中国低碳经济发展的首要问题。这其中的关键问题是中国的二氧化碳排放总量应该何时达到峰值,以及达到峰值时的绝对水平是多少。如果把这个问题弄清了,一个大致的碳排放轨迹就可以勾画出来了。尽管在理论上有关于经济发展与二氧化碳排放两者关系的库兹涅茨曲线(倒U形曲线),但是,如果在现实中真正探究一国究竟什么时候达到排放峰值,问题将变得更为复杂。因为它不仅仅涉及客观因素,即根据各种客观的物质因素变化趋势,来预测二氧化碳排放的未来变化;而且还涉及主观因素,即要根据我们的主观愿望,进行相关的制度设计并采取一定的政策措施,来促使二氧化碳排放总量未来变化符合我们希望的目标。对于中国的碳排放峰值设定,就必须包含上述客观和主观两个层面的因素,仅仅从客观层面的因素来考虑,显然是不够的,也不能真正预判二氧化碳排放总量的未来变化。

从上述分析可知,要完整和准确地判断一国未来的二氧化碳排放趋势,就不仅要考虑客观的物质层面各种因素的变化,也要考虑主观的制度设计和政策措施等方面的因素,例如能耗强度和碳强度指标考核体系、低碳产业政策、低碳科技政策、碳税、碳交易等一系列有关低碳发展的制度和政策方面的安排和举措。在中国政府看来,设定在2030年左右达到二氧化碳排放总量的目标是合适的。目前中国已经向国际社会宣布了这个目标,即"2030年左右二氧化碳排放达到峰值且努力早日达峰"。目前再纠结于峰值的客观因素的探讨已失去意义,而是要关注并深入探讨主观因素的治理机制以及可能的实际效果。我们应当认识到,制度与政策方面的工作将更加复杂,比如,如何在体制机制方面推动更为实质性的改革(电力、资源能源价格、财税体制等)以推动峰值的早日实现。

参考文献

1. 厉以宁、傅帅雄、尹俊:《经济低碳化》,江苏人民出版社,2015年版。
2. 厉以宁在2015网易经济学家年会发言,网易财经,2014年12月16日。
3. 厉以宁:"经济低碳发展符合新常态",《光明日报》,2014年12月29日。
4. 厉以宁、朱善利、罗来军:"关于我国建设世界核电强国的建议",《问题与思路》,2014年7月。
5. 厉以宁、朱善利、罗来军:"我国新能源汽车'弯道超车'的机遇、难题与对策",《高校智库专刊》,2014年9月。
6. 厉以宁、朱善利、罗来军、傅帅雄:"构建中国低碳经济学",《人民日报》,2015年4月22日。
7. 罗来军、朱善利、傅帅雄:"低碳发展对中国能源价格改革的冲击",《教学与研究》,2015年第5期。
8. 罗来军、朱善利、罗雨泽:"以低碳消费推动社会建设",《中国社会科学报》,2015年3月6日。
9. 罗来军、朱善利、邹宗宪:"我国新能源战略的重大技术挑战及化解对策",《数量经济技术经济研究》,2015年第2期。

(罗来军,中国人民大学经济学院;傅帅雄,北京大学光华管理学院)

以人为本的经济学研究：重读《体制·目标·人——经济学面临的挑战》

周黎安

20世纪80年代我在北大读书的时候，厉老师每有新著问世，都是赶在第一时间拜读，那种一睹为快、如获至宝的感觉依然历历在目。1986年由黑龙江人民出版社出版的《体制·目标·人——经济学面临的挑战》（以下简称《体制》）自然也是在第一时间读完的。以我当时大学二年级的经济学知识和阅历，尚不足以欣赏其中诸多精深之处，但仍然感受到了厉老师高屋建瓴的眼光和力透纸背的学问。印象尤其深刻的是，此书站在世界经济技术变革浪潮的前沿，一句"经济学向何处去"，如同

"天问"一般振聋发聩。

时隔33年重读此书,一方面感到无比亲切,熟悉的封面,发黄的纸张,激光照排时代之前的铅字,以及带有那个时代特殊烙印的概念、问题与争论,这一切都让我回到了那个熟悉的年代和校园,回到改革之初、百业待兴的中国,有恍如隔世之感;另一方面,三十多年物换星移,沧海桑田,无论世界还是中国都发生了翻天覆地的变化。然而,书中的许多观点和见解仍然闪耀着思想的光芒,具有穿越时空的契合性和生命力,期间三十多年的经济社会变迁似乎只是用来见证厉老师当年对许多重大理论和现实问题的洞察力和预见力。

一、《体制》一书的时代背景

正如厉老师在序言里所强调的,《体制》一书的要旨是在世界科学技术革命的大潮流下回答"经济学向何处去?"的问题。为了深入理解这个问题的学术背景、意义与内涵,我们必须理解当时中国与世界所处于的经济发展阶段以及面临的重大问题与挑战。

首先,20世纪70年代以来,世界经济发展进入一个新的历史阶段。在西方国家,以信息技术、生物技术、新材料与新能源技术为代表的新技术革命方兴未艾,丹尼尔·贝尔所刻画的"后工业社会"随之来临,知识经济取代传统的制造业,理论知识的积累与传播成为创新和变革的重要驱动,对生产流程、企业组织和社会管理的方式产生了深远的影响。与此同时,新一轮全球化启动,生产国际化的趋势日益明显。发达国家与发展中国家之间不再是制成品与原材料之间的贸易格局,国家间传统贸易的垂直分工体系变成了水平型的分工形式,以跨国公司与对外直接投资为媒介的全球价值链和产业链逐渐形成。

其次,20世纪七八十年代西方经济学的主流理论正面临新一轮的反思和转型。西方国家1929—1933年的大萧条对古典经济学长期以来占据主流的"自由放任"理论与政策提出了严峻的挑战,强调国家干预和宏观经济调控的凯恩斯主义应运而生。第二次世界大战之后,以美国为代表的西方国家普遍采取凯恩斯主义的经济政策,通过财政和货币政策的搭配对总需求的管理进行逆周期"微调",以此谋求宏观经济稳定与微观经济效率之间的平衡。70年代的"石油危机"爆发,工资与价格交替上升,供给侧的冲击使得西方国家传统上呈现的通货膨胀与失业的交替关系,变成了两者并存的"滞胀"局面,这使凯恩斯主义理论遭遇解释性危机。弗里德曼的货币主义、以卢卡斯为代表的理性预期学派相继兴起,在宏观经济学逐步成为主流。在经济政策方面,80年代初撒切尔夫人与里根同时强调自由主义和私有化新政,宣告了一个新时代的来临。作为这一轮经济学思潮的延伸,发展经济学也开始反思拉美国家干预和"进口替代"战略的得失,亚洲四小龙的"出口导向"战略所体现的市场导向受到推崇。

再次,中国经济改革进入了重要的历史阶段。20世纪70年代末家庭联产承包责任制在农村迅速普遍,提高农民生产的积极性成效极为显著,并顺势推动了乡镇企业的发展。80年代中期中国经济改革的重心从农村转入城市,城市经济体制改革的复杂性和艰巨性是农村改革所无法比拟的。1984年《中共中央关于经济体制改革的决定》也正式提出了"有计划的商品经济"的改革目标,但是关于改革的策略、路径尚不清楚,有待于进一步摸索。更重要的是,中国学术界刚刚从"文化大革命"十年的"左倾主义"路线盛行的年代走出来,绝大部分知识分子还禁锢在"极左"思维的惯性之中,对外部世界正在发生的深刻变化所知甚少,对西方经济学非常陌生,更遑论西方经济学最前沿的发展。

80年代中国知识界沐浴思想解放的春风,大规模引进和学习西方理论。西方经济学在中国大学的经济系成为非常受欢迎的课程。但是,站在中国的视角,放眼世界,如何借鉴西方经济学,坚持和发展马克思主义,建立中国特色的政治经济学,为中国的经济改革提供理论指导和借鉴,这是摆在中国经济学界面前的重大任务和挑战。厉老师的《体制》一书就是在这样的背景下回应时代的要求。

二、《体制》的重要论述

在世界新技术革新的浪潮之下,从体制、目标、人三个层次解析经济学所面临的挑战是《体制》一书最大的亮点和特色。这反映了厉老师对当时世界经济发展趋势和问题的敏锐判断和对西方经济学及相关学科最前沿发展的深刻理解。《体制》内容极为丰富,限于篇幅,下面我只能摘取其中的一些重要片段进行简述,为我们后续的讨论提供一个背景。

《体制》第一层次的内容聚焦经济体制,选择切入的角度是集权与分权的问题。从国家的角度看,集权与分权涉及的是宏观经济调控与微观经济活动之间的协调关系,从微观组织的角度看,公司总部与各业务单元(或分公司)的决策权分配,即集权与分权也是一个极为重要的问题,如美国二战之后大公司的管理体制从U形组织向M形组织的演化就是从集权体制走向相对分权的体制。经济体制应该如何设计才能促进资源的合理配置?新技术的发展如何影响集权和分权体制?从20世纪七八十年代所发生的制度变迁来说,无论对于西方国家还是社会主义国家,集权和分权问题确实是最为核心的一个挑战。

如前所述,战后凯恩斯主义的兴起与盛行是对亚当·斯密以来"自由放任"经济政策的一次系统纠正。但是,进入70年代之后,"滞胀"局面的出现使得凯恩斯主义理论陷入危机。作为对战后凯恩斯主义政策的一次系统纠正,以英国和美国为代表,市场经济国家开始尝试"非国有化"(私有化)运动。但是正如厉老师在书中指出的那样,这不是一次简单的回归"自由放任"体制,而是在"混合经济体制"之下探索国有企业改革,提出了公私联合经营的新思路,以此代替传统的国有化体制。这就是当今大家热议的PPP(Public-Private Partnership)的早期尝试。

"战后"经过30年的计划经济实践,长期以来执行集中管理体制的社会主义国家也处在经济改革的历史节点。以波兰经济学家布鲁斯和捷克经济学家奥塔·锡克为代表的东欧经济学家对传统社会主义集权型计划体制进行了反思和批判,提出了集权与分权相结合的经济体制设想,实质上是在社会主义经济体制框架下寻找宏观经济与微观经济协调发展的内在机制问题,同时实现经济稳定与经济效率。厉老师一方面肯定这些理论探索的重要意义,另一方面也指出每个国家都有其特殊性,经济改革必须结合本国特殊的经济条件而进行尝试。

从世界范围看,集权与分权的问题也体现在企业管理制度应对技术变化的变革上。例如随着生产国际化和全球分工体系的形成,跨国公司的管理从传统上集权的体制朝着分权的方向发展,主要表现为国外分支机构的自主权显著增加,在总部战略规划和业务协调的框架之下分支机构可以根据所在国家和局部市场的情况作出自己的战略和业务决策,以兼收集团层面的集中协调与机构层面的灵活反应的双重益处。

城市管理体制同样存在集权与分权的权衡问题。城市化过程中存在集聚与扩散两种相反方向的力量,这决定了城市规模的大小。而城市的发展能否走向良性循环的轨道,在相当意义上取决于城市的管理体制。城市政府如何规划和管理土地的用途、建筑的高度,如何提供良好的公共服务和基础设施,对于城市的集聚效应的发挥至关重要。厉老师提出了集权与分权相结合的城市管理体制的设想,例如城市政府根据城市的资源特点和比较优势制定城市的中长期发展规划和生产布局,而企业可以根据市场供求做出自己独立经营决策;城市政府不应该直接管理企业;城市政府应该开放本地市场,包括劳动力市场,鼓励生产要素跨地域流动,发展城市间的横向经济联系。

《体制》讨论的第二个层面的问题是目标问题。经济学通常假定理性人会追求最大化的目标,如企业最大化利润目标,消费者最大化其效用。但在现实中,因为信息收集、处理和决策本身的成本,人们并不是按照最优原则行为,而是采取更现实的原则,如西蒙提出的满意原则或合理原则。例如在市场竞争的环境下,企业的定价并不是根据边际成本和需求价格弹性精心计算最优价格,而只是根据竞争对手的价格进行相应的定价,或者就是采取"平均成本加成"定价。虽然看似偏离了最优定价原则,但在现实生活中易于执行,具有充分的灵活性对市场做出反应,因此在企业定价实践当中非常普遍。

厉老师还讨论了现实原则问题对于宏观经济调控的意义。凯恩斯主义所倡导的国家干预,如逆周期、相机抉择的财政货币政策,都是建立在一个理想政府的假设基础上。这个理想性假设表现为两个方面,一是政府掌握完备的信息,有完美的信息加工能力,因而可以选择最优的政策组合及应对策略;二是政府干预经济的动机是纯洁的,即为了实现资源的充分利用。这两个假设在现实中都是过于理想化了。首先,政府当中做决策的政治家同样面临信息不完备和有限理性的问题,在现实中采取相机抉择的经济微调犯错的可能性非常大;其次,政策干预的效力会随着时间递减,因为公众和企业会形成政府干预的理性预期;再次,政府在采取宏观调控政策时也面临一些政治考虑,如选举、讨好选民之类的考虑,是政策干预偏离理想目标。诺德豪斯提出的宏观调控的"政治周期理论"就是说明政治家人为操纵失业以及通货膨胀的轮替以实现最大化连任。公共选择学派也揭示了凯恩斯主义的"赤字财政"背后的政治经济学(参见第286—345页的介绍)。给定这些典型的"政府失灵",也许市场本身的波动性以及产能过剩是可以容忍的,政府干预所带来的额外问题比市场经济本身的失灵还要严重。在这个意义上,强调市场机制的作用,放弃国有化,鼓励竞争,都是非常必要的。

从理想目标走向现实目标的另一个具体方面就是从单一目标走向多目标协调,这在国家和企业层面都经历了类似的变化过程。西方国家曾一度以保持经济增长为主要目标,后来发现促进经济增长的目标可能引发通货膨胀,物价稳定于是成为政府出台经济政策的新目标,在国际经济环境下国际收支的平衡也是保持宏观经济稳定必不可少的条件,于是政府和宏观经济政策的目标组合变成了充分就业、物价稳定,持续经济增长,国际收支平衡。随着环境污染问题日益凸显,环境保护问题也进入政策制定者的注意事项,于是政府的宏观经济目标就日益综合和多元化。收入分配也应该进入宏观经济政策的目标体系。这些目标之间在大多数场合都是相互冲突的,因此如何在这些多目标之间维持协调和平衡就是政策制定和实施的一门艺术。

《体制》一书也指出,多目标协调的逻辑同样适用于企业管理。企业在追求利润的同时还需关注公众对企业行为的态度,承担社会责任,同时还必须关注企业内部员工的态度,从而在利润目标与非利润目标之间实现某种协调。厉老师指出,"只有不单纯把盈利作为目标,才能更好地实现盈利目标,只有不把盈利作为唯一目标,才能真正把盈利当做可以达到的目标"(第171页)。这是一句极具深意的点评,我们后面还会回到这一点。

《体制》一书最后一部分讨论作为经济研究对象和经济研究主体的"人"。厉老师指出,经济学是"人"对"人"的研究(第268页),前者是经济研究的主体,后者是经济研究的对象。这个概括看似通俗易懂,其实值得反复咀嚼,奇妙无穷。

长期以来经济学主要是研究物质财富如何增加以及如何分配的学科,从亚当·斯密、李嘉图到现代经济增长理论莫不如此。然而,创造财富的目的最终还是为了促进人的全面发展,最终还是需要归结到人。随着经济学研究的深入,尤其是新技术革命所带来的各种冲击,越来越多的人开始关心创造的财富如何更好地满足人们物质、精神和文化的需要。经济学从关心国民收入到关心消费者的福利,如生活质量、闲暇等福利维度,到"经济净福利",即减去环境污染等生态方面的代价之后的国民收入。厉老师根据经济学的这些进展进一步提出,居民的"综合的生活保障感"(即包括生、老、病、伤、残、死等方面的生活保障感)和社会保险制度的收益也应该计入居民生活质量指标。

厉老师注意到20世纪80年代一些经济学家开始关注心理对人们经济行为的影响,比如对消费、储蓄和投资决策方面的显著影响。经济学家在研究凯恩斯主义的宏观干预政策时也提出了一个"社会承受力"的概念。给定失业和通货膨胀存在交替关系,那么国家干预的阈值就不是当通货膨胀率大于零,或非自愿失业率大于零才予以干预,而是根据公众可以接受的失业率和通货膨胀率的合理区间,决定是否进行干预。从这个概念出发,厉老师做了很有意义的引申讨论,认为在中国经济改革的过程中也需要注意公众对于改革震荡的"社会承受力",并进一步指出,公众对于经济震荡的心理准备有两个方面:一是公众是否预期到当前的改革震荡,二是公众是否经历过类似的经济震荡。因此,一项经济改革措施的出台,不仅需要评估其经济可行性,还需要研究其社会可行性。沿着这个逻辑,经济学就不能仅仅局限于"经济人"的研究,还需要拓展到"社会人",把人置于社会环境、组织环境之中,考察其个人物质利益和精神价值的实现。

经济学的分析也自然可以向政治领域延伸,如政治家与选民之间的关系就如同一个政治市场的交换关系,即选票与竞选纲领(如经济政策)之间的交换。政治商业周期理论也更好地揭示了通货膨胀与失业交替出现背后的政治动机与逻辑。将政治过程、人们的政治态度纳入经济学分析可以深化经济学研究,揭示经济现象背后更深层的支配力量和运作逻辑。

经济学是对"人"的研究,而研究者又是"人",人们普遍关心的公平原则、收入分配和利益协调是经济学家无法回避的重要问题。如何定义"公平",是机会均等、还是结果均等,效率与公平如何兼顾,学者众说纷纭。新技术变革浪潮再一次将效率和收入分配之间潜在冲突摆上议事日程。与此相联系,新技术发展是否会把人类引向歧途?如何才能真正让科学技术的进步有利于人的全面发展,而不是把人变成科学技术发展的牺牲品?经济学的伦理问题应该进入讨论范围。

基于对西方经济学最新发展的综述和反思,在《体制》的最后一部分,厉老师从体制、目标、人三个层次谈了对于建构中国特色政治经济学的构想。这些构想在《社会主义政治经济学》一书中得到详尽的体现。

三、体制、目标、人——以人为本,三位一体

《体制》涉及内容和思想的广度和深度,只有当我们站在三十多年之后回看才能真正理解。事实上,厉老师不仅检视了宏

观和微观经济学在当时最前沿的发展,而且还广泛涉及当时最前沿的产业组织、国际贸易、国际金融、企业管理领域,甚至我们还可以看出还处于起步阶段的行为经济学的一些进展。更关键的是,《体制》一书不只是对西方经济学众多领域的前沿文献做了最及时的综述,其中从体制、目标、人三个层面把脉现代经济学的走向以及对新技术革命的回应是独具眼光,到今天仍然具有最现实的意义。与此同时,贯穿全书的是厉老师基于经济学最新发展的回顾与反思,对中国经济改革的许多真知灼见。我下面主要就这两个方面谈些学习体会。

如前所述,厉老师对经济学研究的定义是"人"对"人"的研究,人既是经济学研究的对象,又是经济研究的主体。我认为,体制、目标、人是在"以人为本"的基础上"三位一体"的关系,而整个经济学的演化发展,其实就一直在诠释这一点。

从经济学的角度看,给定组织的目标,接下来的问题就是机制设计问题,而机制设计的有效性在于对人的理解和假设是否接近现实的人,真实的人。经济学对组织和制度问题的研究就是不断从抽象的人到具体的人的过程,不断接近现实的人。以经济体制的集权和分权问题为例。20世纪30年代关于社会主义可计算性的讨论,以兰格为代表的经济学家提出了"市场社会主义"的设想,认为生产资料公有制与市场经济可以兼容,以消费者自主选择为基础的市场竞争决定价格,然后可以让社会主义经理按照价格等于边际成本的最优原则进行生产,从而实现有效率的资源配置。以哈耶克为代表的经济学家指出,市场社会主义将遇上两个问题,一是局部信息的分散性,导致计划当局无法收集到足够有效的信息决定资源分配计划;二是企业经理的激励不足的问题。也就是说,市场社会主义假设了一个自动服从命令的企业经理,也假定了一个全知全能的计划当局,这些放在现实生活都是极为不现实的。所以一个良好的机制设计必须依赖于对"人"的准确理解。

诺贝尔奖获得者威廉姆森发展出来的交易费用经济学开创了制度经济学的新学派。他的经济学分析始于对传统经济学关于"经济人"假设的批判。威廉姆森认为,传统的企业理论假设企业决策者具有完备理性,且遵纪守法。而现实中的行动者是有限理性,且带有狡黠的自私自利,一旦条件具备就可能显示机会主义行为,这是交易费用经济学的研究起点。有限理性、不确定性和机会主义构成了交易费用的基础,进而可以解释企业内的集权与分权、企业间的并购与一体化决策。

正如厉老师指出的那样,企业组织和激励制度的变革本质上还是回到如何将员工利益与企业利益高度结合的问题。从最大化的经济人到有限理性的现实人,从理想原则到现实原则,从物质利益计算到自我价值的实现,在基础上建构的企业管理制度才是坚实有效的。弗里德曼曾经有句名言:"企业管理者唯一的社会责任就是实现利润最大化",也就是企业的目标就是最大化股东利益。20世纪90年代以来,关于企业的利益相关者理论在学术界产生重要影响,该理论认为企业服务的目标除了股东,还有员工、客户、社区等利益相关者。在这个意义上,我们也许可以更好地理解华为把企业的目标和定位确定为"以客户为中心,以奋斗者为本",而未把创业者的利益或者利润作为目标。阿里巴巴对自身企业的定位是"客户第一,员工第二,股东第三",而这个定位在美国投资界做IPO之前的路演时曾一度受到投资者的质疑。从美国投资者的角度看,"股东利益至上"是天然的企业目标,而阿里巴巴坚持这个定位正是反映了厉老师强调的"只有不把盈利作为唯一目标,才能真正把盈利当做可以达到的目标"的重要思想。

长期以来,经济学研究的对象是财富的创造和增长,经济发展等价于 GDP 增长。从 20 世纪 70 年代以来,经济学开始反思经济发展的目的,逐渐把环境质量、生活质量、社会公平、教育甚至人的全面发展纳入分析的范畴。经济学的分析逐渐向"人的全面发展"回归,向"人"回归。联合国摒弃 GDP 指标,提出人类发展指数作为衡量经济发展成果的指数就是这一反思的具体成果。

上述分析表明,作为经济学分析对象的"人"与作为经济研究主体的"人"不断互动,推动了经济学的发展。随着经济学研究的深入,分析的触角更加接近现实的人(如行为经济学的兴起),也更接近"以人为本"的目标(如人类发展指数),在此基础上构建的机制设计也将更加有效。

四、关于中国经济改革的洞见

受希克斯观点的启发[1],厉老师在书中讨论了中国在实现宏观总量调节与微观经济效率协调必须注意的相关问题及"过渡性症状"。在 20 世纪 80 年代中期,中国国有企业面临双轨价格——计划价格和计划外价格,比希克斯讨论的西方国家所面临的固定价格和弹性价格问题更为突出。因此,计划价格和计划外价格的变化如何影响企业存货调整的决策,进而在宏观上影响总收入和总投资的变动就成为一个值得重视的问题。另外关于两种就业和两种工资制度在中国也存在,比如国有企业职工的就业和工资水平相对稳定,与市场供求变化关联不大,而非国有企业的就业和工资对市场的反应则更为敏感。这种结构性差异如何影响总需求与总就业率的关系,如何影响工资变动与

---

[1] 约翰·希克斯:《凯恩斯经济学的危机》,商务印书馆,1979 年版。

价格波动的关系？更重要的是,两种就业、两种工资与前述的二元价格(计划内与计划外价格)之间还可能产生交叉影响,这是因为国有企业(就业和工资相对稳定)也生产计划外价格的商品,非国有部门的企业(就业与工资相对灵活)也生产一部分计划价格的商品。这意味着宏观经济的调控政策必须考虑到这些结构性差异,出台一些相应的区别性调控工具,否则就很难达到政策的预期效果。

在传统僵化的计划经济体制下,因为缺乏市场价格的引导以及企业缺活力和动力,经济存在明显的结构性失衡,产业结构不合理,比如关键性原材料、能源、交通设施的紧缺。当经济从集权的经济体制向分权的经济体制过渡的时候,伴随着价格放开,必然出现总需求大于总供给的情形,从而带来物价上涨,引发社会的不稳定。厉老师称之为"过渡性症状"。过渡性症状是制度转型的必然代价,因此必须面对,但也要防止那种过于担心的情绪而采取紧缩措施,向传统的僵化体制回归。对付"过渡性症状"最好的解药是继续分权,真正分权,让企业变成自负盈亏、自主经营的主体,供不应求的问题只有通过刺激紧缺商品增加供给加以解决,部门之间的失衡问题也只有进一步完善市场机制、实现生产要素的自由流动加以解决。也就是说,改革当中遇到的问题只有通过进一步深化改革来解决。这是一个非常重要的见解,20世纪80年代以来的经济改革不断面临这样的难题,改革本身带来了一些震荡,下一步怎么办？是继续深入改革还是回归旧体制？所幸的是,中国的改革之路总体上体现了"改革所产生的问题还是由进一步的改革来解决"这个重要思路。

与此同时,利息对宏观经济的调节作用也是有限的。凯恩斯主义宏观调控理论的一个重要假设是投资有较大的利息弹性,而消费(储蓄)缺乏弹性或低弹性。而中国在20世纪80年代所面临的情况则是相反的,当时占主体的国有企业的投资对利息是缺乏弹性的,而消费(储蓄)则有较大的利息弹性。前者容易理解,因为国有企业对经营成本和还款压力的反应都小于市场上的民营企业。而消费(储蓄)的利率弹性较高是在短缺经济之下,消费者的储蓄并非是收入减去消费意愿之后的余额,其中还包含了因供给短缺而未实现的消费意愿,这一部分的强迫储蓄对于利息的变化是比较敏感的。企业的投资对于利息不敏感不完全是体制的原因(如国有企业的软预算约束),其实即使是完全自负盈亏的企业在当时的短缺经济之下,投资需求很大,利息相比较高投资的预期收益可能不构成特别沉重的负担。在此情况下,中央银行应把直接控制的投资信贷额及其增长率作为投资总量调节的主要金融手段。长期以来,中央银行确实采取了这个投资信贷额作为控制指标的政策,而不是仅仅依靠利率这个政策工具。

虽然我们早在90年代初就已经进行了价格并轨,国有企业的"铁饭碗"制度也基本打破,但是厉老师所指出的中国经济所存在的二元性特征以不同的形式却一直延续下来,是任何一个研究中国问题的经济学家需要注意的。首先是国有部门与非国有部门的二元性长期并存,国有部门大约使用了60%的金融资源,贡献了40%的GDP和20%的就业,近年来国有部门在工业附加值的贡献方面还在上升。但是国有部门在经营体制、就业和人事制度、对价格信号和市场压力的灵敏度、贷款的可及性等方面与非国有部门(尤其是民营企业)仍然存在系统的差异。与企业所有制结构相联系的,中国的金融部门对于国有企业和非国有企业的支持力度也存在差异,所以每一次扩张性的货币政策和信贷政策(如2009年的四万亿刺激计划)都是优先向国有部门倾斜,非国有部门获得贷款相对较难。其次,劳动力市场上的正规部门与非正规部门的二元性也长期并存。在1998年"抓大放小"改革之前,劳动力市场的二元性主要体现在国有企业和非国有企业不同的用工制度,体现为就业和工资相对于市场波动的敏感度出现显著不同。2008年中国颁布新劳动法之后,劳动力市场在所有制的差异之外又多了一重的二元性差异,那就是受到劳动法保护的正规劳动合同关系和不受劳动法保护的劳务合同关系,前者对工人的社会保障、福利、就业的稳定性等方面的保护系统好于后者。非正规部门的劳动力绝大多数是进城务工的"农民工",他们较少缴纳"五险一金",合同期限一般较短,因而对市场需求的变动反应非常敏感。当我们使用主流的宏观经济学模型分析中国经济,或者采用宏观经济政策调控微观经济的时候,如果忽略这些二元性特征将会导致极为严重的偏差和误判。

五、对当下的启示和思考

非常有趣的是,与三十多年前厉以宁教授写书的时代背景做一个比较,正好构成鲜明的对照:首先,世界经济进入一个新的发展阶段,经过30年的信息技术的发展,以人工智能为代表的新一轮新技术革命席卷全球,人工智能可能会深刻改变企业的组织形式、市场运行机制以及国家与市场的关系,也会对产业生产方式和收入分配产生深刻影响。20世纪七八十年代,人们已经高度关注信息技术对传统工业部门的就业者所带来的冲击。新技术一方面要求工人具备更高的教育和技能水平,必须重新培训工人,另一方面新技术也会直接替代一部分低技能工人,导致失业。以计算机发展为代表的信息革命也会对传统金融带来冲击,电子支付取代现金和支票支付,如此等等。时至今日,人们讨论人工智能、互联网、物联网、5G网络的发展如何再一次重构传统的产业活动、企业组织等经济社会方方面面,我们也担心重复性强、常规化的工作岗位被 AI 替代,失业问题如何应对,新零售取代传统超市,无人驾驶取代出租司机。一些学者提出了人工智能与人的关系问题,人工智能所依赖的大数据涉及人的隐私保护问题,人工智能也比如带来相当一部分劳动力被替代,人工智能也会改变人和技术的关系。这些都是新课题。这与《体制》一书当时面临的新技术革命的背景何其相似。我们同样面临《体制》一书提出的问题:"如何才能真正让科学技术的进步有利于人的全面发展,而不是把人变成科学技术发展的牺牲品?"厉老师提出以人为本的经济学研究对于我们理解人工智能时代的经济政策一定大有裨益。

20世纪七八十年代逐渐形成的全球产业链和价值链近年来因美国的单边主义政策而陷于困境,以 WTO 为框架的多边主义的全球化面临新挑战。与此相联系,经济学的发展也遭遇前所未有的挑战,2008—2009 年的全球金融危机,尤其是全球化和自由主义政策所带来的收入分配恶化已经使得美国和欧洲对自由主义市场制度高度质疑,民粹主义和极化政治兴起。30 年一个轮回,20 世纪 80 年代初兴起的自由市场主义政策再次受到质疑。

经济学长期以经济效率为核心,帕累托改进的定义对于经济社会变迁的输家补偿只是假想的补偿,并不代表实际的补偿。因此,经济学家以效率标准认可和推崇的许多经济政策其实严重低估了这些政策的收入分配效应。经济学主流理论关于全球化和自由贸易的讨论很少考虑相关弱势群体的损失,或者说对这些输家的补偿性机制讨论不足。贸易和金融全球化确实造成发达国家内部收入分配的严重恶化,也造成了发达国家与发展中国家的鸿沟拉大,这是这一轮"逆全球化"浪潮的基本背景,也是学者和政治家呼吁加强全球治理的一个重要背景。收入分配的极化效应带来了政治观点和政治利益的极端化走向,最终对市场制度形成冲击。今天重读《体制》,我认为关键还是需要把"人"带回经济学的分析,置于中心位置,这在当前如此错综复杂的局面下无疑是极为必要的探索。

中国改革经过40年的探索取得了举世瞩目的成就,但是,距离建立社会主义市场经济体制,还面临许多挑战。改革已经进入深水区,容易改的已经改得差不多了,剩下的都是"硬骨头"。厉老师所强调的"改革的问题仍然需要靠进一步深化改革去解决"的思路依然是正确的,中国仍然需要释放改革的红利,通过"顶层设计"和"摸着石头过河"相结合的方式推进中国的经济改革,建立让市场发挥决定性作用的经济体制。

(周黎安,北京大学光华管理学院)

非均衡分析对中国经济学和中国改革的贡献——读厉以宁老师的经典著作《非均衡的中国经济》

姚洋

在厉以宁老师对中国经济学发展作出的众多贡献当中,他在20世纪八九十年代之交提出的非均衡概念处于核心位置。在初版于1990年的《非均衡的中国经济》这部著作当中,厉老师开创性地把非均衡概念引入对我国转型经济的分析,并形成了关于中国转型经济的新理论和新思想。厉老师敏锐地发现,瓦尔拉斯均衡不是经济运行的常态,非均衡才是常态。在一般的市场经济国家,产生非均衡的原因是市场的不完善,而在中国,还存在另外一个原因,即市场微观主体缺乏利益约束和预算约束。后一个原因成为厉老师关于价格双轨制转型和国有企业股份化改造等方面论述的理论基础。厉老师的核心思想是：如果企业不能摆脱行政约束、成为真正的市场微观主体，那么，其他改革、如全面的价格改革终归是要失败的。利用非均衡这个分析框架，厉老师探讨了我国双轨制经济的运行特征，包括商品市场的配额均衡、供求矛盾、政府调节以及产业结构调整等方面的内容；他还特别注意到经济中存在的滞胀现象，并分析了滞胀产生的原因和解决方案；最后，他阐述了从旧经济体制向新经济体制过渡的基本原则。

厉老师的非均衡思想不仅为我们理解中国经济转型作出了重大贡献，而且是中国经济学发展过程中的一座里程碑。他对中国经济的一些判断，直到今天仍然具有指导意义；他所倡导的非均衡分析，在今天仍然应该是研究中国经济的标准范本。本文首先对厉老师的《非均衡的中国经济》做一个简要的概述，然后讨论厉老师对中国经济学和中国经济转型的贡献。

一、《非均衡的中国经济》概述

厉老师讲课的一个特点是简明扼要、逻辑清晰，容不得学生片刻走神。厉老师演讲更是开宗明义，几乎每次都是以"今天我要讲的题目是……"开头，然后就"一、二、三、四"几点，直击问题要害。《非均衡的中国经济》也体现了厉老师的这些一贯风格。这部著作的覆盖面博大精深，换了其他人，写出来的可能是500页以上的皇皇巨著，但这部著作只有256页（中国大百科全书出版社，2014年版）。这得感谢厉老师简洁的语言和直截了当的论述风格。当然，这是一部纯学术著作，读者需要一定的经济学知识以及对中国转轨经济的一定了解，才能完全读懂它。本文无法全面复述厉老师在这部著作中所作的所有贡献，只能采撷一二,挑出三个最显著的贡献,略作陈述。

(一)解析非均衡的中国经济

在1990年第一版的前言里,厉老师开篇就写道:

如果有人问我:"在你撰写过的若干本关于当前中国经济的著作中,你认为最能反映自己学术观点的是哪一本书?"我将这样回答他:"就是摆在我们面前的这本《非均衡的中国经济》。"(前言,第1页)[1]

由此可见,厉老师对他的非均衡思想是非常重视的。要理解厉老师的非均衡思想,有必要谈一下非均衡概念的由来和厉老师写作《非均衡的中国经济》时的中国经济状况。

"均衡"是经济学分析的一个重要概念,指的是某种稳态;就整个经济而言,稳态就是瓦尔拉斯均衡,即生产和消费达到合意数量,且价格达到稳定的状态;更具体的就是供给等于需求,且价格反映物品生产的边际成本和物品消费的边际效用。尽管均衡只是一个理想状态,现实经济总是会偏离均衡,或顶多在均衡附近徘徊,然而,宏观层面轻微的偏离并不会影响经济的运行,所以均衡分析在多数情况下是有效的。凯恩斯开创了非均衡分析的先河,背景是1929年大萧条之后欧美经济出现了大失衡,经济陷入严重的衰退,失业暴增,政府的反周期措施无能为力。凯恩斯把他的非均衡分析建立在市场刚性(不完备性)上面,如工资刚性阻碍劳动力市场的出清,而流动性陷阱阻碍了利率政策发挥作用。"二战"之后,以需求扩张为特征的凯恩斯经济学受到西方各国的追捧,但是,20世纪70年代,美国发生严重的滞胀,沉重打击了凯恩斯经济政策,为芝加哥货币主义学派的兴起

---

[1] 厉以宁:《非均衡的中国经济》,经济日报出版社,1990年版。

铺平了道路,让其主张在20世纪80年代得到里根和撒切尔夫人的青睐。在学术层面,芝加哥学派为宏观经济学建立了微观基础,并重新引进了均衡分析;尽管非均衡分析(如混沌理论)没有停止,但没有形成对主流均衡分析的挑战(新凯恩斯主义也采纳了均衡分析方法)。

厉老师出版《非均衡的中国经济》的时候(1990),中国经济正经历长、短期两方面的转型。在长期,中国经济处于从计划经济向市场经济的转型过程中,双轨制是这个过程的特征;在短期,我国经济在1989—1991年进入调整期,经济增速放缓,但通货膨胀率仍然较高,出现了"滞胀"的苗头。厉老师敏锐地察觉到,当时的中国经济处于凯恩斯意义上的非均衡之中,而原因可以归结为经济转型过程中的不协调。厉老师把我国的经济体制分成三种类型(或三个阶段),即传统经济体制、双轨制经济体制和新经济体制:

传统经济体制是产品经济体制,这种体制之下所形成的经济秩序是产品经济秩序;双轨制经济体制是新旧经济体制的交叉、并存的过渡状态,这时,产品经济秩序仍然在某种程度上被维持着,而与新经济体制相适应的商品经济秩序则尚未完全建立,或者说,只是处于产生的过程中;而通过经济体制改革以后所建立的新经济体制,将是社会主义商品经济体制,同它相适应的经济秩序是社会主义商品经济秩序(第204页)。

在传统经济体制里,企业不是市场主体,而是听命于行政命令的政府附庸组织,不以利润为运作目标;在新经济体制里,企业自主经营、自负盈亏,成为商品生产的微观主体。传统经济固然具有非均衡的特征,但是,双轨制经济的非均衡是普遍和自发的,因为此时存在旧体制和新体制的天然冲突。在1990年版的前言里,厉老师区分了两种非均衡:"第一类非均衡指市场不完善条件下的非均衡,第二类非均衡指市场不完善以及企业缺乏利益约束和预算约束条件下的非均衡。(前言,第3页)"第一类非均衡就是凯恩斯所说的非均衡,是由市场的不完备——如工资和价格粘性、信息不完善、外部性等——所导致的价格调节无法实现市场出清的状态。第二类非均衡是在此基础上加上了微观主体的非市场缺陷,在这种非均衡状态下,企业无法按照市场价格信号做出适当的调整,因而是比第一类非均衡更差的非均衡。厉老师认为,当时的中国经济处于第二类非均衡之中。"我们应当力求使经济由第二类非均衡过渡到第一类非均衡,然后再使第一类非均衡中的非均衡程度逐渐缩小。"(前言,第3页)

厉老师对第二类非均衡的论述对于我们理解中国转型经济具有划时代的意义,即使是在今天也仍然熠熠发光,后文对此还将做进一步的论述。就转型经济而言,第二类非均衡的意义体现在下面几个方面。

首先,非均衡为我们理解和分析中国的转型经济提供了一个统一的框架。均衡是经济学者研究现实世界常用的分析工具,但是,在非均衡条件下,这个分析工具是不适用的。厉老师提出,以"配额均衡"代替均衡作为分析我国转型经济的基本概念,背后的逻辑是:在第二类非均衡条件下,由于市场的不完善或企业行为的非市场化,价格的调节功能受阻,市场无法出清,从而,政府或市场本身必须用配额的办法让市场强制出清。在配额均衡条件下,我们就不能照搬新古典经济学的模型,而是要构建新的配额模型,这样才能描述转型经济的真实特征,并得到更加接近实际情况的结论。其次,非均衡可以让我们更好地理解转型经济中政府调节的作用和方式。在瓦尔拉斯均衡条件下,政府的作用仅限于二次分配;在非均衡条件下,政府可以也需要进入一次分配,通过一些直接或间接手段调节资源的分配,以期消除或缩小非均衡。厉老师花费很大的篇幅讨论政府调节的方式和利弊,并提出了政府调节的逆效应问题。他的论述对于当下的中国经济仍然适用,后文将做进一步的论证。第三,非均衡分析明确了我国的经济转型路径。如厉老师所指出的,转型的目标是消除微观主体的扭曲,从第二类非均衡过渡到第一类非均衡并逐步缩小非均衡的程度。厉老师强调,双轨制经济下的摩擦主要不是新旧两种体制的摩擦产生的,而是因为微观主体缺乏活力,因此,经济转轨的首要任务是对微观主体的改造。

应当指出,双轨经济体制下所产生的传统经济体制与新经济体制的摩擦,主要不是反映了两种价格的摩擦或两种市场的摩擦,而是反映了微观经济单位本身活力的缺乏以及由此而造成的微观经济单位对两种价格、两种市场的不适应,反映了微观经济单位本身缺乏利益的制约以及由此而造成的交易行为的扭曲。……因此,对于双轨经济体制下的商品市场中的问题,首要的是把微观经济单位改变为自主经营、自负盈亏的商品生产者,让它们适应于两种价格、两种市场的事实,并且通过它们根据自身的利益原则而发挥的自我调节和自我制约作用来缩小商品市场上的供给缺口或需求缺口。(第109页)

在上述论述中,转型经济长期存在是厉老师分析的一个前提条件。事实也是如此,直到今天,我国的经济转型仍然没有完成。尽管价格双轨制已经解除了,但新旧体制共存的双轨制仍然存在,厉老师对于微观主体的论述仍然具有指导经济转型的作用。

(二) 对滞胀的认识

进入20世纪80年代之后,我国经济就一直受通胀的困扰,

1988年的消费者物价水平上升了18%,导致了"抢购潮"。随后,我国经济进入了三年的调整期,经济增长速度大幅度下降,通胀率也下降到5%以下。从这个角度来看,当时我国经济只存在"滞",不存在"胀";但是,厉老师认为,非均衡条件下的一些结构性失衡,可以导致"胀"与"滞"同时存在,其主要原因在于宏观调控与微观主体行为之间的不适应:政府为了达到结构调整的目的而实施宏观调控,但却无法控制消费者和企业的行为,就可能形成滞胀。为治理通货膨胀,政府在调整时期实施了压缩总需求和产业调整政策,一些低效企业被迫关停或转型,这些措施降低了经济增长速度,在短期内也控制了通货膨胀。但是,厉老师认为,通货膨胀在低增长的环境中仍然可能出现,原因在于,居民存款、居民手持现金和企业税后利润分配可能造成需求冲击,抬高价格水平。在低增长环境下,居民通常会减缓支出增长速度,但是,如果他们的预期发生变化,他们也会提取银行存款,改变持币待购状态;另一方面,企业可能会把税后利润过多地发放给职工,从而增加居民的购买力。如果经济的供给能力没有问题,消费增长会拉动供给增长,从而避免通胀;但是,我国经济当时仍然处在短缺之中,居民消费的增加会对短缺产品形成压力,导致它们的价格上升。正如厉老师所总结的:

  由此可见,在存在结构失衡时,如果政府采取了紧缩需求的措施而又不设法缓解居民储蓄存款和居民手头持有现金对市场的压力,不设法阻止它们对市场可能发生的冲击,那么可能的"滞胀"就会变成实际的"滞胀"。同样的道理,如果政府不在紧缩需求的同时改造企业的运行机制,而仍然使企业缺乏利益的约束,缺乏自我调整税后利润使用方式的机制,以至于企业的行为依旧是短期化的,那么"滞胀"的可能性就会变成"滞胀"的现实性。(第17页)

邓小平南方谈话之后,我国经济进入经济增长率和通胀率双高的"热胀"与增长率和通胀率双低的"冷缩"交替时期,但这并不意味着我国经济不存在滞胀的可能性。近些年来,我国经济进入新一轮的调整时期,经济增速大幅度下降,但由于居民和企业储蓄的量很大,发生消费冲击的可能性仍然存在,因此滞胀不是没有可能发生的。事实上,当时如果发生滞胀,更可能的原因是政府过度的结构调整措施与海量的储蓄的结合。厉老师在论及政府调节的时候,敏锐地指出,政府调节可能存在逆效应,而这正是当时部分政府调节措施(如去杠杆)所发生的事情,值得引起我们的注意。

(三)价格双轨制的转型

众所周知,价格双轨制自1984年在城市实施之后,产生了许多问题,其中最大的问题是"倒爷"对于双轨制价格体系的冲击以及由此导致的腐败。在这个背景下,尽快结束双轨制价格成为一部分经济学家和政策制定者的共识。然而,随后政府发起的"价格闯关"导致了1988和1989年的高通货膨胀,我国经济不得不进入调整时期。围绕着价格双轨制转型,学术界和政策界发生了一场大讨论。厉老师是这场争论的主要参与者,与"价格闯关"派学者的观点相对立,他认为,完成价格双轨制转型需要满足一系列条件,而不是价格并轨这么简单。

要理解厉老师的观点,首先要理解他对价格双轨制条件下经济运行规律的描述。首先,厉老师判断,由于存在第二类非均衡,双轨制价格体系可能会存在很长时间。"商品供给缺口之所以会旷日持久,物价上涨趋势之所以不易被遏制,不仅取决于市场不完善,而且更重要的是与企业不能自主经营、自负盈亏有关。"(第147页)那么,在商品供给或需求缺口存在的情况下,经济是如何实现平衡的呢？厉老师为此提出了"配额均衡"这个概念。配额指的是政府的配给。在存在产出缺口的时候，政府可以创造需求配额；在存在需求缺口的时候，政府可以创造产出配额。两者都可以实现配额均衡。这个均衡不是最优的，但足以保障经济处于一个平稳状态，不至于滑向更大的非均衡的混乱状态。在此基础上，厉老师提出了价格双轨制并轨的三个条件：

第一，商品供给缺口是否有所缩小？

第二，企业是否自主经营、自负盈亏，是否受利益的约束与预算的约束？

第三，在价格双轨制存在的时期，政府通过各种调节措施，是否有效地实现了事后的均衡，即配额均衡，从而抑制了物价上涨的势头、使物价上涨率有所下降？（第147、148页）

这三个条件缺一不可。如果一种商品还存在较大的供给缺口，取消双轨制只会导致价格的急剧上涨；如果企业不能对价格做出积极的反应，放开价格就不会刺激供给，从而也会导致价格的上涨；如果政府无法实现配额均衡，则当社会预期发生较大变化并出现囤积或抢购现象的时候，价格也会大幅度上涨。在这种情况下，"价格改革先行"是行不通的。厉老师说："也许，'价格改革先行'可以从理论上说得通。如果我国经济处于第一类非均衡状态中，对这一点，我毫不怀疑。我所感到怀疑的是这种'价格改革先行'方案在第二类非均衡条件下的可操作性。"（第150、151页）换言之，价格双轨制的延续，主要是因为当时我国经济的微观主体，即国企，还没有成为真正的市场主体；放开价格，不会刺激它们增加产量，而是会导致价格的再次上涨。

一般的观点认为，价格双轨制在1994年汇率并轨之后就结束了，因而，厉老师关于双轨制长期性的判断似乎不成立。但是，仔细分析一下过去四分之一世纪的历史，我们就会发现，双轨制一直以一种隐蔽性的方式存在着，而且，正如厉老师所指出的，双轨制之所以存在，是因为国企仍然没有成为自负盈亏的市场化主体。当前的中国经济，金融市场上的价格双轨制是最明显的。国企在金融市场上占据绝对的优势，可以获得廉价且丰富的资金，而民企只能在配给条件下获得昂贵的资金。我国仍然处在经济转轨过程中。由此，我们不得不敬佩厉老师近三十年前的远见卓识！

二、非均衡分析对中国经济学的贡献

《非均衡的中国经济》出版以来，得到中国经济学界的广泛认同，并获得国家图书奖。非均衡分析方法是对中国转轨经济学的重大贡献；今天的中国经济仍然处于厉老师所定义的第二类非均衡之中，因此非均衡分析仍然具有适用性。

从产品定价的角度来看，我国的消费品价格早已完全放开，绝大多数投入品价格也不再受政府的控制，政府定价限定在能源和金融领域。与此同时，劳动力市场走向完善，在国有部门之外，就业和工资都由市场决定，且浮动较为自由。总体而言，我国经济的第一类非均衡的特征大幅度降低。然而，我国仍然没有走出第二类非均衡，原因是国有企业没有成为完全的市场主体，且在资金和市场等领域享受远超民营企业的待遇。另一方面，地方政府始终没有退出经济领域，而且，通过设立地方融资平台大量举债，地方政府控制了相当可观的金融资源。按照厉老师的设想，我国应该先消除第二类非均衡，过渡到第一类非均衡，但现实并没有按照这个设想发展，不得不说是一大遗憾。然而，从另一个方面来看，我们也看到了第二类非均衡概念的持久性，让我们不得不再次对厉老师将近三十年前的远见卓识肃然起敬。

在第二类非均衡下,经济研究必须考虑两个非完全市场因素,一个是非市场主体(国企和地方政府),另一个是市场里的配额均衡。这与新古典范式有很大的不同。在新古典范式下,市场主体是自负盈亏和有预算约束的企业或消费者,且没有任何一个主体具有超出市场范围的权力,因此,个体均衡分析(企业的利润最大化和消费者的效用最大化)是适用的。在第二类非均衡条件下,国企和地方政府不能自负盈亏,也没有硬化的预算约束,利润最大化不适用于对它们的分析。如何刻画国有企业和地方政府的市场行为,一直是困扰中国学者的一个难题。有些学者采用产出最大化,有些学者采用就业最大化,但似乎都不能准确地刻画国企和地方政府的市场行为。另外,新凯恩斯主义方法也不适用于刻画国企和地方政府融资平台,因为这种方法仅仅是引入了市场的不完备(如工资粘性),但仍然假设企业是追求利润最大化的。

新凯恩斯主义方法偏离凯恩斯原意的地方,恰恰是放弃了非均衡分析,代之以市场不完备下的均衡分析。就中国经济而言,一些领域仍然存在新旧体制的交叉,因而不能使用均衡分析,而是要使用厉老师所定义的配额均衡。在当前,金融领域是新旧体制交叉最严重的领域。首先,银行的利率仍然受政府监管部门的限制,银行因此失去了一个给风险正确定价的重要机制;其次,国企和部分大型民企可以享受银行的信誉授信,得到低价的资金,而多数民企没有这样的待遇;第三,地方政府融资平台由于有政府信誉的隐形担保,因而可以从银行或债市获得较为便宜的资金,而且,它们的预算约束很低,在很大程度上成为地方政府的"第二财政"。在这种情况下,占市场多数的民企无法融到足够的资金,对于它们来说,资金需求大于资金供给,因而只能受制于配额均衡。在瓦尔拉斯均衡条件下,市场中有三个内生变量,即供给、需求和价格。由于供给和需求都是价格的函数,通过供给等于价格这个市场出清条件,研究者可以解出价格,从而也解出供给和需求。在配额均衡条件下,市场中多了一个内生变量,即配额,供给等于需求这个市场出清条件不复存在,因而价格也无法解出来。这是我们在研究中国非均衡经济时必须面对的一个难题。一个简单的办法是假设利率是给定的,这样可以直接确定供给、需求以及配额量。但是,现实经济中不仅有正规银行,而且有影子银行等金融中介,因此,这个简单的假设也不适用。

无论采取哪种非均衡假设,我国的宏观经济模型都需要超越新古典框架,在配额均衡的框架下进行重构,这样才能发挥指导我国宏观经济政策的作用。可惜,我们还没有看到很多这样的模型,更谈不上能够获得共识的模型。今天重温厉老师在将近三十年前的著作,我们一方面敬佩厉老师的远见卓识,另一方面也要有紧迫感,把厉老师的思想融入我们的研究中去。

三、非均衡分析对中国经济改革的贡献

厉老师是公认的为中国改革开放进程作出杰出贡献的经济学家之一,他的许多改革思想引起社会的广泛讨论,并最终在政府政策中得到反映。本文只讨论源自《非均衡的中国经济》这部著作的两个改革思想,一个是厉老师关于国企改革的主张,另一个是厉老师关于政府调节逆效应的论述。这两个思想对于当今的中国仍然具有重要的指导意义。

(一)国企改革

厉老师对中国改革的最重要和最广为人知的贡献是他关于国企股份制改革的思想,为此他获得"厉股份"的称号。厉老师

关于国企改革的主张来源于他对我国经济处于第二类非均衡之中的判断以及他关于转轨路径的分析。尽管两类非均衡都导致资源配置的扭曲，但是，第一类非均衡可以通过配额分配实现均衡，而第二类非均衡的扭曲更难消除，且可能扩大，这是因为，企业不是独立的商品生产者，它们不能根据自身的经济利益来组合资源和投入资源，于是任何配额原则（包括市场的优先原则和垄断原则，或者政府的平均原则、目标原则、历史原则），在企业缺乏独立经济利益和不能按自己经济利益进行交易活动的场合都会被扭曲，而与它们本来的含义有较大的出入。不完全竞争下的交易未必能实现配额均衡，货源缺口或市场缺口还可能有所加剧。（第98页）

厉老师论证，在企业还没有成为真正的市场主体的时候，合并双轨价格可能造成价格的轮番上涨。在正常情况下，如果产品价格上涨，产品生产企业就会提高供给，从而抑制产品价格上涨；如果原材料价格上涨，原材料生产企业就会提高原材料供给，从而缓解原材料价格上涨。但是，在第二类非均衡条件下，企业缺乏对市场的反应能力，在产品或原材料价格上涨的时候未必增加供给，如果需求价格弹性较低，则物价会再次上涨。这样，经济转型的路径就一目了然，即应该先把企业转化为真正的市场主体，从第二类非均衡过渡到第一类非均衡，然后再逐步降低第一类非均衡中的非均衡程度。

厉老师对第二类非均衡的分析至今对于我们理解中国经济和改革仍然具有指导意义。经过20世纪90年代的国企改革，我国的经济结构发生了翻天覆地的变化，民营企业和国企一起发展壮大，成为我国经济的中坚力量之一。然而，国企的改革仍然没有完成，国企还没有成为真正的自负盈亏、具有硬预算约束的市场主体，而且国企仍然在资金和市场等方面享受超国民待遇。

目前对国企的混合所有制改革在很大程度上吸收了厉老师的股份制改革思想,但是,混合所有制改革的目标不能停留在股权多元化上,而是要把国企改造成厉老师所说的自负盈亏、具有硬预算约束的市场主体。

(二)政府调节的逆效应

在《非均衡的中国经济》这部著作中,厉老师花费了大量篇幅讨论政府调节和市场调节之间的关系。他首先肯定了非均衡条件下政府调节的必要性,并且指出,政府调节和市场调节之间的关系不应是并列的,而应该同时覆盖全社会,"共同作用于现实经济"(第83页)。在非均衡条件下,政府调节的目标是减少市场中的扭曲,但是,厉老师特别强调,政府调节可能会产生逆效应,即放大而不是缩小经济中的扭曲。在第六章,他具体分析了非均衡条件下出现商品供给或需求短缺时政府调节可能产生的逆效应。尽管这些分析是以双轨制经济为背景的,但它们的结论也可以作为政府宏观调控的基本原则来参考,其中一些真知灼见对今天仍然具有相当的指导意义。

比如,当谈到政府用提高利率的办法抑制需求的时候,厉老师认为:"至少就投资的角度来看,效果是不好的。原因在于:企业缺乏应有的运行机制,再加上资金供给是有限的,所以企业不一定会因利息率的上升而减少对投资的需求。"(第135页)在这种情况下,甚至会出现相反的情况,即在需求被抑制的情况下,高额的利率把供给也抑制了,这与政府希望弥补供给缺口的愿望相左。我国经济长期存在的一个问题是货币的传导机制不畅,导致货币在金融体系内的堆积。厉老师的分析早已告诉我们,其原因是微观主体缺乏自负盈亏的动力。今天,国企仍然不是真正的市场主体,而地方政府又加入大规模举债的行列,两者对资金的成本都极其不敏感,政府如果想通过提高利率的办法抑制投资的扩张就变得非常艰难。

厉老师对政府调节的逆效应的讨论主要集中于政府的宏观调控领域,但是,他所展现的思想可以推广到其他形式的政府调节,包括政府的市场规制和产业政策。在规制领域,政府近年来花大力气推行金融领域的去杠杆和风险防范,其方向无疑是正确的,但是,在度的把握方面却出现了很多问题,导致民企成为去杠杆最大的受害者。尽管中央反复强调要增加民企融资,降低民企融资成本,但现实情况是,去杠杆导致民企融资数量下降,融资成本上升。这完全符合厉老师所定义的政府调节的逆效应,究其原因,是因为没有对我国经济的高杠杆进行细致的分析,也没有对市场进行压力测试,从而没有把握好去杠杆和防风险的度。在产业政策领域,政府的许多补贴政策都事与愿违,造成资源的浪费。新能源汽车补贴就是一个例子:补贴不仅造成新能源汽车领域的严重过剩,而且催生了大量的骗补案件。按照厉老师的思想,我们要讨论的不是要不要政府调节的问题,而是如何实施政府调节的问题,其中的一个关键是把政府调节可能产生的逆效应纳入决策考量。

厉老师的《非均衡的中国经济》为我们理解中国经济和经济转型提供了一个宏大而详尽的框架,其内容非一篇回顾文章所能容纳。本文管中窥豹,对这部著作做了简要的介绍,并着重讨论了非均衡思想对中国经济学和中国改革的贡献。厉老师治学严谨,以学术的视角观察中国经济,以学术研究为基础提出自己的改革方案。他的学术研究不逐名、不逐利,只为学术的进步和中国经济的健康发展。他是几代中国经济学者的楷模。

(姚洋,北京大学国家发展研究院)

厉以宁发展与贫困治理思想述评

高明

1976年,厉以宁恢复了在北京大学的工作。此时的中国,如何在公有制的基础上推动发展,成为决策者和学术界面临的重要问题。厉以宁此前公开的学术著作,仅有20世纪60年代初发表的研究美国反农业危机措施和边疆学派的三篇论文。然而,此后的四十余年,伴随着改革开放的进程,他的著作遍及经济学领域的各个方向,引领了中国经济学思考的方向,也引领了改革的思潮。

回顾近四十年来厉以宁的著作和公开演讲,可以看到,在解决中国现实问题的过程中,厉以宁提出了有别于兰格方案的改革方案,并且拓展了经济学关于发展与贫困问题的认识,建立、丰富和完善了自己的学术体系。厉以宁既有经济学家作为出世的学者的超然,又有作为经济体制改革推动者的济世的努力。他深刻地意识到,在普遍贫困下,贫困问题就是发展问题。因此,厉以宁不是以孤立的视角看待贫困问题。他对贫困问题的关心,是以发展为总体框架的。而对发展的研究,则立足于中国经济处于第二类非均衡的理论洞察。这构成了他研究中国发展问题的理论基础。

厉以宁指出,相对于以市场不完善为特征的非均衡,中国处于市场微观主体缺失的"第二类非均衡"。因此,通过所有制改革重构市场微观主体,是推动中国发展的核心,也应当是改革的起点。以此,在传统的以农业国的工业化为核心的发展经济学的基础上,形成了经济体制转型和现代化问题并存的转型发展理论。所谓转型,即从计划经济体制转为市场经济体制。国有企业和城乡二元体制是计划经济体制的两大支柱。相应地,厉以宁相继提出国有企业的股份制改造方案和农村土地的确权建议。进而,厉以宁分析了二元体制对人和生产要素的束缚以及由此造成的阶层固化和职业世袭问题,并通过对经济史的研究,形成了刚性体制与弹性体制的分析框架。相较于工业和城市,农业的生产率较低,农村的发展较缓慢,贫困人口也往往更为集中。针对城乡一体化的改革,厉以宁强调通过土地所有制创新使得农村市场主体的产生在先,户口制度取消在后。这与主张先进行股份制改造使企业成为市场主体后进行价格改革一脉相承。此外,厉以宁对文化传统等非经济因素非常重视。经济的快速发展使得普遍贫困问题得以解决,中国面临的贫困问题成为区域和家庭的特定贫困问题。厉以宁基于不平衡增长的分析,形成中心辐射为主的中心辐射与梯度推进相结合的区域发展思路,并强调家庭形成内生增长能力时的政府投入。

以下,本文以中国改革和发展为背景,对厉以宁发展与贫困治理思想进行述评。当然,本文仅是我个人学习和研究的体会,并不能完全代表先生对发展与贫困治理的贡献。

一、通过第二类非均衡的提出和分析,创立转型发展理论

传统发展经济学的研究重点是以农业经济为主体的国家如何进行工业化的问题。以张培刚、刘易斯、舒尔兹为代表的发展经济学家分析了农业生产率的提高、劳动力的转移、工农业的协调和贫困人口的收入增长问题。20世纪70年代末的中国,不只是需要从传统的农业社会转向工业社会,其特殊之处在于,还需要从计划经济体制过渡到市场经济体制。这就面临着发展转型和体制转型的并存,是传统发展经济学从理论到实践都没有涉及的双重转型问题。厉以宁无疑同时吸纳了马克思主义政治经济学对经济基础和上层建筑关系的分析和新制度经济学对产权问题的探讨,结合中国面临的现实问题,将体制转型引入发展经济学的研究,创立了转型发展理论。在以凯恩斯为代表的非均衡理论对市场不完善的讨论基础上,提出第二类非均衡,形成转型发展理论的经济学基础。

厉以宁提出,非均衡可以分为两类。[1] 凯恩斯非均衡可以称之为第一类,即市场不完善,价格不灵活,超额需求和超额供给同时存在,需求约束和供给约束同时存在,但参加市场活动的微观经济单位都是自主经营、自负盈亏的独立商品生产者,是标准意义上的市场主体。中国面临的是第二类非均衡,市场不完

---

[1] 厉以宁:《非均衡的中国经济》,经济日报出版社,1990年版。

善,价格不灵活,超额需求和超额供给同时存在,需求约束和供给约束同时存在,但参加市场活动的微观经济单位并非是自主经营、自负盈亏的独立商品生产者,它们缺乏自由选择投资机会和经营方式的自主权,也不自行承担投资风险和经营风险。这样的微观经济单位没有摆脱行政机构附属物的地位,并非标准意义上的市场主体。

基于此,厉以宁指出,同时面临体制转换和经济发展双重任务的转型发展国家,必须从所有制改革开始,重构微观经济基础。所有制改革比价格改革更为重要。由此,便有了这一著名论断:中国经济改革的失败可能是由于价格改革的失败;而中国经济改革的成功,只能取决于所有制改革的成功。[1] 进而,厉以宁分析了双重转型中面临的改善民生、劳动力转移等迫切问题,并给出了答案:失业问题比通货膨胀问题更令人担心,经济增长分析比货币流量分析更有用。以此,厉以宁的分析指明了改革的次序。

计划经济体制显见地全面束缚了中国经济,包括城乡和不同产业。因此,厉以宁认为,经济体制转型是双重转型的重点,要以体制转型带动发展转型。在计划经济体制向市场经济体制转变的过程中,在城市,就是通过对国有企业进行股份制改造,重构微观市场主体,而承包制和以价格改革为主线的改革思路皆存在缺陷。[2] 在改革开放之后的20年间,国有企业改革取得了很大进展,虽然后续仍有艰苦的工作。在农村,取代人民公社制度的是家庭联产承包责任制,以家庭为单位向集体组织承包土地等生产资料,集体所有,分户经营。这在一定程度上调动了

――――――――

〔1〕 厉以宁在北京大学的演讲"经济改革的基本思路",1986年4月25日。
〔2〕 厉以宁:《经济体制改革的探索》,人民日报出版社,1987年版。

农业生产的积极性,解决了农村的粮食短缺和农民的基本温饱问题,对于农村普遍贫困问题的解决产生了巨大影响。但是长期来看,生产资料所有制的改造并没有实行,产权没有界定,农民并未成为市场主体,因而难以取得财产性收入。这同时嵌套着未被改革触及的城乡二元体制。农民的财产、流动等基本权利受到限制,农村的教育、社会保障、公共基础设施投入极不平等。这为厉以宁后续对二元体制、农业和农村问题的分析埋下了伏笔。

二、通过对经济史的研究,形成刚性体制和弹性体制的分析框架

传统发展经济学虽然也重视结构问题,但局限在农业与工业、城市与乡村的经济结构划分上。中国的城乡问题不只是城乡二元经济结构。城乡二元结构是经济和社会发展自然形成的结果,自古就有且各国皆然,相信在一定的发展阶段内还会持续存在。城乡二元体制则不同于城乡二元结构,城乡二元体制是计划经济体制的产物。1954 年颁布的第一部《中华人民共和国宪法》中,公民依然享有"迁徙和居住的自由"。1958 年国务院颁布《中华人民共和国户口登记条例》,政府开始对人口自由流动实行严格管制,明确将城乡居民区分为"农业户口"和"非农业户口"两种不同户籍。1975 年宪法正式取消了有关迁徙自由的规定。城乡的隔离和迁徙限制,特别是使农民处于与城市隔绝的状态,极大地阻碍了经济发展。

城乡二元体制作为计划经济体制的支柱之一,是转型发展必须面对和妥善解决的问题。之前对转型发展问题的对策是城市和乡村分立而各自独立进行的。有鉴于此,厉以宁对城乡二元体制造成的影响进行了专门分析。厉以宁注意到了二元体制

导致的不平等和阶层固化问题。具体表现为,教育的不平等造成了就业的不平等,就业的不平等造成了生活的不平等,生活的不平等造成下一代不平等。作为带来个人奋斗动力的主要原因,社会流动特别是垂直流动渠道的堵塞会致使阶层固化,进一步导致职业世袭。[1] 这无疑成为一种刚性体制。

此时,厉以宁展现了比较经济史研究的深厚功底。通过对西欧资本主义起源的分析,他把封建社会分为刚性体制和弹性体制,把封建社会中的异己力量分为体制内的异己力量和体制外的异己力量,把资本主义分为原生型的资本主义和非原生型的资本主义,并以此对资本主义起源做出解释。厉以宁认为西欧封建社会的体制是刚性体制,在这种刚性体制下出现了体制内的异己力量和体制外的权力中心,从而导致了西欧从封建社会向资本主义社会的过渡。这就形成了关于制度研究的刚性体制和弹性体制的分析框架,并根据此一框架,对我国自周秦以至明清的制度刚性和弹性的交替演进进行了分析。[2] 通过这一框架理解城乡二元体制,深化了对社会主义制度变革的认识。

城乡二元体制的改革显然不只是理论问题,有很多的误解和阻力。厉以宁对三个主要的误解进行了回应,一是城乡二元体制改革将导致社会不稳定,二是城乡二元体制改革会因加重城市的负担而阻碍城市经济的发展,三是城乡二元体制改革是用消灭农村和农民的方法来强制性缩小城乡差别的。厉以宁指出,体制的改革只是提供了更多的机会供农民选择,而不是剥夺农民的选择。提高农民收入,让农民充分享受改革发展的

---

[1] 厉以宁:"缩小城乡收入差距的对策",《中国市场》,2011年第35期。
[2] 厉以宁:《资本主义的起源》,商务印书馆,2003年版。

成果将大大刺激内需,对城市经济的进一步发展有利。城乡二元体制改革会推动城市经济的改革与发展。城市和农村的差别不会因城乡二元体制的破除而消失,工人与农民在职业或社会劳动分工方面的区别也不会因城乡二元体制改革而消失,这些差别的消失也许要经过多年的生产力发展才会实现。改革城乡二元体制需要消除的,是城乡之间阻碍生产要素流动的人为因素,使农民充分享有改革开放的成果,享受同样的社会待遇。[1]

在城乡一体化的推动上,厉以宁主张,首先把宅基地的使用权、承包地的经营权、宅基地房屋的所有权明晰,再随着城镇化的推进,户口制度逐渐合二为一。强调明确权利在先,取消名义差别在后。这与明确企业产权在先,价格改革在后在逻辑上是一致的。[2] 厉以宁认为城乡协调发展应该效率与公平并重,因为农民最大的问题是要解决机会的公平。同时,重视合理发挥政府的作用,包括公共设施投入、农民的职业技术教育、通过小微农业企业贷款增加农民的一次分配收入、通过减免税费负担等二次分配调整低收入者收入。[3] 厉以宁善于在经济史和思想史中总结经验。通过对20世纪30年代初大危机期间英国新古典学派、以缪尔达尔为代表的瑞典学派和凯恩斯学派的就业对策的分析,他认为当前中国要缩小城乡差别,就要加快进行社会保障体制的改革,早日实现城乡社会保障一体化,及早改革城乡二元体制下形成的两种户籍的制度。

---

[1] 厉以宁:"改革城乡二元体制需破除认识误区",《农村工作通讯》,2010年第16期。
[2] 厉以宁:"农村确权在先户口差别取消在后",《新农业》,2014年第19期。
[3] 厉以宁:"缩小城乡收入差距的对策",《中国市场》,2011年第35期。

三、通过对农村和农业问题的分析,提出公有制基础上的产权改造方案

城乡问题的核心在乡。在城市与乡村的二元经济结构中,除了城乡二元体制之外,农村市场的微观权利主体缺失,使得农业问题更加难以处理。承包制是阶段性改革的权宜之计,在国有企业改革从承包制转为股份制或者说所有制之后,农村市场主体的问题也应当引起关注。在城市改革企稳之后,厉以宁将目光转向了农村。

厉以宁很早就关心农业问题。1962 和 1963 年,厉以宁在《北京大学学报》连续发表两篇论文讨论 1933 年之前和 1933 年至第二次世界大战爆发时的美国政府反农业危机的各种措施、演进原因及其对美国经济社会的影响。以 1933 年罗斯福农业调整法为分界,探讨了美国政府从流通领域内的干预转向生产领域内的干预。[1] 并通过后续研究指出,美国农业无法与工业抗衡的原因是其集中程度相对较低。[2]

我国农业与发达资本主义国家的农业分别建立在土地公有制和土地私有制两种不同的所有制基础之上。[3] 早在 1989 年,厉以宁就指出,需要从经济的非均衡状态着手分析我国农业的特点,以判明当前我国农业问题的关键所在,并找出适合国情的

---

[1] 厉以宁:"1933 年以前美国政府反农业危机措施的演变",《北京大学学报(哲学社会科学版)》,1962 年第 3 期。厉以宁:"美国'新政'时期的反农业危机措施",《北京大学学报(哲学社会科学版)》,1963 年第 5 期。
[2] 厉以宁:"从二十年代美国农业史看资本主义农业危机的相对独立性",《北京大学学报(哲学社会科学版)》,1986 年第 23 期。
[3] 厉以宁:"关于农业运行机制的几点认识",《中国农村经济》,1992 年第 2 期。

振兴农业的基本途径。如果把市场不完善与资源供给有限作为经济非均衡的重要标志,农业显然具有较明显的非均衡性质,主要体现在由于产权不明确,农业内部、农业与非农业、乡村与城市之间的资源自由转移都受到限制。

中国面临其他国家大多不存在的市场主体缺失问题,所以中国经济改革不论是城市还是农村都要从所有制改革开始,核心在于明晰产权。考虑到土地公有制已经实行多年,观念深入人心,废除公有制可能带来社会动荡、土地出售转让带来的生产力破坏等不利后果,厉以宁并不赞成以土地私有化作为农业体制改革的关键。在诸多土地制度改革设想中,厉以宁提出国有化基础上的土地个人占有制。国家拥有农业土地的最终所有权,个人作为具体占有并使用某一块农业土地的微观经济单位,可以使用、转让、出租、继承,但无权自行决定变更土地使用性质。厉以宁认为,最终所有权有助于确定土地所有制的性质,而国家的最终所有权与个人占有权的并存有利于土地利用效率的提高,有利于农业生产者行为的长期化,也易于组建合作经济组织和土地流转。[1]

2005年,厉以宁在10省农村做了深入的社会调查,更多地将研究着重在农村和农业问题。厉以宁不是书斋里的学者,对农业的细节非常熟悉。他对农业的建议不只是学理性的,而是具体的。对于农村劳动力流向城市,厉以宁并没有简单使用"剩余劳动力转移"的概念,而是认为农村劳动力转移是农村劳动生产率提高的必然现象。据此,他主张,农村能人外迁,土地承包制长期不变,使用权可以流转,有利于土地集中和实现专业耕作,便于成立专业合作社和农业企业经营。通过推动公有制背

---

[1] 厉以宁:"农产品市场与宏观调节",《农业经济问题》,1989年第2期。

景下农村生产资料如土地、林地等的产权明晰,使得家庭成为小微型企业。

厉以宁特别看重农民的资本收益,或财产收益,即生产资料作为股权的方式,这与他对权利主体的强调是一致的。[1] 然而,按劳分配和按资分配的分法实际上将农民对应于按劳分配,排除了农村按资分配的可能,因为农村没有资产。厉以宁通过理论创新,突破固有理论的禁锢。他将按资分配分成两类,第一类按资分配指跟本人劳动有关系的按资分配,比如职工入股后的分红,股份合作制形式下的分红,都跟本人劳动有一定的关系。第二类按资分配跟本人劳动没有关系,是纯粹的投资收入。并指出,在目前情况下,应当发展第一类的按资分配。厉以宁指出,农民取得资本收益与脱贫紧密相关。贫困地区的农民要脱贫,光靠按劳分配是不够的,必须把按劳分配跟第一类按资分配结合在一起,这样农民既有劳动方面的收入,又有通过股份合作制分红的收入,两者结合在一起,才能较快脱贫。股份合作制、职工入股制等,都是按劳分配加第一类按资分配。[2]

厉以宁对农业发展的见解非常超前。他2000年即主张开设主要农产品的期货交易,以帮助农民了解市场信息,理顺资本进入农业的通道,利用资本市场再筹资加大农业投入,加大农业新技术、新产品改造,提高农业长远效益。此外,他2000年即指出,农业发展要充分利用互联网,以降低交易成本,增加信息量。[3]

---

[1] 厉以宁:"让农民成为市场主体,须推进户籍统一等改革",《决策探索》,2013年第11期。
[2] 厉以宁:"按劳分配和第一类按资分配相结合",《中国改革》,1998第1期。
[3] 厉以宁:"经济学家厉以宁提出资本市场应倾心农业",《领导决策信息》,2000年第16期,第17页。

厉以宁将2008年启动的集体林权制度改革看成是城乡一体化改革的重要组成部分,称为新阶段改革的第一声春雷。[1] 由于林业资源、山区、贫困人口和贫困区域的相互重叠,林权改革将有助于解决贫困问题。

四、对非经济因素的重视和对特定贫困问题的分析

由于制度经济学的渊源,在转型发展的制度设计和市场主体构建之外,厉以宁的发展思想也非常重视非经济因素。厉以宁在"经济人"的分析基础上,也将微观经济主体视为"社会人"进行分析,强调信任、信仰、文化、伦理等非经济因素对人的经济行为的影响。[2] 特别是,厉以宁将道德因素视为市场调节和政府调节之外的第三种调节,提出"第三次分配"的概念,强调道德重整的迫切性和长期性,并对法治、民主与道德重整进行了讨论。[3]

对非经济因素的重视一方面构成了基础的学术贡献,另一方面也体现在厉以宁对特定贫困问题的分析中。转型发展,实际上是在解决普遍贫困的问题。随着居民实际人均收入的提高,普遍贫困的问题得到解决,贫困问题转变为区域和家庭的特定贫困问题。厉以宁对于普遍贫困和发展的观点,看重经济主体的权利。针对特定贫困问题,注重基于理论分析的通盘考虑和有计划的试点,尤其注重实地调研,进行自发实践经验的总结。

首先,针对基于东中西部区域划分形成的梯度推进战略,提

---

[1] 厉以宁:"新阶段改革的第一声春雷:集体林权制度变革",《当代财经》,2009年第1期。
[2] 厉以宁:《经济的伦理问题》,生活·读书·新知三联书店,1995年版。
[3] 厉以宁:《超越市场与超越政府——论道德力量在经济中的作用》,经济科学出版社,1999年版。

出中心辐射为主的中心辐射与梯度推进相结合的区域发展思路。[1] 梯度推进战略是基于区域不平衡理论而产生的。但这种划分方法并不能反映中国的区域类别。厉以宁解释说,在中国地图上,将发达地区、贫困地区、中间地区分别用红色、蓝色、黄色标识,就可以得出与过去完全不同的概念。红色是沿海、沿江大中城市及其郊区,蓝色集中在几省交界处和西部大部分。通过中心城市联网包围农村,可以集中多省力量。在西部大片是蓝,几点红、黄点布其中,所以西部开发的首要问题是培育经济中心。对中国区域发展战略的分析和区域贫困问题的解决思路体现出厉以宁作为经济学家的敏锐。[2]

其次,在协调贫困地区经济发展和环境保护的关系上,强调经济运行机制的作用。厉以宁认为,在传统的社会主义经济运行机制下,靠"输血"不能形成贫困地区的内部积累机制,从而启动经济发展的轮子。唯有把转换经济机制作为重点,扩大资金投入,优化资金投入的方向和结构,提高资金的使用效率,才能创造贫困地区经济发展与环境保护相协调的前提。[3]

第三,对于民族地区等特定贫困区域,提出文化资源整合。通过分析我国民族地区文化资源的基本情况和特征,结合国内外相关的探索实践,厉以宁系统阐释了文化资源整合的概念和思路。进一步,通过对云南楚雄彝族自治州的分析,详细介绍了

---

[1] 厉以宁:《区域发展新思路——中国社会发展不平衡对现代化进程的影响与对策》,经济日报出版社,2000年版。
[2] 厉以宁:"区域发展新思路与中国西部大开发",《华夏星火》,2002年第6期。
[3] 厉以宁:"贫困地区经济与环境的协调发展",《中国社会科学》,1991年第4期。

文化资源整合的路径选择、面临的问题和可能的应对。[1]

第四,以内生增长为基础,强调解决初始投入问题。厉以宁指出,贫困地区脱贫的基础,是真正让境内的生产者成为独立的商品生产者。这其中关键,在于让贫困农民迫切感到学习技术的重要性、能够负担得起学习技术的费用、在技术培训中能够真正学到有用的知识与技能。可行的做法是,由县级以上行政区域内的政府统筹安排。也可以因势利导,发挥企业的作用。[2]

五、结语

厉以宁将经济学研究视为"拓荒",将经济学家喻为"拓荒人"。他说,"许多资料由我们去收集,许多问题靠我们去发现,新领域将由我们去开辟,新道路将由我们去探索,新的解答也将由我们提出。"[3]厉以宁关于发展与贫困治理的思想,拓展了发展经济学对于转型问题的认识,深化了制度经济学和新制度经济学对于产权变革的分析,拓宽了区域经济学关于区域发展战略和解决贫困问题的思路。

从学术研究的脉络来看,作为经济体制改革的倡导者,厉以宁并不是一开始就力图建立完整的经济学框架,而是应需而发,具有典型的经世济民的特点。一方面,直面中国的问题,在解决实践问题的过程中进行理论创新。比如,发展经济学不曾讨论转型问题,而这是当时中国迫切需要解决的。厉以宁提出转型发展理论,以学术创新为经济改革指引方向。另一方面,厉以宁

---

[1] 厉以宁:《民族贫困地区发展过程中的文化资源整合》,经济科学出版社,2013年版。

[2] 郝安民、侯锐:"社会主义市场经济条件下扶贫方式的转变与创新——访著名经济学家、北京大学教授厉以宁",《调研世界》,1997年第2期。

[3] 厉以宁:《关于经济问题的通信》,上海人民出版社,1984年版。

往往给出政策建议,为了说明政策的理论基础和思维逻辑,进而著书立说,以说服学术界、决策者和公众。比如,为说明以企业改革为核心的改革方案,出版数部理论专著作为基础。

总体而言,厉以宁的发展与贫困治理思想有以下几个特点:

第一,重视经济的微观基础,以制度变革推动微观主体的建立。厉以宁意识到中国的制度变革是以政府为主体推动的,因此不论是对转型发展的论述,还是对贫困问题的分析,都特别注意政府职能定位和正确发挥政府作用的问题。厉以宁指出,政府宏观调控在任何情况下都带有局限性。一是政府在不完整信息的条件下做出决策,二是政府在同公众的博弈中通常处于被动的地位。政府要遵循市场规律,不要打乱市场预期。厉以宁对体制转型中的限价政策和配额管理表现出一定程度的"体谅",但明确指出了其局限和可能带来的严重损害,主张通过体制改革使得定价趋向合理。[1]

第二,重视经济和社会的全面和可持续发展。厉以宁认为,经济增长的目标问题是关于通过经济增长建立一个怎样的社会的问题。他很早就指出了国民收入核算体系的局限性,并将社会的平等性、满足人们基本生活需要和自我实现需要的程度、人们享受到的安全感、全社会的道德水平作为评估社会经济发展状况的必要方面。厉以宁的发展思想,并没有因为转型的需要或者增长的紧迫,而妥协于经济结构。厉以宁从一开始就强调中国的双重转型必须重视经济和社会的可持续发展,并将环境保护和结构优化作为经济增长质量的标志。[2]

第三,重视人本身。对人的重视是厉以宁学术思想的底色。

---

[1] 厉以宁:"论中国的双重转型",《中国市场》,2013年第3期。
[2] 厉以宁:"贫困地区经济与环境的协调发展",《中国社会科学》,1991年第4期。

在经济机制和产权改革之外,强调经济主体的权利,始终关注人。厉以宁认为:"经济学研究必须把对人的关心、尊重、培养放在突出位置上。"[1]对人本身的关注,一方面来自学术研究的渊源,另一方面也和他自身的成长和生活经历有关。

厉以宁既是出世的思想者,又是建言、立法的入世的力行者。改革对应的往往是急迫的现状,但作为改革的倡议者,他并不着力于尖锐的批评,而是以平实的分析和务实恳切的建议去推动。读先生的文章,总是点出问题、指出方向,总是充满着希望。

厉以宁对时代敏锐的洞察,基础是深厚的经济学积淀和他一直强调的理论的、历史的和统计的研究方法。他能够将理论世界和现实世界连接在一起,不但有系统的学术观点,也非常重视理论的细节和次序,因而可以在贡献于理论研究的同时为改革和发展提供指引。厉以宁也非常重视经济学的启蒙作用。他曾说:"经济学具有社会启蒙和社会设计双重作用。现代经济学只关注社会设计而无视社会启蒙是不正常的。"[2]因为长期需要说服决策者、学术界和公众,他的论文深入浅出,语言风格明白晓畅,又不失学术的严谨性。这两处都非常不易,但又非常值得我们年轻一辈的学者学习。

(高明,北京大学经济学院)

---

[1] 厉以宁:《体制·目标·人——经济学面临的挑战》,黑龙江人民出版社,1986年版。

[2] 厉以宁:《社会主义政治经济学》,商务印书馆,1986年版。

关于就业与环境问题的一点思考

黄涛

1997年7月,我来到北京大学光华管理学院从事博士后研究,此后留校,长期参与了厉老师的多项课题研究和社会工作。厉老师的言传身教不仅让我在学术方面受益匪浅,也让我知道了如何为人以及如何为师,足以让我体会终身。这里基于厉老师的指导和启发,谈谈个人对就业和环境问题的思考,这是我对厉老师思想的个人理解和体会,不妥之处,尽在我自己。

一、关于就业问题的思考

博士后期间,我就开始参加厉老师主

持的城镇就业研究课题组,对城镇就业问题进行了研究,其成果"中国城镇研究"获得了2002年北京大学第八届人文社会科学优秀成果一等奖(获奖人:厉以宁、章铮、黄涛),同时以"中国的宏观经济与城市就业"为题获得了2002中国高校第三届人文社会科学优秀成果二等奖(获奖人:厉以宁、陈良焜、章铮、黄涛)。

在这个课题研究过程中,以及随后各种场合听到厉老师对就业的各种阐述,让我对就业问题有了一些思考和体会,简述如下。

(一)对我国改革开放以来就业问题的思考

回顾我国改革开放以来的历程,就业在其中一直是全民关注的重要问题,总结其中经验对于经济学研究和未来政策制定都具有重要的意义。

1. 经济发展的优先目标就是促进就业

一直以来,厉老师在各种论述中对于就业作为宏观经济政策目标重要性的强调给我留下了深刻印象。在国家治理中,各种经济目标都具有其重要性,例如经济增长、通货膨胀、进出口贸易、汇率等都是重要的经济指标,就业是其中之一。然而厉老师在分析经济形势与经济政策时一般总会谈到就业,对于推动就业的政策和思路都会格外重视。最初我不甚理解,到现在,我才逐渐体会到了其中的意义。

回顾改革开放之初,我国面临的经济形势中最根本性的问题在于,大量劳动力并没有能参与到现代工业体系中来,处于劳动力严重过剩的发展阶段。当时农村人口占大多数,城镇中也有返乡知青等人口难以找到合适的工作,加上国企中存在大量的冗员,这使得国民经济处于一种"全社会严重非充分就业"状态。这种状态中,即便名义上是某一产业的从业人员,其工作也是不饱和的,收入仅能糊口,并没有能充分发挥其劳动能力,而且全社会大多数人都处于这种状态。

观察其他的发展中国家,落后的发展中国家大多处于这样一种状态。发达国家普遍用失业率来表现就业市场状态,然而用失业率来分析这样的发展中国家就不合适了。以改革开放早期的中国来说,界定哪些人口是失业人口并不容易,在农村从事农业的人口、大量城镇个体户、国企临时工从概念上不能说是失业人口,然而他们当中的大部分没有能够充分发挥其劳动能力,这是因为经济发展不足以让他们完全参与到现代工业与服务业体系中去,只能依靠非充分就业岗位来谋生,这就造成很难有合适的统计指标来描述这样的就业市场。直到现在,我国的城镇登记失业率依然没有足够的代表性,难以反映就业市场全貌。

在这种宏观局势下,经济发展过程中的优先目标就是要长期不断提供足够多的就业岗位,在吸纳新增劳动年龄人口的同时压缩已有就业中的不充分性,让更多的人成为市场经济的充分参与者,让他们的劳动时间更少地浪费在非生产性活动之上。

我国在这一方面取得了长足的进步,在经济发展过程中有效地创造了数亿有效的市场经济就业岗位,使绝大多数人成为了市场经济的积极参与者,充分发挥其劳动能力。

2. 经济增长是促进就业的最有力手段

尽管"唯 GDP 论"到现在暴露出了诸多问题,在新的发展阶段需要进行调整,但回顾改革开放历程,这种全社会对经济增长的追求在历史上确实发挥了强烈的效果。

经济增长创造更多就业岗位,带来更高收入,从而扩张消费需求,进而拉动社会生产,这又进一步提供了新的就业岗位。这种正循环促成了我国经济的快速成长。尤其是 20 世纪的最后 20 年,我国从计划经济时代走出来时物资匮乏,人民生活水平低,对于衣食住行有着旺盛的需求。一旦走上全民谋求经济发展的道路,人民爆发出了空前的活力,经济系统良性循环,保持了长时间的高速增长。

而且对我国有利的是,我国庞大的国内市场保证了增长的内生性。对于小的发展中国家来说,当经济增长时对大多数产品和服务的需求需要通过国际贸易来满足,这会导致需求增长外溢到其他国家,只有少部分通过国内需求拉动国内就业,以至于弱化了经济增长对就业的拉动作用,进而使得经济增长的源泉过于依赖于少数行业,一旦市场形势有变,经济增长-就业之间的良性循环就会被打乱,难以长期持续高增长态势。

在经济学中讨论效率和公平问题时,常常会有"做大蛋糕"和"公平分蛋糕"的两种态度,不同观点往往是在这两种态度的侧重点上有所不同。从我国改革开放历程来看,高速经济增长确实带来了很多的问题,基尼系数的增加,环境污染的加剧,形成当前中国面临的严峻挑战。然而,其中有一个因素是"做蛋糕的人增加",也就是说有效参与市场经济的人口增加,这对于发展中国家非常重要,参与做蛋糕的人越多,通过市场经济获取的劳动者报酬也就越多,也能促使蛋糕做得越大。

中国改革开放以来的经济发展远非一帆风顺,中间遇到了非常多的问题,然而发展带来的问题在发展中解决,借助于长期持续的经济增长,曾经困扰中国的老问题逐步得到了减缓,当然也在不断产生着新的问题。在就业方面,国企改革带来了严重的下岗问题,挤出了过去计划经济时代遗留下来国企冗员这种非充分就业,对社会民生产生了极大的影响,然而借助于21世纪前10年的高速增长,这一问题也得到了有效的缓解。与之相对比,拉美国家、中东地区的政治经济演变就是一个明显的反例,大量没有就业机会的年轻人口会对社会经济的稳定发展形成极大的威胁,从而带来社会的动荡和经济的低迷,陷入恶性循环。

3. 民营经济让中国经济充满活力,也是吸纳就业的主要力量

厉老师在20世纪80年代大力支持乡镇企业的发展,在90年代推动了股份制和中国资本市场的进步,在新世纪强调民营经济在经济发展和吸纳就业中的作用,近十年重视创新创业的发展和创业推动就业的作用。一直以来,厉老师都关注、倡导和支持激活市场主体,让民营经济发挥力量,为此提出了众多的政策建议,在中国改革开放历史中发挥了重要作用。厉老师长期以来坚持要让民营经济得到更为宽松的发展环境,创建北京大学光华管理学院也是致力于通过企业家的培训让民营企业发展更为科学更为顺利。

在这其中,厉老师非常重视民营经济对就业的作用。事实上,中小民营企业是我国市场经济中提供就业岗位的主体。与国有企业相比,民营企业在就业市场上的特点是灵活性,可以根据市场需求来进行劳动力配置。这一方面表现为民营企业在用人机制上更为灵活,更会"不拘一格用人才",而国有企业由于历史和体制原因往往表现出一定程度的就业刚性,当然国有企业的这种刚性也不是没有优点的,当经济下行时国有企业往往有着一种就业稳定器的作用。另一方面中小民营企业体现出快速更新换代的特点,一旦经济系统或者特定行业出现不景气,往往会带来大量的中小民营企业倒闭,而稍有复苏又常常出现大量新注册企业的涌现,通过企业的大规模生灭过程,就业这一要素市场能够快速匹配经济的波动和转型。

中国制造成为中国的一大名片,这很大程度上得益于我国民营经济和就业市场的快速适应能力,一旦出现市场机会,大量民营企业就会应运而生,而一旦市场出现问题,资金、劳动力又会快速向其他方面转移。这是中国经济系统的韧性之所在,中

国经济面临的外部环境发生过多次重大的变迁,从改革开放前的被孤立到改革开放初期的初步融入世界经济,再到20世纪90年代的被制裁,之后加入WTO的全面加入全球化进程,到近期中美经贸摩擦起,中国经济历经风雨,锻炼了社会生产系统和就业市场的灵活性和适应性,这种宝贵的能力需要长期坚持和维护下去。

4. 近十年来,就业的非充分性下降到了临界水平,农村剩余劳动力逐步消耗殆尽,达到了刘易斯拐点,就业市场从规模性矛盾转向了结构性矛盾

在21世纪第一个10年,中国的就业市场逐步发生了变化。曾经珠三角等沿海地区工厂里普通工人的工资十多年没有多大变化,依靠的就是从广大中国农村地区源源不断走出的一般劳动力。到了第二个10年,这样的工人普遍不太容易招到,沿海地区出现用工荒,普通工人的工资发生了快速的增长。以至于沿海出现"腾笼换鸟"这样的政策和现象。到现在,广大农村地区平日里出现了年轻人少见的现象。

种种迹象都表明,中国就业市场已经发生了根本性的变化,从劳动力过剩初步转向劳动力短缺的状态,也就是迈过了刘易斯拐点。以往农村地区是一个劳动力的蓄水池,让没有机会参与到现代工业和服务业经济中的劳动力有一个基本的生活保障,现在这个蓄水池已经近乎干枯见底。

中国的人口趋势也促成了刘易斯拐点的到来,计划生育政策的长期执行使中国人口增长减缓,劳动年龄人口已经进入了下降轨道,人口红利逐渐消失,使得中国劳动力从改革开放之初的严重剩余状态发生了彻底改观。

这意味着中国经济走上了一个新的台阶,也面临着新的挑战。经济新常态正是在这样的背景下提出的,我国经济迫切需

要适应新的国际国内形势,调整思路,转型发展。

在这种情形下,就业市场的主要矛盾逐步从以往规模性矛盾转向了结构性矛盾。以前,经济发展要不断提供足够多的新增岗位以消化剩余劳动人口和容纳新增劳动人口,强调的是就业市场的规模扩大。现在更多的是要解决劳动力结构和产业需求不匹配的结构性摩擦,其中既有大学扩招后高端劳动力市场的扩张问题,也有因为人民生活水平和需求提高导致一些岗位少人问津的问题。

5. 随着我国劳动力价格的上移,中国就业市场受到发达国家上端压制和其他发展中国家下端蚕食的双重压力

中国经济发展使得我国人均GDP脱离了中低收入国家的区域,进入了中高收入国家行业。这意味着,以往中国制造是从低端向上攀升的单方面追赶,现在则成为上端压制、下端蚕食的"夹心层"。体现在就业市场上很明显,作为就业市场主体的中国工人的工薪缩小了与发达国家工人工薪的距离,而开始与大量发展中国家拉开差距。

中美经贸摩擦正鲜明地表现了这一点。美国对中国制造的敌视、对《中国制造2025》的强烈反对正说明,发达国家对我国经济追赶的不满。未来还可能表现为对中国高端劳动力市场的更大压力。而与此同时,低端制造向海外的流出也成为一种趋势,差异仅是在程度和规模上,中美经贸摩擦只是加速了这一趋势。

拉美国家的前车之鉴也予以我们以启示。"中等收入陷阱"正说明,上压下食的夹心层国家如果不能取得突破,就有可能落入经济系统空心化、经济波动剧烈的陷阱之中。究其原因,当劳动力市场无法胜任高端竞争,社会福利需求却向高端看齐,低端劳动力市场又被人均收入位于其后的发展中国家所排挤,那么

经济系统和就业市场都将会处于非常危险的状态,一旦国际国内局势变化即会陷入动荡之中。

以上是我对改革开放以来就业问题的一点思考,对于未来,我个人的观察和思考如下。

(二) 对未来就业发展趋势和问题的思考

进入新常态后,我国经济需要思考"向何处去"的问题,就业也是如此,需要在社会经济大趋势下考察就业问题的发展趋势。

1. 人口老龄化会带来就业市场的巨大变化,劳动年龄人口持续下降,劳动力供求关系逐步逆转,延迟退休大势所趋,劳动人口逐步老龄化

人口老龄化是主导我国长期经济社会发展趋势的重要因素。即便计划生育政策放松,全面二孩政策执行,人口出生率也没有出现大的恢复。未来可预见的趋势是计划生育政策彻底放开,但生育率也很难出现强烈的反弹,未来中国人口发展趋势是达到高峰后逐步下降。

当前,劳动年龄人口已然呈现了下降趋势,加之中国经济越过刘易斯拐点,劳动力总体供求关系已然开始逆转,从以往供过于求的过剩状态逐步转向了供不应求的短缺状态。当然其中存在结构性矛盾,并不是所有岗位都是供不应求,由于大学生比例的增加,高端岗位反而可能会呈现更显稀缺,而一些岗位会出现越来越明显的缺口。

随之带来的就是劳动人口的老龄化,延迟退休会逐步成为全社会实施的普遍政策,养老体系承受越来越大的压力,这会造成社会经济系统的重大转变,也要求社会福利系统进一步改进和完善。

2. 就业结构从金字塔形逐步向纺锤形转变

中国改革开放以来就业结构最初是一种金字塔形,按照工

资福利和劳动强度比例来计算,从高端岗位到低端岗位就业人数的分布是逐渐变大,尤其底座是农村剩余劳动力,曾经是巨大无比的蓄水池。随着改革开放的进程和经济的发展,金字塔的底座逐渐收窄,到目前,农村普遍存在年轻人口抽空的现象,剩余劳动力被现代工业和服务业所吸收。同时新一代年轻人越来越难以接受脏、重、枯燥的工作,明显的例子是沿海制造业难以招收到普通工人,建筑业和工程业的工人年龄分布也越来越向高龄发展。

这意味着就业结构从曾经的金字塔形逐步向纺锤形发展。最高端的岗位谁都想上,却只有少数人有素质和机会得到,一些低收入岗位乏人问津,大量的人口集中在工业和服务业的中端,这就是纺锤形的结构。这种结构是逐步在向发达国家的就业结构靠拢。中国中产阶级队伍正在日益壮大。

这是中国经济发展的成就,与此同时也要接受由之而带来的问题,西方发达国家的状态也能提示我们未来面临的挑战。当低端制造业和低端服务业越来越缺乏人手时,经济社会会自然而然地寻求其解决方案,但也自然而然会带来相应的政策问题和管理问题。例如保姆行业需求巨大,尤其老龄化加深之后,但愿意从事这一行业的人口却是越来越少的,珠三角沿海已出现"菲佣"的身影,还有一些行业也存在类似现象,这会带来了国际人口流动的管理问题。

在可预见的将来,这种低端缺口现象会越来越严重,这会带来国际就业结构的重新变化。随着我国工资水平的上涨,低端制造业已经出现了向国际工资洼地流动的趋向。目前我国是依靠完整供应链、快捷物流来与这种趋势相抗,但当纺锤底部进一步收窄时,十四亿总人口向就业与消费高端移动所需要的动量非常庞大,对我国提出了巨大的挑战。

从西方发达国家的经验来看,所实施的方向主要是"占领高端,中端服务化,低端外部化",希望牢牢把持金融、高科技、创业所对应的高端就业岗位,中端就业岗位依靠只能本地化提供的服务业来满足,低端制造要么外流到发展中国家,要么和低端服务一起依靠合法与非法的低端移民来提供。这也是为什么美国对《中国制造2025》如此警惕,甚至不惜不断扩大经贸摩擦甚至未来扩展到金融战也要加以阻止。

然而,我国的人口规模决定了我们不能完全走西方发达国家的老路。制造业的空心化对我国而言是不可承受之重,仅靠服务业难以提供如此大量的就业岗位。我们曾经走出了有特色的"发展中国家之路",未来就需要探索我国自己的"发达国家之路",也就是说要思考我们要成为一个什么样的"发达国家",否则就会落入中等收入陷阱,永远跳不上去。

3. 信息技术、人工智能、智能制造等高科技提供了就业发展新的机遇

从历史上来看,长期而言,只有工业革命和高科技才是解决人类社会生存发展的根本道路。我国面临的经济社会问题也需要从科技发展中寻求解决思路和方案。

信息技术、人工智能、智能制造等高科技为我国提供了一个难得的新机遇,即"机器代替人"的第二次浪潮。机器自诞生之日就是用来代替人的部分劳动,让人类社会的生产效率得到了极大的提升,现代人类的生活是历史上人们所完全想象不到的。不过以往机器代替的主要是人的劳动器官,是手臂腿功能的延伸,需要在人的操作下进行工作。当前人工智能的发展使得机器第一次可以替代人的大脑,已经出现了不需要人存在的工作现场。这第二次浪潮刚刚兴起,还要长期持续下去,但必然会再一次深刻地改变人类世界。

我国错过了历史上的工业革命，这一次革命我们已经站到了潮头，和美国相去不远，完全有机会走在最前列，这一次我们绝不能再错过了。

二、关于环境问题的思考

厉老师曾经主持 CCICED（中国环境与发展国际合作委员会）下环境经济工作组的工作，我曾有幸参与。此后还参与厉老师一系列与环境有关的课题研究和社会工作，例如厉老师曾担任贵州毕节试验区专家顾问组组长，该试验区是国务院 1988 年批准成立的"开发扶贫、生态建设"试验区，我也曾参与厉老师为其发起的各种调研、会议和培训等活动。在这个过程中，我看到了很多，也学习了很多。

（一）生态环境是大自然予以我国的丰富宝库，必须珍惜和保护，也是人民的需要，经济发展的新要求

厉老师喜欢调研，走遍了祖国各地，其中一些行程我也有幸参与，尤其是一些经济欠发达的地区。走得多了，我逐渐体会到厉老师对环境和生态的重视理由，当看到一些欠发达地区的青山绿水，听到山间老乡的爽朗笑声，就会想到，没有理由不去保持这样的生存环境。

国家现在提倡"绿水青山就是金山银山"，重新认识了生态环境在经济发展中的重要性，这种思路和认知上的转变为生态环境保护提供了依据和背景，也符合我国经济发展上新台阶的需要。

经济系统需要供给和需求的相互匹配。供给和我国改革开放以来的发展历程来看，20 世纪最后 20 年主要是为了解决人民的"衣"和"食"的问题，也就是温饱问题，21 世纪前 20 年重心转

向了"住"和"行",房地产业的发展,汽车进入家庭,拉动了经济发展。"衣食住行"是人类的基本生存需要,人民爆发出来的强烈需求让中国经济保持了高速的增长。

发展到现在,我国人民生活的这些基本需要已经得到相当程度的满足,很自然的一个问题是,人民下一步还需要什么。有一点可以肯定,人民需要有更好的生活环境。以往人们更关注自己小家内生活环境的改善,到现在,人们会越来越关注全社会生活环境的改善。

在这种背景下,生态环境也成为了人们的需要之一。典型的例子是,当PM2.5数值爆表时,全社会都愿意为空气质量的改进付出更多。同时,随着中产阶级的兴起,旅游、异地置产等需要也日趋旺盛,良好的生态环境成为人民生活消费的标的,这也将推进相关产业的迅速发展。

(二)随着全球环境变化的压力与日俱增,生态环境保护与改善成为全球认可的共同价值观之一,也是我国建设"人类命运共同体"的需要

全球变暖成为人类社会面临的重大挑战,不仅仅在中长期形成了重大压力,短期内气候变化也对各国治理提出了新的要求。生态环境保护成为全球人类的共同认识。

我国倡导建设"人类命运共同体",在这种背景下也需要形成生态环境治理方面的思想、框架和体系。当前,贸易保护主义思潮泛起,全球化退潮,各国都面临棘手的治理问题。全球治理结构发生混乱,价值观、安全观正在重塑。在这种情况下,我国需要发出自己的声音,在不确定性显著增加、思想混乱加剧的世界局势中提出自己的倡议。

在环境问题上,欧美对我国逐渐在施加更大的压力。我国

有必要从长远出发,制定长期的环境观念、政策与体系,提出系统化的解决方案,形成有特色的全球环境治理思路。环境观也是价值观的一部分,只有我们有自己明确的环境观和切实有效的环境治理思路,才能在全球价值观重塑中占据重要位置,倡导全人类的未来。

(三)在环境政策上,对于相关产业形成长期的产业规划和扶持政策,根据产业特点制定与状态相关的退出政策,为产业发展提供长期、稳定预期

解决环境问题的根本还在于科技和产业发展,在新能源、节能减排、垃圾处理、大气水土地污染治理等方面科技与产业发展上,我国历来推出的扶持政策起到了极大的促进作用,但也暴露出不少问题。其中最重要的问题是,相关市场往往是"政策性市场",有政策有资金支持就有市场,一旦政策退出、资金减少,相关市场就会萎缩,甚至崩溃。

究其原因,就在于政策缺乏长期持续性,且常常出现突然变化,无法让市场形成稳定的长期预期。这带来一系列衍生问题,市场主体往往短期行为严重,敷衍型、虚假型投入偏多,甚至还会出现作弊、腐败、虚报瞒报等负面行为,典型的如家电下乡政策带来的负面问题等。

与环境相关的产业往往需要长时间的坚持与积累,需要技术的长期研发,需要资金和人才的持续投入。如果扶持政策不予以明确的长期预期,市场主体必然转向短期行为,导致产业的短期繁荣,一旦政策有变,就会导致市场的剧烈波动。这样的情况多了,会加强这种恶性循环,导致国家投入了大量资金却难以催生真正具有竞争力的市场。

因此对于与环境有关的重点产业,有必要制定比五年更长

期的产业规划,坚持长期持续的投入,形成产业稳定成长的条件。其中有一点很重要,应制定与产业状态相关而不是定时性的退出政策。这也就是说,事前确定产业达到何种状态才会启动退出,而不是简单制定固定的政策周期。对此,典型的例子是新能源车的扶持政策。当政策周期固定时,相当多从业者往往根据退出时间倒推制定自己的应对策略,以最快速度达到政策要求,拿到政策资金后就相应制定自己的退出策略,投入不是持续增加,相反更多的是采取一次性短期投入的方式。这往往会带来诸多问题,不利于攻克关键技术难题,不利于产业的长期发展。

如果退出政策能够与市场状态相关,则其退出条件应该是:相关市场可以在政策支持减弱甚至消失的情况下良性发展。举例而言,太阳能、风电扶持政策应该是这一市场可以在无扶持下自行发展,与火电等竞争性能源并存。

只有扶持政策下的市场能给予参与者以长期稳定预期时,才会有市场主体长期稳定投入,攻克一个个核心技术难关,形成真正的市场竞争力。只有这样,环境相关产业才能在政策支持下真正发展起来。

(四)环境保护需要行政政策与市场机制共同发挥作用,相互配合,形成全社会参与的系统性机制

上海等城市开始垃圾分类试点是一个良好的开端,也是一种提示。环境问题需要全民参与和全社会的共同努力。一般而言,解决任何一个环境问题都是一个复杂的系统工程,不是一个环节做好就能改善的,正相反,任何一个环节出现大漏洞都会造成环境改善的失败。

因此环境问题的解决需要顶层设计、行政政策执行、市场主

体参与、全民配合与监督,四者缺一不可。就如垃圾分类,需要有分类回收系统的总体设计、垃圾分类政策与执法检查队伍的法令性或行政性推行、垃圾回收企业的参与、全民的认可配合与监督,缺乏任何一个环节都会导致政策的失败。

当前,全民的环境意识已经觉醒,越来越多人也愿意为环境问题付出,这构成了有利的社会氛围,事实上更常见的是人们想为环境做些什么,但不知道怎么去做。在这种背景下,完全有可能制定更为严格的环境政策、建立更为完善的环境保护体系,然而这种政策需要有一个全社会参与的系统性机制予以支撑,才能达到良好的效果。

(五) 核心科技的投入需要加强,必要时可借鉴举国体制,重点投入

环境问题的解决最终还是需要核心科技的突破,对于新能源等重点领域,核心科技的研发是重中之重,谁能有重大突破谁就能在新时代占据制高点。对此一旦有可行的技术路线,就需要重点投入,必要时可借鉴两弹一星的举国体制,整合全国力量力求突破。

中国高科技发展一直采取的是追赶策略,以缩小和国际发达国家之间的差距。但在新能源等领域,全球都面对共同的问题难以解决,这种情况下就要形成对原发性重大科技创新的支持,不怕失败,重点突破,发挥体制优势,形成真正开创新时代的成果。只有这样,才能支持我国走向伟大复兴。

(黄涛,北京大学光华管理学院)

一生治学当如此,只问耕耘莫问收——厉以宁教授九十华诞有感

龚六堂

今年是厉以宁老师九十华诞,也是老师从教65周年的纪念,是一个值得庆贺的年份。就在刚刚过去的一年,在庆祝改革开放40周年大会上,党中央、国务院决定,授予100名同志"改革先锋"称号,颁授改革先锋奖章。厉以宁获得"经济体制改革的积极倡导者"的荣誉称号。在2019年9月10日教师节大会上,北京大学决定授予厉以宁教授教学成就奖。北京大学教学成就奖本着"以学生成长为中心"的理念,奖励长期在教学一线特别是本科教学一线工作,教学上具有公认一流水平,同时在教学

和科研方面取得重大成果，为北京大学人才培养作出重要贡献，在国内同行中有很高声誉和影响力的资深教师。我想这两个奖项是对老师毕生追求和奋斗最好的肯定。纪念老师九十华诞暨从教六十五周年，很难下笔，正好在2019年老师获得北京大学教学成就奖的时候，我是作为学院的代表介绍老师的成就，介绍材料的题目就是"一生治学当如此，只问耕耘莫问收"，我想对老师的介绍如果简单就是这14个字，我们作为后辈晚学一生当以此为镜。有感而发，以此为题，写下下面的文字。

回想我的经历，1997年从武汉大学获得数学博士后留在武汉大学任教，1998年开始从武汉大学来到北京大学光华管理学院讲课，真正从武汉大学调入北京大学是1999年，一晃进入北京大学光华管理学院已经20年了。北大的20年将影响我一生，不仅人生还是学术上。如今已经年近半百，从事经济学研究，围绕宏观经济管理、宏观经济政策与金融形势研究工作已经多年，但是真正开启我对中国经济的研究，对中国经济政策的关注，把自己的研究扎根中国大地是从光华管理学院开始的。

刚刚从武汉大学来到北京大学时，一个刚走出校门不久的博士生来到了中国经济学研究最好的学校，面临一个全新的陌生的环境。20世纪90年代末期，国内高校经济学的教学、研究环境已经开始和国际接轨，一批海外学有所成的学者回到国内开始了经济学教学，北京大学、清华大学等国内高校纷纷在国际市场选聘优秀经济学博士任教，开始所谓的"海归"时代。我是一个从国内高校毕业，而且不是经济学专业的博士毕业生，压力之大可想而知。而且北大、光华对我来讲是神圣的，虽然充满向往但是充满胆怯。是厉老师的一席话鼓舞了我、让我很快地融入了光华。记得在2001年一次学院的活动（厉老在前些年，每年都多次参与学院组织的各类活动，在新年会与教师集体用餐,现在还特别回味何师母腌的咸肉,每年年末聚会,何师母都会带来自制的咸肉,虽然很肥,但是很香),我照样坐在后面,后来厉老和何师母在203教室外面叫上我,和我的一番谈话增强了我的信心,也打消了我的顾虑。老师首先对我讲了北大光华的包容性。厉老告诉我们,不论你是从那个学校毕业,从事什么专业,只要进入光华管理学院,都会一视同仁的。厉老又给我讲了北大光华的"认同"文化。厉老告诉我,每一个进入光华工作的人都要认同光华的文化,认同光华的理念。这也是厉老一直在光华倡导的文化:对同事、学生需要我们去认同,对学术上的不同观点,同事间的相处要认同,只有认同才能取长补短,才能从不同的学术观点中得到启发,从而成长。厉老师曾经给我们讲了一个故事:在第二次世界大战期间,有一支犹太人来到中国,有一部分来到河南一带,因为中国文化的包容性,慢慢地这些犹太人融入了中国文化,已经与本地文化融为一体,不存在冲突了。对比在世界其他地方的犹太人的冲突频繁,问题根本在于文化的包容性。

从1999年进入光华,跟随厉老师参加了农业产业化、林业产业化、产业结构调整升级、低碳经济发展等研究项目,老师治学的态度影响我一生,从中学习了厉老师对中国经济研究的方法,慢慢地形成自己对于经济学、对于中国经济问题研究的原则。

一、深入调查是研究中国经济问题最好方法

厉老师是我国最早提出股份制改革理论的学者之一,参与推动我国国有企业产权制度改革,主持起草证券法和证券投资基金法,参与和推动出台"非公经济36条"以及"非公经济新36条",对我国经济改革发展产生了重要影响。另外,在国有林权

制度改革、国有农垦经济体制改革以及低碳经济发展等方面作出了突出贡献。如今虽然年事已高，老师仍然坚持在产权改革、股份制改革、企业改革等领域深入研究。老师所有基于中国问题的研究都是通过深入调研取得第一手资料的基础上形成的，这正是习总书记目前倡导的扎根中国大地做研究的精神。厉老师常常讲，通过深入调研、问卷调查得到的数据、事实才是最有说服力和针对性的，才是最具有创新性的成果。厉老师不仅这样讲，更是身体力行。在前些年，厉老师除教学工作和重要的会议以外，每年有一半以上的时间在全国各地进行调研，在此基础上提出自己的观点，这也是为什么厉老师每年两会提案都有新观点，而且是非常接地气。我也从老师的言传身教中获益良多。

中国共产党的十八大以来我国经济从高速增长进入高质量增长，我国正在进行供给侧结构性的改革，其中减税降费、改进营商环境是最近几年的重要工作。特别是改善营商环境，各级政府都已经出台了推进营商环境改进的各种措施。但是，为什么还是出现融资难、融资贵，投资水平改善不明显，特别是民营经济投资水平下降的趋势没有改善？要了解这一问题，坐在办公室看看数据是分析不出来的，需要我们亲自到企业调研，到实地去调研。我所在的民进中央就带队到山西、黑龙江、北京等地进行了多次调研，形成了调研报告。通过调研，我发现我国不同地区，营商环境存在的问题是不同的，需要区别对待。对于北京市，在营商环境方面存在各种问题，特别是在北京市改进支持创新方面还存在不同于其他地区的问题：首先，北京市政府财政支出在研发投入方面近几年呈现了下降趋势。其次，北京市在减税降费方面对高端人才的激励不够。第三，北京市对高端人才引进的瓶颈依然存在。因此，针对北京市加快建设创新科技中心过程中存在的营商环境方面需要改进的问题，我们提出了下面的建议:1. 北京市要持续加大政府在创新方面的投入。2. 北京市要尽快出台个人所得税收返还政策。3. 北京市要利用优质的资源优势综合施策降低人才综合成本。

二、治学一定要有坚持的态度,坚持自己的学术观点

厉以宁一路走来,曾面临过质疑,也遭受过挑战,但他坚定如一。他曾经说:"作为读书人,总有些正心、齐家、改善人民生活的想法,这是我坚持至今的动力。"正是厉老师的初心成就了厉老对于自己学术观点、学术研究的坚持,我们的学术研究也应如此。在改革开放初期,厉老就提出就业问题是中国市场经济的重要问题,但是在当时的环境下还不被人们理解,但是。厉老师一直坚持就业问题的研究,最终解决就业问题作为我国经济增长的重要目标之一。

回想自己的学术研究,在很早以前,2002年我就开始关注国有资本划拨社会保障基金的基础性研究,这是在当时学术界还没有多少讨论的问题,我们没有放弃,我指导博士生在理论上进行了深入研究,从理论上指出:国有股权型社会保障政策可以促进年轻人对资本积累的贡献,增加经济的均衡产出,提高年轻人和老年人的消费水平。同时研究了最优社会保障基金持有国有股的比例,随着划拨率的不断提高,社会福利水平出现先增长后下降的趋势,因此存在着使社会福利极大的最优的划拨率水平。在最近的研究中,我们也分析了国有资本收入划拨养老保险的比率对人力资本积累和经济增长的影响。这些理论的研究为政策制定提供了依据,最近的国务院文件终于把这个政策落实:国务院决定,在境内证券市场实施国有股转持,即股权分置改革新老划断后,凡在境内证券市场首次公开发行股票并上市的含国有股的股份有限公司,除国务院另有规定的,均须按首次公开发

行时实际发行股份数量的10%,将股份有限公司部分国有股转由全国社会保障基金理事会持有,全国社会保障基金理事会对转持股份承继原国有股东的禁售期义务。

另外,关于民营经济改革方面的研究,习总书记在2018年的民营企业座谈会上发表了重要讲话,总书记在讲话中充分肯定了我国民营经济的重要地位和作用,同时提到了要正确认识当前民营经济发展遇到的困难和问题。如何解决这些困难和问题是政府部门和学者需要探讨的问题。但是,没有很好的数据可以让我们利用,我们花了将近两年的时间,利用上市公司的年报,结合多个数据库和网络搜索信息,构建了一份完整记录中国上市公司参股股东性质的数据库。通过这个数据库,考察了国有参股、民营参股对企业的经济绩效的影响;同时,还考察了国有参股和民营参股对企业绩效影响的作用渠道;最后,我们也研究了国有参股与民营参股对企业绩效影响的地区差异性。

我们的研究发现:第一,我们发现了参股股东对经济绩效的影响表现出的一种"互补"特征,参股股东在异质性控股企业对公司绩效的影响更为积极。即国有企业参股到民营控股企业,民营企业参股到国有控股企业更有利于企业经济绩效的提高。参股股东可以弥补异质性控股股东的不足,从而改善公司绩效。这种"互补性"意味着"混合所有"是一种较好的股权结构。这些实证结果从企业微观层面上支持了混合所有制改革,我们的研究大样本数据的支持"混合所有"股权结构的实证文章。第二,我们的研究发现"混合所有"对企业绩效改善的公司治理效应和弥补市场不足的效应。首先,国有企业内部管理的市场化水平不足,民营参股有可能加强国企的激励水平并强化利润目标,从而改善国企绩效。其次,民企可能面临着税负和融资环境的非公平待遇,而国有参股的"政治"属性可以补充民营资本的不足;

不过国有参股反而可能加重国企的政策负担。第三,我们的研究也发现了混合所有制在不同的市场化水平的地区作用有差异性,在市场化水平更低的地区,"混合所有"的股权结构对公司绩效的改善可能更为显著。

三、做一个有心的人,把学术问题随时转化为解决中国经济问题的重要政策

厉老师经常和我们讲,要把学术问题和现实经济问题结合起来,做一个有心的人,这样学术研究才能更有生命力。我一直在从事财政政策方面的研究,也关注中国的财政政策的改革,在最近几年的财政政策改革中,"营业税改征增值税"是我国税收制度的重大改革,对中央政府与地方政府的关系,居民的福利、收入分配,企业税收负担和企业生产经营行为等都会产生重要影响。很多研究都是从营改增对企业的税收负担进行研究,但是我们深入研究后发现"营改增"有价格(成本)效应和收入分配的效应:"营改增"后,城镇各收入组家庭的人均税收负担的绝对额和负担率都呈一定程度的下降。从"营改增"前后的 MT 指数来看,现行征管能力条件下"营改增"后的税收制度略微改善了收入分配的状况。但是一旦税收征管能力大幅提升,由于增值税的累退性较强,完全可能加剧居民税收负担和恶化收入分配。因此,我们提出了由于增值税具有累退性特征,"营改增"后的税收体制仍然是不利于收入分配的,应该进一步配套实施个人所得税改革,积极发挥个人所得税的收入分配调节作用,未来在保证财政收入可持续性的条件下,应该适当降低增值税税率,减少增值税税负。我们发现这个结论后,提出了相关的政策建议。

四、在学术研究中要不断创新,关注新的问题和新的技术对经济的影响

厉以宁目前虽然年事已高,仍然坚持在产权改革、股份制改革、企业改革等领域深入研究。他说,中国经济在继续前进,对世界的影响力越来越大,一定要回忆这一路是怎么走来的,这样才能把经济建设搞得更好。特别是在产权改革和产权保护领域还有很多工作要做。"我们一定要登高望远、居安思危、勇于创新、永不僵化、永不停滞。"近年来参与了厉老师多名学生的指导工作,从厉老给每个学生的具体指导过程以及给出的研究建议我看到,厉老师在持续思考新型城镇化、小城镇建设、乡村振兴,民营企业的发展等问题,对于每个问题厉老师会找学生从不同的角度进行研究。如从金融支持、财政政策、产业政策等不同角度进行分析,并把每个问题分析透彻。

厉老如此,我更加应该保持学术上不断创新。目前,人工智能是会对未来经济社会产生重大影响的技术变革,如何在经济分析中把它刻画好是一个非常重要的问题,也是宏观经济研究必须要重视的问题。如:人工智能对劳动力市场的影响,对宏观经济政策的影响等等都必须关注。历史上,新技术的发展都会引起经济学家的讨论。20世纪30年代,凯恩斯预测新技术的引进会提高人均收入,但也会替代劳动引起技术性失业。1952年,里昂惕夫也考虑了同样的问题,认为正如20世纪早期的技术进步代替马,使马变得多余一样,越来越多的工人会被机器替代。1965年,经济思想史学家海尔布罗纳断言当机器承担越来越多的社会工作时,人类劳动会逐渐变得多余。但是20世纪的历史发展表明,凯恩斯关于引进新技术会提高人均收入的预测是对的,但是引进新技术并没有导致技术性失业。随着云计算、大数

据、机器学习以及移动互联网技术的发展,人工智能的发展又掀起了一次浪潮。我们最近的工作开始关注人工智能的替代、互补与创造作用,建立一个包含人工智能的两部门结构变化模型,来讨论人工智能如何影响劳动力市场和产业升级。模型中有制造业部门和服务业部门,在每一个部门内部,均有三类劳动者,分别对应技能高中低。根据阿西莫格鲁和雷斯特雷波2018年的研究,我们假定在制造业部门,人工智能可以替代各种技能的劳动,并会创造出高、中技能劳动具有比较优势的新任务,我们称结合人工智能和高、中技能劳动进行生产的新任务为新产业。但是在服务业部门,我们假定人工智能只能替代提供常规性服务的中、低技能劳动,并会创造出高、中技能劳动具有比较优势的新任务,同时有些需要陪伴和交流的中、低技能劳动人工智能并不能替代。我们称不能被人工智能替代的服务以及人工智能新创造的任务为优质服务业。我们假定低技能劳动可以跨部门从事同样技能的生产,但是中高技能的劳动不能跨部门流动。

从总体上来看,人工智能均会提高两部门的劳动生产率,经济增长率提高,国民收入水平提高,从而增加对两部门产品的需求。由于对制造业及部分服务业低技能劳动生产产品存在消费的餍足效应,收入增加以后,相对而言,家庭户会相对增加对两部门新创造出任务的需求,这会导致两部门产业升级。而两部门产业升级会导致人工智能创造新任务的速度快于其替代速度,从而导致两部门对中高技能劳动需求的增加,部分低技能劳动还会从制造业部门流向服务业部门,这导致中高技能劳动的收入增加,服务业中提供交流陪伴服务的中低技能劳动的收入也会增加。收入的增加会进一步扩大对两部门产品的需求,从而形成一个收入扩大—产业升级的良性循环。

上述逻辑并没有考虑产品相对价格的变化,人工智能结合高、中、低技能劳动生产均会降低所生产产品的价格。但是当收入增加以后,需求更多偏向于新创造出的任务,在短期内会提高两部门新创造出的任务的价格。但是随着人工智能的深化,两部门新创造任务所生产的产品价格会相对下降,这会进一步增加两部门新创造出的任务的需求,从而增加中、高技能劳动的收入和服务业中提供交流陪伴服务的中、低技能劳动的收入。收入的增加会进一步扩大对两部门产品的需求,从而加强了前述的良性循环。

劳动生产率效应和相对价格效应导致两部门新创造任务需求相对增加,从而产业升级,中、高技能劳动的收入和服务业中提供交流陪伴服务的中、低技能劳动的收入增加。同时由于在新创造任务的生产中,人工智能资本和中、高技能劳动互补,在两部门产业升级过程中,人工智能资本深化不断加深,这会提高优质产业中、高技能劳动的边际产品,进一步提高其收入,从而又会加强前述良性循环。

值得注意的是,服务业中提供交流陪伴服务可以为被替代低技能劳动提供就业,如果被替代的低技能劳动流动成本很高,则会引起被替代低技能劳动收入降低。此时,可以对中、高技能劳动收入课税并转移给低技能劳动以实现总体社会福利的改进以及产业升级。

与厉老师在一起学到的还有很多。如厉老师还教育我们遇到困难的时候如何面对。做学术难免会遇到各种不同的困难,但是在困难面前如何面对,厉老师教育我们以平常心对待,"世上何处不桃源""缓流总比激流宽",这是厉老对人生的态度,也是我们在未来工作中应秉承的态度。

(龚六堂,北京大学光华管理学院)

厉以宁先生的开放经济观

隆国强

改革开放是决定当代中国命运的关键一步。对外开放是中国的基本国策,过去40年,中国从一个相对封闭的经济体转向一个相对开放的经济体,不断融入全球经济体系,取得了引人注目的成就,中国已经成为世界排名第一的货物贸易大国、排名前三位的服务贸易大国、吸收外资大国和对外投资大国,成为经济全球化进程中发展中国家中的少数"赢家"之一。如果把中国40年经济发展奇迹比为一部鸿篇巨制的话,对外开放毫无疑问其中最为精彩的一个篇章。

厉以宁先生的治学，紧紧围绕国家发展的重大问题，始终为中国经济发展出谋划策，不遗余力地为改革开放鼓与呼。开放经济的研究，是厉以宁经济思想体系中的一个重要部分。了解厉以宁先生的开放经济观，对于全面学习理解厉以宁经济思想，是不可或缺的重要内容。

一、坚持对外开放，注重防范风险

党的十一届三中全会拉开了我国改革开放的大幕。但是，由于长期处于计划体制和封闭经济状态，中国是否要实行对外开放？如何开放？开放到什么程度？这些问题一直伴随着中国对外开放的进程，学术界也存在不同的观点。

厉以宁先生是对外开放的支持者。1989年厉先生在香港大学访问时，发表了"中国外贸体制改革和发展外向型经济问题"的演讲，演讲稿发表于《社会科学辑刊》1989年第四期。在演讲中，厉先生开篇即将当时我国国际贸易发展的状态与亚洲"四小龙"进行了对比，从对比中看到中国外贸发展的不足，引入其对中国发展对外贸易与外向型经济发展的分析。

厉先生明确指出，"发展外向型经济是必要的，也是可行的，但需要一定的条件"。在全国范围以基本内向型经济为主的前提下，我国可以根据实际情况，建立某些地区（主要指沿海地区）的外向型经济。为什么要在沿海地区发展外向型经济呢？厉先生从理论上谈了沿海地区发展外向型经济的意义。当时，我国经济中同时存在着社会总需求大于社会总供给、国际贸易支出大于国际贸易收入的现象，要找到一条使内外均衡（国民收入均衡和国际贸易均衡）同时实现的途径，发展沿海地区外向型经济就是这一条路径。在沿海地区利用进口原材料和本地多余劳动力生产出口商品，增加外汇收入，将外汇收入一部分用于弥补国际贸易逆差,一部分用于进口商品满足国内需求,缩小国内总供求差额。

厉先生同时还指出,在全国范围内实行基本内向型经济和部分地区发展外向型经济的格局中,出口可以带动经济增长。第一,利用出口增加所取得的外汇收入购买本国经济发展所需要的技术设备和材料,满足经济增长需要。第二,把资源更多地配置到有经济效益的出口部门,必然会带动经济结构的调整,从而促进国内经济增长。第三,出口部门将把国际经济和技术的新信息传递到国内,对整体经济发展有利。第四,通过出口换取的进口商品,可以诱发新需求,吸引个人把持有现金投入市场,或动员企业追加投资,从而促进经济增长。

在中国加入世界贸易组织(WTO)之前,国内对加入 WTO 的利弊得失开展了深入的讨论,形成了不同的观点。厉以宁先生从国际经济形势变化大趋势入手,分析了加入世界贸易组织的机遇与挑战。"科学技术迅速进步,科研成果转化为现实生产力的时间间隔不断缩短,市场竞争程度加剧,公司经营全球化已引起各国企业界的关注,国际资本市场与货币市场日益完善与发展……任何一个国家如果不能适应这种变化,不能利用国际的先进技术与资本市场、货币市场,都会赶不上形势,都会落伍,本国同国际先进水平的差距也会越来越大。中国正在努力建成一个现代化的国家,加入世界贸易组织不仅符合实现现代化的目标,也是实现现代化的迫切需要。"[1]厉以宁先生旗帜鲜明地支持中国加入世界贸易组织,把中国加入世界贸易组织看作一个机遇。

---

[1] 厉以宁:"加入 WTO:我们面临的机遇和挑战",《群言》,2000 年第 2 期,第 13—14 页。

在坚持对外开放的前提下,厉以宁先生也特别重视防范对外开放带来的风险。例如,在分析中国加入世界贸易组织的影响时,他强调扩大开放是机遇与挑战并存,在肯定加入世界贸易组织是机遇的前提下,他也指出,金融业、商业、加工制造业、通信业和农业等原本处于被保护地位的行业可能会受到冲击,因此,要在过渡期内采取有效措施,应对挑战。一是加快国有企业改革,使企业体制能够适应国际竞争的要求。二是大力开展市场营销工作。三是加紧进行农业结构调整与产品质量提高工作。四是加快政府职能转变。

又例如,2008年全球金融危机后,国际金融市场动荡,国际经济格局发生深刻变化,中国国际收支顺差占比高,外汇储备居于世界首位,外汇储备的保值增值成为一个重要问题。在这一背景下,厉以宁先生撰写了"对国家外汇储备安全的思考"的文章,就应对经常项目和资本项目失衡提出了多方面的对策,并提出了需要深入研究的一些理论与政策问题,如人民币升值的最佳节奏、最优外汇储备规模、外汇储备的质量指标等。

二、立足大国国情,构建开放战略

对外开放是一个国家走向繁荣的必由之路,不开放就是死路一条。这充分说明了在经济全球化背景下一国实行对外开放战略的必要性。过去40年,中国对外开放取得了世人瞩目的巨大成就,进一步坚定了我们扩大开放的信心。

从全球比较的视角看,世界各国开放水平不同,由封闭到开放,构成了一个类似光谱的"开放谱"。不少国家的开放程度其实高于中国,但其对外开放所取得的成效却远不如中国。世界银行曾经评估道,中国是全球化进程中少数几个发展中赢家之一。在开放进程中,有些国家非但没有抓住机遇,甚至未得其利先受其害。

是什么原因导致这种国家开放效果的巨大差异呢？根本原因是开放战略与相应的体制、政策的差异。第二次世界大战以后，和平与发展成为时代的主题，面对经济全球化不断深化的大潮，不同国家在对外开放领域做了不同的探索。拉美国家总体上采取了进口替代的战略，在早期取得了较好的发展业绩，但自20世纪60年代末70年代初开始，这一发展模式的不足逐渐暴露，拉美国家先后出现了国际收支失衡、外汇危机、恶性通货膨胀甚至社会动荡。与之不同的是，以日本为首、亚洲"四小龙"追随，采取了出口导向的发展战略。出口导向战略在初期难度相对较大，但一旦突破瓶颈，后续发展相对比较顺利。到20世纪90年代，世界银行将东亚这几个经济体的发展称为"东亚奇迹"。

计划体制下中国也是采取进口替代发展战略，与拉美国家有共同之处，但比拉美国家更为封闭。当1978年中国实施对外开放政策时，东亚出口导向的经验自然成为我国的借鉴。到底如何学习借鉴亚洲"四小龙"的经验呢？是全盘实行外向型经济还是部分实行外向型经济呢？20世纪80年代，国内学术界提出了"国际经济大循环"理论，发展战略上提出了"发展外向型经济"的观点。

厉以宁先生敏锐地观察到了中国与亚洲"四小龙"的不同，即中国是一个大国，幅员广阔，人口众多，随着收入水平的增长，国内市场容量越来越大。因此，他明确提出，不赞同"国际经济大循环"理论。在发展战略上，主张"从全国范围来说，我国应当建立的是以基本内向型为主的发展模式"。在此前提下，可以根据实际情况，建立某些地区（主要指沿海地区）的外向型经济。在这些地区面向国际市场进行生产，从国外进口原材料、设备，供生产出口品之用，或者利用国内的原材料、设备，加工生产出口商品。

他认为,发展外向型经济需要至少三个条件。一是有一支较熟练的技术工人队伍;二是动力和交通运输条件较好;三是了解国际市场情况,同国际市场的联系密切,生产出来的商品适合国际市场需要。

关于如何发展外向型经济,厉以宁先生在充分肯定鼓励政策的同时,特别强调指出,"外向型经济发展的最重要条件是经济体制问题,而不是政策问题。"为什么呢?厉先生分析指出,因为通过经济体制的转变,沿海地区的企业将从内部产生自我成长、自我约束的机制,企业将增强活力,自己努力适应外部市场的变化;通过经济体制的转变,生产要素在产权明确的前提下,可以自由流动,自由组合,生产要素的潜力可以充分发挥出来;通过经济体制的转变,政府不再直接管理企业,政府主要根据市场供求状况,用财政金融措施来调节经济,凡是市场能做的,政府就不必代劳了;特别是,经济体制转变以后,人的因素的重要性提高,企业家和工人都能够发扬积极主动精神,外向型经济的发展就能够有新的突破。

改革开放后,我国对外贸易快速增长,特别是中国加入世界贸易组织后,中国出口潜力加速释放,进出口贸易超高速增长,为经济发展作出了重要贡献,中国经济的外贸依存度在2006年达到了64.24%的历史高位,明显高于美、日等其他大经济体。2008年全球金融危机爆发后,我国经济增长受到外部冲击。厉以宁先生认为,这暴露出中国高度依赖出口的经济模式存在的问题。2001年,厉以宁先生撰文提出,"我国应及早摆脱高度依赖出口的经济模式"。[1] 厉先生分析道,能增加出口,并不是坏

---

[1] 厉以宁:"我国应及早摆脱高度依赖出口的经济模式",《IT时代周刊》,2011年第1期,第16页。

事,即使在今后,我们也应该重视出口贸易,需要继续开拓国际市场。但较大程度依赖出口却不是好事,因为这很容易使我们受制于人、受制于其他国家的政策变动、受制于国际形势的动荡不定。更何况,在过去这段时间内,中国的出口中有相当多的产品全凭劳动力成本低廉,而企业盈利空间则是非常有限的。此外,还有一些出口产品是高耗能型的,它们在生产过程中消耗的是中国的能源,污染留在中国,因此对我们来说是得不偿失的。

综观厉以宁先生数十年来关于开放战略的论述,不难发现,厉先生始终坚持对外开放,始终从中国大国经济的特点来思考中国对外开放的战略,强调大国开放经济与小国开放经济的不同,坚持内需为主,不过度依赖出口。2018年,中国经济外贸依存度降至33.9%,比2006年的高点降低了30个百分点,经常项目顺差占GDP的比重也从2007年10%以上降到2%以下,中国更多地表现出了大国开放经济的特点,这些指标的变化,在一定程度上印证了厉以宁先生的主张。

三、重点研究开放经济的宏观平衡

大多数关于开放经济的研究,局限于开放经济部门的研究,如对外贸发展、利用外资、工程承包与劳动出口、汇率与国际收支等问题的研究。厉以宁先生关于开放经济的研究,一直是把开放经济部门放在国家发展战略和宏观经济的视角下开展研究,是独具特色的研究视角。

高度重视宏观经济的内外平衡的研究。宏观经济管理要实现四大目标,即就业目标、增长目标、物价稳定目标和国际收支平衡目标。厉以宁先生对开放经济的研究,始终放在宏观经济平衡的视角下,从他几篇研究开放经济的代表性论文的标题,就可以看到这种研究取向:"论外汇平衡与社会总需求—社会总供给平衡的关系""外汇平衡问题的宏观研究"。早在1987年,厉先生在"论近期国民经济管理的协调"一文中,开篇即提出投资需求、消费需求、国际收支方面的"并发症"问题,明确指出了内外经济政策协调的重要性,他指出,国内经济政策的调整,可能影响出口企业的国际竞争力,也可能影响到外资的流入,而涉外经济政策的调整,也会影响到国内经济活动。他提出:"以实现单一目标为内容的国民经济管理正在被多目标下的国民经济管理方式所代替。"多目标协调作为一种政策指导思想,不能仅仅考虑就业、物价、国际收支的任何一项,而必须统筹考虑。只考虑国内经济关系而忽略了对外经济关系,固然不对,只考虑对外经济关系而忽略了国内经济关系,也是不对的。

高度重视外汇平衡的动态调节。厉先生强调,外汇平衡作为国民经济管理的一项目标,具有相对的、动态的意义,绝对的平衡是实现不了的,静态的平衡只能供纯理论分析之用,在实际工作中能够实现的是外汇相对的、动态的平衡。为了实现这一平衡,可以采取先收入外汇,再支出外汇,然后再收入外汇的方针,即增加出口,增加外汇收入,花外汇引进国外先进技术,装备企业,增强出口创汇的能力。因此,关键在于外汇使用必须以引进先进技术为主,如果长期把大部分外汇用于进口消费品和零部件,组装成品内销,就会导致外汇失衡。他强调,不能仅仅从某一个时期来考察,而必须联系下一个时期或者再下一个时期的平衡关系来考察,只要国际条件许可,就应当积极地利用国外资金,引进先进设备,即可以不受当年商品出口收汇或非贸易净收入总和的限制,允许贸易上有逆差,以引进外资来弥补差额,增强未来出口能力。目前的贸易逆差是为了将来的顺差,逆差贸易作为手段,扩大出口能力才是目的,这样不仅有利于维持经济稳定,而且有利于经济的持续增长。

坚持从宏观经济平衡的角度出发研究汇率调整。调节国际收支平衡的基本政策工具是汇率。厉以宁先生强调,汇率调整的决定应该在对汇率变动的宏观经济效应进行综合分析的基础上进行。例如,汇率贬值对出口的影响,要充分考虑出口结构的构成,初级产品的出口价格弹性较低,如果初级产品在出口中占比高,汇率贬值对出口推动的效应就会打折扣。另外,还要充分考虑国际市场的需求、国内资源的限制等。也要统筹考虑汇率变动对服务贸易的影响,国际旅游收入在早期曾经是我国服务收入的重要组成部分,汇率贬值可能导致来华游客人数增加,但每位游客所花费的外币却会减少,因此汇率贬值未必会增加多少旅游收入。从汇率变动对投资的影响看,汇率贬值固然有可能吸引外资流入,但也可能使外国投资者产生观望心理,暂停资本流入,甚至会使某些外国投资者因人民币贬值而感到投资所经营的获得减少,从而不愿意投资。总之,要综合研判汇率变动对国际收支的效应。国际收支只是宏观经济目标中的一个,还要分析汇率调整的其他宏观经济影响,分析汇率调整对就业、通货膨胀和经济增长的影响。汇率调整不仅要分析其宏观经济效应,而且要把握好时机,至少要考虑三个关键性条件,一是原来的通货膨胀率,二是国内资源供求状况,三是国际市场环境和国际经济变动趋势。[1] 在通盘考虑下,确定汇率调整的方向、幅度与时机。

宏观经济管理要坚持具体情况具体分析。例如,在"论近期国民经济管理的协调"一文中,厉先生按照投资供求关系、消费供求关系和国际收支的关系,分成了 20 种不同情形讨论宏观经

---

[1] 厉以宁:"论汇率调整时机的选择",《经济学家》,1991 年第 1 期,第 31—37 页。

济政策。在"论外汇平衡与社会总需求——社会总供给平衡的关系"一文中,分三种情况来讨论"出口带动增长"问题,分别是"外汇支出大于外汇收入,但社会总需求小于社会总供给条件下""外汇收入大于外汇支出,但社会总供给小于社会总需求条件下""外汇收入大于外汇支出,但社会总供给大于社会总需求条件下"。在分析利用外资时,分别在利用外资成本等于、大于、小于国内资金成本三种不同条件下开展深入讨论。分别不同情景进行深入讨论,是厉以宁先生在进行宏观分析时所遵循的一种"具体问题具体分析"的认识论和方法论,对后代学者具有很重要的启示。

总之,厉以宁先生的开放经济观是其经济思想体系的重要组成部分,具有丰富的理论与政策内容。本文作者在学习其部分代表作的基础上,所做的简要介绍,只是管中窥豹,难免挂一漏万。希望感兴趣的读者认真研读厉以宁先生相关著作与论文的原作,更准确地把握其开放经济思想之精髓。

(隆国强,国务院发展研究中心)

我国教育经济学科的开山之作——《教育经济学(1984)》

蒋承

"……上个(20)世纪50年代至70年代,我国是没有教育经济学的……直到1978年以后,我国教育学界掀起了讨论教育本质问题的热潮,承认教育具有经济意义,才开始为我国教育经济学学科的形成做思想准备"[1]。时至今日,如果对教育经济学领域的相关文献做一个全面而细致的梳理,将不难发现,改革开放初期厉以宁先生在该领域发表的一系列原创性著作,

---

[1] 丁小浩、由由:"中国教育经济学的发展、挑战和愿景",《教育经济评论》,2018年第1期。

为我国教育经济学学科的发展做出了充分的思想准备,具有系统性和前瞻性的贡献。

从下面这些公开发表、与教育经济直接相关的论著中,我们可以基本了解到厉先生在教育经济学开创时期的学术贡献与思想脉络。

改革开放元年,对于经济社会的主要矛盾与发展方向,毫无疑问是理论界的讨论重点。厉以宁先生在"技术教育和资本主义工业化——西欧和美国技术力量形成问题研究"[1]一文中指出,"任何国家在开始进行工业化时,本国现有的技术力量总是不足的。工业化的需要和现有技术力量不足之间存在着尖锐的矛盾"。在摸着石头过河的探索阶段,总结国外的经验教训是非常有必要的。于是,文章详细比较分析了一些西方资本主义国家在工业化过程中,促进技术力量的形成措施,特别是它们各具特点的发展经验和教训,并提议"在工业化过程中对中小学教育的重视,对中学数学和自然科学基础知识教育的强调,积极举办多种形式的正规和业余技术教育等""随着工业化的进展,西方资本主义国家都曾增加教育经费支出,并且使教育经费支出在国民生产总值中所占比重逐渐增加,这种做法是必要的",以及"如果本国技术力量暂时不足(数量上和质量上),那么在一定时期内,未尝不可以聘请一些外国专家和技术工人"等一系列既切合实际又颇有勇气的政策建议。

特别值得注意的是,厉先生在这篇论文中明确地指出了教育对于经济增长的五个作用:"第一,它向社会提供一支能在科学上有发现、发明,在生产技术上有创新、变革的科学研究和设

---

[1] 厉以宁:"技术教育和资本主义工业化——西欧和美国技术力量形成问题研究",《社会科学战线》,1978年第4期,第93—102页。

计队伍。如果没有这样一支队伍,在科学技术上至多只能步别国的后尘,很难取得重大的突破。第二,它向社会提供一支能掌握和运用先进生产方法的技术队伍。如果没有这样一支队伍,即使有了先进的生产工具和生产方法,它们也不可能充分发挥作用。第三,它向社会提供一支适应于工业化水平的生产和技术管理人员的队伍。如果没有这样一支队伍,就会造成生产过程中人力、物力、财力的巨大浪费,就不能发挥先进生产技术的优越性。第四,它提高全社会的科学文化水平,为新产品的推广使用,为先进科学技术知识的普及和提高准备条件,同时也为今后技术力量的成长提供广阔的基础,为源源不断的高质量的科研人员、工程技术人员、管理人员和熟练工人的供给提供保证。第五,它使社会积累起来的科学知识和生产经验得以保存和传播,这种传播可以不受国界的限制,也不受时间的限制。累积起来的科学知识和生产经验作为人类共同财富,通过教育从一个民族传播给另一个民族,从这一代传播给下一代。"

1980年,发表在《北京大学学报》上的"论教育在经济增长中的作用"[1]可以说是上篇论文的续篇。前者是从经济史的视角来分析教育如何促进经济增长,而后者则着重讨论在我国社会主义经济建设过程中,"教育在保证一国经济稳定和持续增长,以及有效地解决经济增长过程中发生的或可能发生的各种问题方面的重要作用",所以具有更强的现实指导意义。论文的第一部分就明确地给出一个命题:"我国社会当前存在的'结构性'就业问题要依靠发展教育和调整教育结构来解决。"

对于一个发展中的人口大国,准确理解就业问题的重要性

---

[1] 厉以宁:"论教育在经济增长中的作用",《北京大学学报(哲学社会科学版)》,1980年第6期,第39—53页。

和特殊性,是教育经济学科的独特使命——"经济增长过程中的社会就业问题,很大程度上可以归结为经济增长过程中失业与职位空缺之间的矛盾无法得到解决,这就是所谓'结构性'就业问题"——在目前大学生就业问题日益凸显的背景下,我们会发现厉先生早在40年前给出的判断依然具有现实的指导意义。关键是,应该如何解决这个问题呢?厉先生也给出了他的思考,"发展教育事业和增加对教育事业的财政支出,可以使劳动力的结构适合于经济增长对不同技术水平和不同工种的劳动力的需要。在这里,重要的是使教育的结构同经济增长速度、经济结构的变化相适应。为此,应该根据长期经济增长的需要来调整各种类型学校、各种专业的设置,作出各种不同学习期限的安排"。

除了就业问题,这篇论文还考察了对教育的投资在解决我国经济增长过程中的国际收支、收入分配、长期财政平衡等方面所能够起到的积极作用。中国共产党的十九大报告指出:"建设教育强国是中华民族伟大复兴的基础工程,必须把教育事业放在优先位置。"为什么要把发展教育放在优先的位置?在这篇文章中,厉先生曾建议:"如果要使我国的经济稳定地、持续地增长,有计划地解决经济增长过程中出现的'结构性'就业问题和国际贸易中优势减弱问题,协调收入分配和经济效率之间的关系,那就不能不加速发展教育事业,增加对教育的投资。"

在前期大量的研究基础上,厉以宁先生终于在1984年2月出版了《教育经济学》[1]这部具有开创性意义的教科书,也是我国当代第一部教育经济学专著。关于这本书的重大价值,胡代光先生在本书的序言中给予了清晰的阐述:

"他虽然把教育作为非物质生产部门来看待,但并不只是把

---

[1] 厉以宁:《教育经济学》,北京出版社,1984年版。

它单纯当做福利或消费事业,而是强调智力投资的生产性;

他把德育、智育、体育三者之间的统一作为研究课题,提出了智力投资的有效性和无效性的论点;

他探讨了智力投资宏观经济效果和微观经济效果的指标体系和计算方法,并强调多目标(就业、国际收支、收入分配和经济增长等)协调一致的重要性;

他采用微观经济分析中的要素比例、要素替代和要素流动分析法,对学校的规模、教育的技术构成和学校的布局进行了考察;

他分析了社会主义社会中的个人职业选择性的就业问题及其可能的解决途径,并对教育在解决这一问题中的作用作了讨论。"[1]

厉以宁先生将教育经济学定义为"是研究智力投资的社会经济功能和经济效果的科学"。《教育经济学》依此而分为上下两篇,分别讨论教育的宏微观影响和效果。上篇为教育的社会经济功能,下篇为智力投资的经济效果。上篇讨论的起点是对经济增长和经济发展这两个概念的严格区分。厉先生认为经济增长以总产值、净产值或国民收入的增长作为标志,它是一个经济学的范畴。而经济发展不仅包括经济增长,还包括"社会经济结构和制度的变革问题",所以经济发展"既是一个经济学的范畴,又是一个社会学的范畴"。基于对经济发展内涵的理解,《教育经济学》将教育的社会经济功能分为四个逐渐递进的层次进行讨论:第一层次为教育与经济增长的关系,主要讨论教育对劳动者的培养,着重从就业的角度展开。第二层次,讨论教育与持续的经济增长的关系,主要从收入分配的角度展开。因为"在社

---

[1] 厉以宁:《教育经济学》,北京出版社,1984年版。

会的收入分配制度合理的前提下,通过教育发展而导致的社会劳动生产率的提高,将成为收入水平提高和购买力相应增长的基础"。第三层次是分析教育与社会经济协调发展的关系。该书指出,通过教育发展,可以促使劳动密集型经济转变为知识密集型经济,从而避免国际收支的恶化;发展教育也可以通过其他种种路径来避免就业不足、保证物价稳定和财政收入,以及改善低收入者的生活水平。第四层次是分析教育与经济、社会发展目标的关系,侧重于回答"通过经济的增长,将要建成的是一个什么样的社会"以及教育在其中的重要作用。下篇则从相对微观的视角讨论智力投资,比如智力投资的概念和性质、宏微观和地区经济效果的衡量与比较。下篇中创新性的提出了"能力工资""知识与技能标准分"等概念,使得之前无法测量的投入产出变量更具有操作可行性。

在本书之后,厉以宁先生和陈良焜、孟明义、王善迈等几位教授共同出版了《教育经济学研究》[1],和秦宛顺教授共同出版了《教育投资决策研究》[2],和闵维方教授共同出版了《教育的社会经济效益》[3]等多部相关著作。这些专著,以及前文提到的一系列论文,共同为北京大学,也为中国的教育经济学科发展奠定了坚实的基础。"如果说《教育经济学》是北大教育经济理论研究的开疆辟壤之作,那么《教育经济学研究》则可谓北大教育经济实证研究的奠基之作,开启了北大教育经济学实证研究的先河"[4]。

---

[1] 厉以宁、陈良焜、孟明义、王善迈:《教育经济学研究》,上海人民出版社,1988年版。
[2] 秦宛顺、厉以宁:《教育投资决策研究》,北京大学出版社,1992年版。
[3] 厉以宁、闵维方,教育的社会经济效益,贵州人民出版社,1995年版。
[4] 丁小浩:"北大教育经济研究:30年的起承转合",《北京大学教育评论》,2010年第8期,第12—22页。

《教育经济学研究》这部著作是以全国教育科学"六五"规划立项重点课题作为基础发展而来,并且产生了重大而深远的政策影响。根据相关研究记录,"20世纪80年代初,北京大学教授厉以宁组织申请到国家'六五'社科重点项目"我国教育经费在国民收入中的合理比例和教育投资的经济效益"[1]。课题负责人为厉以宁教授,主要参加人员有北京大学陈良焜、北京师范大学王善迈、中央教育科学研究所孟明义等"[2]。参加这个课题的研究人员来自北京大学、西南交通大学、北京师范大学、国家计划委员会经济研究所、武汉大学、苏州大学、中央教育科学研究所等二十多个单位。该重点课题围绕"我国教育经费投入究竟多少才合适"这个问题而展开,利用跨国数据和计量模型进行统计分析,发现人均GDP达到1000美元时,公共教育支出的国际平均水平为4.24%。"课题组在政策建议中提出,到2000年我国比较适宜的财政性教育投资比例为4%。1992年,课题组采用40个国家1980—1985年的数据再次对公共教育支出比例进行了计量回归分析。结果显示,人均GDP达到1000美元时,公共教育支出的国际平均水平为3.85%。课题组认为,到2000年我国比较适宜的财政性教育投资比例仍然为4%。"[3]随后,在1993年2月国务院颁布的《中国教育改革和发展纲要》明确提出:"逐步提高国家财政性教育经费支出占国民生产总值的比例,本(20)世纪末达到4%。"可以看到,该研究成果为中央政府

---

[1] 参见《全国教育科学"六五"规划立项重点课题一览表》,引自教育部网页:http://www.moe.gov.cn/srcsite/zsdwxxgk/198608/t19860820_61334.html。

[2] 岳昌君:"教育经费占GDP比例4%目标能否实现",《科学时报》,2011年4月28日。

[3] 同上。

制定国家财政性教育经费占 GDP 比重 4% 的目标提供了依据[1]。后续，2002 年教育部成立"中国教育与人力资源问题研究"课题组，以及 2006 年财政部委托北京大学对"各国公共教育经费支出占国内生产总值比例的统计口径"问题进行研究时，都再次验证 4% 这个比例是符合我国当时国情的。

新世纪以来，厉以宁先生在教育扶贫[2]、新人口红利[3]、企业家人力资本[4]等领域的一系列论述，丰富了教育经济在新的社会经济发展背景下的学科内涵。"在我们建设具有中国特色的社会主义现代化社会的过程中，通过我们集体的努力，建立具有中国特色的社会主义教育经济学的任务，一定可以完成"[5]。厉以宁先生在《教育经济学》绪论结尾处写下的这句话，一直激励我们在教育经济领域更加勤奋、更加大胆地创新发展。

（蒋承，北京大学教育学院）

---

[1] 王善迈、崔玉平："教育资源优化配置：中国教育改革与发展中的经济学课题"，《苏州大学学报（教育科学版）》，2014 年第 4 期。

[2] 厉以宁："缩小城乡收入差距 促进社会安定和谐"，《北京大学学报（哲学社会科学版）》，2013 年第 1 期。

[3] 厉以宁："农民工、新人口红利与人力资本革命"，《改革》，2018 年第 6 期。

[4] 厉以宁："国正在悄悄地进行一场人力资本革命"，《中国经济周刊》，2016 年第 12 期。

[5] 厉以宁：《教育经济学》，北京出版社，1984 年版，第 15 页。

倾听江下涛声急，一代新潮接旧潮——厉以宁学术思想溯源

程志强

厉以宁学术思想博大精深、源远流长，如一条浩荡奔腾的大江大河，深刻影响着中国的经济改革航道，哺育了众多经济学人，更加推动着中国发展的光辉道路永续前进。正如江河源起于涓涓细流，厉以宁学术思想的萌芽、成形、系统和深化，离不开众多新锐思想的汇聚，离不开深厚改革实践的积淀。"求木之长者，必固其根本；欲流之远者，必浚其泉源。"要对厉以宁学术思想建立历史的、整体的理解，并在发展与实践中不断应用和创新，必须深入追溯其发展脉络和思想源头。

一、厉以宁学术思想发展阶段

为了更好地理解厉以宁学术思想的发展脉络,理解其经济理论产生的时代背景与相互之间的传承关系,本文对厉以宁学术思想进行阶段性划分。结合现有文献及厉以宁本人观点,本文将厉以宁学术思想划分为如下五个阶段:早期萌芽(1951—1955年)、初步成形(1955—1976年)、系统阐释(1976—1986年)以及深化提升(1986年至今)。

(一)早期萌芽阶段(1951—1955年)

第一阶段为厉以宁在北京大学求学的阶段,其日后学术思想的萌芽基本上都起源于此时期。在本阶段,厉以宁主要受益于多位经济学大师的教诲,并在社会主义经济学、经济学说史、中西方经济史、制度经济学等领域打下了坚实的基础。本阶段的翻译和查阅文献工作奠定了厉以宁日后在比较经济史方面的基础。在大学三年级时,厉以宁利用业余时间翻译了费拉托娃著《赫尔岑和奥加略夫的经济观点》一书,四年级时又翻译了《车尔尼雪夫斯基选集(下卷)》的几篇经济学论文。厉以宁之后对社会主义经济体制的思考等一系列经济思想都源于这一阶段的学习与研究,这一阶段正是厉以宁学术思想萌芽的重要时期。

(二)初步成形阶段(1955—1976年)

自北京大学经济系毕业后,厉以宁被分配到北京大学经济系资料室工作。在资料室工作时期,厉以宁广泛、深入、系统地阅读了当时经济系珍存的西方经济学著作与几十种国外经济学期刊,制作了大量的文献卡片。在这里,他不仅接触到苏联、东欧的社会主义经济理论,而且系统地学习和研究了当代西方经济学理论。通过阅读,厉以宁紧紧地掌握当代经济学的发展脉络,对许多经济学前沿问题有了独到的见解。早在20世纪60年代末70年代初,厉以宁就注意到新凯恩斯主义在西方学术界的悄然兴起。

1962年年初至1964年年中,厉以宁还在广泛积累的基础上,撰写如下三篇论文。"1933年以前美国政府反农业危机措施的演变"这篇论文考察1933年以前美国政府反农业危机措施的演变过程和演变原因,并试图对这些问题提出自己的看法:美国政府怎样应付资本主义农业危机?历届美国政府实行过哪些反农业危机措施?旧的反农业危机措施为什么必然被新的措施所补充和代替?它们不断演变的原因何在?"美国罗斯福新政时期的反农业危机措施"讨论了1933年至第二次世界大战爆发时的美国政府反农业危机措施的性质及其对于美国社会经济的影响。作者认为,考察这个问题是有重要意义的。对罗斯福"新政"时期的各项反农业危机措施的分析,有助于我们了解战后美国资本主义农业危机的性质和特点,认识当前美国政府施行的农业政策的实质和内在矛盾。"美国边疆学派安全活塞理论批判"对美国资产阶级边疆学派中的"安全活塞"理论进行批判。除了分析"边疆—安全活塞"理论的产生条件以及它的扩张主义实质外,该文着重批了它的三个基本"学说"。在这一时期,厉以宁从亲身经历出发,开始重新思考经济学理论。

(三)系统阐释阶段(1976—1986年)

党的十一届三中全会确立了改革开放的基本路线与方针政策,持续十多年的"文化大革命"也宣告结束,全国的形势发生了质的变化,厉以宁除了继续在校内讲授经济史和经济学说史方面的课程外,还到各地进行考察。研究中国经济体制改革问题成为了厉以宁关注和研究的重点。

本阶段厉以宁主要提出和研究的理论是非均衡论和股份改造论。在关于"价格改革"和"企业改革"的论战中,厉以宁是后一主张的代表。1984年,厉以宁在安徽省马鞍山市所写的"关于城市经济学的几个问题"直接论述了中国的所有制改革问题。[1] 厉以宁认为中国经济体制改革的中心环节是增强企业活力。而且,《论加尔布雷思的制度经济学说》主要介绍了加尔布雷思的生平和主要著作、经济学说的渊源、"权力转移论"、"公司新目标论"、"生产者主权论"、"二元体系论"、"结构改革论"、"信念解放论",以及对加尔布雷思经济理论的评价[2]。

《中国经济改革与股份制》一书收集了厉以宁教授的一些演讲稿和文章,密切结合我国当时经济体制改革和股份制试验的实践,再次深入浅出地阐述了作者一贯坚持的以企业改革为主线的观点,多方论述了实行股份制,使企业真正自主经营、自负盈亏是当时经济改革的首要任务。该书通俗易懂,内容翔实生动,切中时弊,在进一步深化改革、推广股份制形势下,尤其具有指导意义和启迪作用。

《怎样组建股份制与股份合作制企业》,党的十五大以后,股份制的优越性和地位得以确认和肯定,成为当今中国经济生活中的一大热点。厉以宁及曹凤岐、张国有合著的《怎样组建股份制和股份合作制企业》一书,对我国国有企业股份制改组改制进行了深入分析,并用大量的篇幅详细讲解了国有企业进行股份制改革和改组所应遵循的原则,国有企业组建股份制企业及股份制集团的具体操作方法,分析了在实际操作中可能遇

---

[1] 厉以宁:《厉以宁选集》,山西人民出版社,1988年版,第239—277页。
[2] 厉以宁:《论加尔布雷思的制度经济学说》,商务印书馆,1979年版。

到的问题。

《经济体制改革的探索》一书科学地提出了社会主义所有制体系的整体构想,探讨了公有制新的实现形式,并对我国国有企业实施股份制改革提出了可操作的政策主张和方案设计。这部著作指明了中国经济体制改革必然走向新公有制建立的历史趋势。

《股份制与现代市场经济》一书由导论、十二章及结束语组成。其内容反映了在党的十四大将社会主义市场经济确定为中国经济体制改革目标的新形势下,如何在中国建立社会主义市场经济新体制而进行的探索等。

《非均衡的中国经济》一书从政府、企业、市场三者关系的角度分析了资源配置、产业结构、制度创新和经济波动等问题,深刻揭示了中国经济宏观和微观运行机制的特征,提出唯有通过所有制改革,使企业成为真正的市场主体,才能适应价格改革的过程。该书对非均衡理论及国有企业活力问题的创新式研究,为中国1992年以来成功的所有制改革提供了理论基础。1991年《非均衡的中国经济》一书的公开出版,标志着厉以宁经济学说进入到一个新的发展时期。厉以宁从非均衡经济的特征着手分析,进而说明资源配置失调、产业结构不合理、制度创新的变型等现象的深层次原因及其解决方法。这样,厉以宁经济学说的理论基础更加牢固了,用厉以宁自己的话说"《非均衡的中国经济》是最能反映我关于当时中国经济的学术观点的著作"。

(四)深化提升阶段(1986年至今)

1986年,厉以宁出版了《体制·目标·人——经济学面临的挑战》。在该书中,厉以宁开创性地指出,经济学的研究应分为三个层次:第一个层次是对现行经济体制以及该种经济体制条件下经济运行的研究;第二个层次是对经济和社会发展目标的研究;第三个层次是对人的研究。

《社会主义政治经济学》是一部社会主义经济运行学派的代表作。该书建立了一个系统的、完整的、实证研究与规范研究密切结合的、以考察社会主义经济运行为重点的经济理论体系。《国民经济管理学》于1988年由河北人民出版社出版,这是厉以宁继《社会主义政治经济学》之后,探索社会主义经济运行新特征与新问题的又一力作。该书在内容上着重分析社会主义国民经济管理的对策及其理论依据。厉以宁在《经济体制改革的探索》中科学地提出了社会主义所有制体系的整体构想,探讨了公有制新的实现形式,并对我国国有企业实施股份制改革提出了可操作的政策主张和方案设计。这部著作指明了中国经济体制改革必然走向新公有制建立的历史趋势。《体制·目标·人——经济学面临的挑战》一书是厉以宁第一部比较全面的经济研究著作,较为深入地探讨了中国的经济问题,并提出了研究社会主义经济理论的方法论。后三本著作则反映了厉以宁对"社会主义经济问题的基本观点"。此外,1989年出版的《中国经济改革的思路》和《中国经济往何处去》(该书为厉以宁1989年在香港就中国经济体制改革演讲稿的汇集)两本文集,标志着厉以宁经济学说的基本形成。

在这一阶段,厉以宁不仅全面深入地论述了社会主义经济理论以及中国的经济问题,还完成了由经济学范式研究到对人性关注的转变。本阶段提出的理论主要是经济伦理问题论和超越经济理论。1994年,在关于现在通过国有经济解决职工就业问题还是国有企业富余职工下岗,研究如何解决失业问题哪个最重要的讨论上,厉以宁坚持后者,并提出了就业优先论。实践证明,这一主张是更加适应于当时中国改革的现实情况。

二、厉以宁改革思想的特点

厉以宁在其经济思想形成时期的另一个主要贡献就是全面系统地阐述了其对社会主义经济改革的独特见解。可以说厉以宁经济思想是随着中国经济改革的不断深入而逐步形成与发展的,是对中国社会主义经济发展实践的总结和探索,对中国的现代化建设和改革开放具有一定的指导意义。三十多年来,人们送给厉以宁的称号不断变化,从"厉股份"到"厉民营"再到"厉土地",可谓家喻户晓。这些称号,反映的是厉以宁坚定不移推动中国经济体制改革的光辉历程。

党的十一届三中全会伊始,厉以宁教授感到有比研究资本主义起源更加迫切的任务去做,也就是研究中国经济体制改革的理论与实践问题。厉以宁关于经济体制改革的论述很多,内容相当广泛。从所有制改革到股份制的推行,从经济改革的目标模式到财政、计划、金融等部门改革的具体措施步骤,厉以宁都有详细的论述。《经济体制改革的探索》《中国经济改革的思路》和《中国经济往何处去》这三本论文集集中反映了厉以宁的经济改革观。

从1979年至今,厉以宁主要关注四个改革问题:什么是中国经济改革的基本思路?据此提出了"两类非均衡"和"企业改革主线论";社会主义微观经济基础怎样重新构造?据此提出了股份制改革的建议;体制转轨阶段最大的社会问题是什么?据此提出了"就业优先,兼顾物价稳定"的主张;怎样才能使社会主义市场经济顺利运行?据此提出了"第三种调节即道德调节"的论点。具体而言,厉以宁的改革观点主要有:股份制改革、股权分置改革、金融市场改革、国企改革、民营企业改革、土地确权、林权改革、农垦改革、教育改革、扶贫开发、低碳经济、可持续发展等。

厉以宁在制度转化、双重转型、非均衡分析以及超越经济理论等方面都提出了自己独到的见解。在这些理论的基础上,厉以宁提出了经济改革的具体措施。他在改革方面的核心指导思想,是从中国双重转型的现实出发,以产权改革作为改革核心,着力解决两类非均衡的经济现状。厉以宁认为当时的中国仍处于第二类经济非均衡状态,因此产权改革仍是当时中国经济改革的核心所在。他强调要牢记"中国道路最重要的经验在于:只有不断地深化改革和扩大开放,让人民得到实惠才能现双重转型。而改革则为股份制改革,股份制改革也是制度调整的重要一环。同时,从超越经济理论出发,厉以宁也对社会民生问题格外关注。

在经济改革的措施上,厉以宁注意到,在深层次起作用的是经济运行机制,而不是政策。经济运行机制决定经济运行过程,而政策要发挥作用,则必须对经济运行机制产生影响,使经济运行机制发生某种变化。因此,改革不应仅仅停留在政策层面上,而应从经济运行机制层面入手,只有从深层次改变经济发展的模式,才是改革的长久之计。

表1为厉以宁改革思想的内容。从表1中可以看到,厉以宁坚持三位一体的研究方法,在经济、政治、道德建设上都对中国改革提出了自己的见解。在经济改革上,厉以宁从双重转型的背景出发,兼顾经济发展与体制转型两个主题。对于经济发展,他不仅重视发展的数量,更关注发展的质量,并由此在就业、扶贫、环保等领域提出了一系列社会民生改革的意见。对于体制改革,厉以宁以所有制改革为核心,重点讨论了农村的土地确权、林权改革、农垦改革以及城市的企业改革问题。此外,厉以宁还对户籍制度改革、金融市场改革等问题提出了自己独到的见解。

表1　厉以宁经济改革思想梳理

时间	改革思想
	教育经济
1978 年	第一次提出教育对经济增长的影响
1980 年	"教育在经济增长中的作用"正式提出教育对经济的影响
1984 年	发表在《中国社会科学》中的关于"试论教育经费在国民收入中合理比例的依据"的文章,从经济理论的角度阐述了确定教育经费在国民收入中合理比例的依据
	股份制改革
1980 年	在中央书记处研究室和国家劳动总局联合召开的劳动就业座谈会上第一次提出了股份制的概念
1986 年	发表文章"所有制改革和股份企业的管理",对实行股份制的一系列问题进行了探索
	扶贫开发
1991 年	发表文章"贫困地区经济与环境的协调发展"提出了扶贫开发的概念
	金融市场改革
1993 年	证券法草案完成,提交八届全国人大常委会审议
2014 年	提出将"草根金融"纳入金融改革的范围,以更好地为中小微企业和农户服务
	城乡二元体制改革
2004 年	在《人民日报》发表"改变城乡二元经济结构意义深远"一文,提出城乡二元体制改革建议
	民营经济改革
2000 年	提出民营经济摆脱家族经营制局限性的改革措施
2006 年	提出民营企业"草根经济"崛起问题,并从四个维度阐述了民营经济的重要性
	国企改革
2006 年	出于对我国当时特殊的企业所有制状况和经济环境的考虑,厉以宁教授针对社会主义国营企业保持公有制性质不变的前提下推行股权分置改革的途径着重进行了详细探讨

续表

时间	改革思想
	可持续发展
2008 年	发表文章"区域可持续发展：中国区域发展战略的必然选择"，提出区域可持续发展概念
2009 年	发表观点提出，新世纪以后中国"改革的第一声春雷"就是集体林权制度改革
	林权改革
2010 年	厉以宁建议四大宏观调控目标看来是不够的，四大目标——充分就业、物价基本稳定、经济持续增长、国际收支平衡，再增加一条——第五个目标就是低碳化
2013 年	厉以宁在全国政协十二届常委会第二次会议上提出"一场两制"的方式有利于林权改革的推进
	社会和谐红利
2013 年	社会和谐红利是中国最大的制度红利，加强社会管理，是为了治理，也是为了产生更多的社会和谐
	农垦改革
2015 年	2015 年 1 月 30 日，农业部农垦局与北京大学管理科学研究中心联合启动了"新形势下农垦改革发展重大战略问题研究"课题，由北京大学教授厉以宁担任顾问，聚焦农垦集团化改革、混合所有制改革和新型城镇化建设等重点难点问题进行研究
	新人口红利
2016 年	土地确权和土地流转给中国农村带来巨大的变化，新的人口红利正在形成，支撑未来中国创新发展

（一）三位一体的研究方法与改革思路

厉以宁始终坚持三位一体的分析方法，同时关注政治与社会道德建设问题。在研究西欧经济史时，厉以宁就认识到，经济学作为一门社会科学，必须同时关注社会的政治文化领域，才能更好地探索社会规律。因此，他提出了三位一体的分析方法，即经济、政治与文化三者分析的统一。他在分析中国经济转型问题的同时，也积极考虑政治与社会道德的建设问题，做到了改革理论全方位的统一。在政治建设理论上，厉以宁提出了政府双调理论以指导宏观调控政策，同时大力倡导政府简政放权，并出版《中国道路与简政放权》（2016年出版，该书由厉以宁主编、程志强副主编）全书主要分为两篇内容，第一篇为理论篇，其包括四个方面的内容：简政放权必要性和重要性分析、简政放权的核心内容、国家宏观调控与简政放权以及社会主义市场经济体制的完善与简政放权；第二篇为实践篇，其包括农业改革、财税改革、政府改革以及教育改革等一系列的简政放权的改革。该书对简政放权做出具体分析。简政放权是行政管理制度改革的一种措施，它与经济体制的深化改革是平行的、相互配合的，这一行政管理制度的改革为我国深化经济体制改革创造了更加有利的条件。在社会道德建设方面，厉以宁提出了习惯与道德调节论，认为应努力积累习惯、信用等社会资本，增加对国民教育资源的投入，提高社会整体道德文化水平，弘扬积极向上的价值观，为经济发展创造出更多的无形财富，为经济改革提供良好的社会背景。

（二）以所有制改革为核心

厉以宁主张把所有制改革作为经济改革的主线，并以股份制作为改造微观经济主体目标模式的改革思路。在他写作《论加尔布雷思的制度经济学说》和《二十世纪的英国经济——"英国病"研究》时，就已把所有制问题放在了首要位置。1984年他在安徽省马鞍山市所做"关于城市经济学的几个问题"的报告中，直接论述了中国的所有制改革问题。从那时起，厉以宁坚持认为所有制改革是中国经济体制改革的关键。1988年，作为北京大学课题组负责人，在为国家体改委提交的中期经济改革规划方案中，他从分析中国经济非均衡特征出发，形成了完整、系统的以企业改革为主线的中国经济改革思路,并将股份制作为所有制改革的目标模式。

厉以宁关于深化产权改革的思想和举措主要体现在以下三个方面:国有资本体制改革、民营企业的产权保护以及农村的产权改革。在国有企业改革上,厉以宁认为应以混合所有制改革国有企业,积极引入私有资本,扩大国有企业资本实力。在《中国道路与混合所有制经济》(该书是厉以宁先生主编《中国道路丛书》中的第三本,2015年2月出版,全面探讨了混合所有制经济在中国经济建设中的独特地位与现实意义)一书中,厉以宁重点对混合所有制改革的思路与意义进行了阐述。同时在农村,厉以宁也积极提倡产权改革。土地确权是当前中国新一轮农村改革的开始;林权改革在中国改革进程中发挥至关重要的作用,是新世纪以后中国"改革的第一声春雷";而农垦改革则为国有资本效益提高与农村土地更好利用开辟了道路。

(三) 以超越经济理论兼顾经济数量与质量

根据厉以宁的超越经济理论,经济发展的最终目标是实现人的福利。因此厉以宁强调在发展经济的同时,还应积极关注经济发展的质量问题,从社会全体总效用水平的角度出发,进行社会民生改革。为了促进经济的可持续发展,厉以宁提倡发展教育以积累人力资本,鼓励创意、创新和创业,鼓励通过技术进步和产业升级带动经济快速增长。同时,厉以宁也认为,改革与发展的目的应是"对人的关心和培养",应以人民福利水平的提高作为最终衡量标准。因此,在就业方面,厉以宁从失业与宏观调控理论出发,提出就业优先理论,认为政府应在改革时将就业放在首要考虑,不应以失业为代价进行供给侧的改革。在收入分配方面,厉以宁大力推动扶贫开发,认为只有把传统经济运行机制转换为新的经济运行机制,把"漏斗"型的地区经济改变为

"蓄水塘"型的地区经济,才能真正解决地区贫困问题。在环境方面,厉以宁提出"中国低碳经济学"这一称谓,同时建议四大宏观调控目标——充分就业、物价基本稳定、经济持续增长、国际收支平衡,后要加一条:即低碳化。

三、厉以宁改革实践

厉以宁改革思想基于厉以宁的学术思想体系,是其经济理论对中国改革的具体实践与应用。他所提出的许多改革思想为中国经济政策的制定与实践作出了重要贡献,对促进中国经济改革和社会发展具有重大的理论影响。具体而言,厉以宁的改革观点主要如下:

1978年伊始,厉以宁就开始关注中国的教育问题,研究教育经济,尤其是教育支出在国民收入中的比例问题。作为中国教育经济学研究第一人,厉以宁于1981年发表论文"论教育在经济增长中的作用"[1],该文以两年前发表的"技术教育和资本主义工业化西欧和美国技术力量形成问题研究"为基础,继续考察教育同经济增长的关系。本文分为四部分,分别考察教育与社会就业、国际收支、收入分配、财政平衡之间的关系,说明教育在保证经济稳定、持续增长中的作用。着重考察了教育同社会就业、国际收支、收入分配、财政平衡等问题的关系,阐明了教育对保证经济稳定、持续增长的重要作用,提出了必须重视教育事业的发展、较大幅度地增加教育投资的主张。

厉以宁在1980年4月参与中央书记处研究室和国家劳动总局联合召开的劳动就业座谈会上第一次提出了股份制的概念。

---

[1] 厉以宁:"论教育在经济增长中的作用",《北京大学学报(哲学社会科学版)》,1980年第6期,第39—53页。

在 1984 年到 1986 年这段时间里,厉以宁奔走全国各地,大力宣传股份制。到 1986 年,厉以宁在多个场合多次论述股份制,并由此出现了"厉股份"的称号。同时,他还积极牵头组织,进行股份制试点改革。厉以宁率先提出了以双轨制进行中国股份制改造的设想,即存量和增量分别计算,存量是非流通股,增量是流通股,增量改革先行,存量改革后行,大大减少了股份制改革启动的困难。因此,2018 年 12 月 18 日,在庆祝改革开放 40 周年大会上,经济体制改革的积极倡导者厉以宁获得"改革先锋"称号。

厉以宁对扶贫开发的重视可以追溯至 20 世纪 80 年代中后期,时任贵州省委书记的胡锦涛同志在思考贵州这个内陆山区省份如何走出贫困的问题时,第一次提出了贵州毕节"开发扶贫、生态控制、人口控制"试验区。以厉以宁为首的北京大学光华管理学院派出考察组,帮助毕节试验区制定中长期的发展规划。在深入贵州毕节考察调研的基础上,厉以宁提出,要发展贫困地区经济,首先的问题是不让贫困地区成为漏斗,要把传统经济运行机制转换为新的经济运行机制,把"漏斗"型的地区经济改变为"蓄水塘"型的地区经济。据此,厉以宁制定发展规划,以抓住主导部门为突破口,推动了毕节经济社会发展的腾飞,亲手塑造了"毕节奇迹",为中国扶贫开发工作树立了具有开拓意义的典型。

1992 年证券法起草。证券法是第七届全国人大常委会委员长万里同志建议起草的。起草小组由北京大学、全国人大财经委、中国政法大学、中国证监会的一些专家组成,厉以宁任起草小组组长。起草工作前后历时 6 年多,最终在 1998 年审议通过。证券法是我国社会主义市场经济法律体系中一部重要的经济法律,为中国国有企业改革和证券市场的发展开辟了道路。

早在 2004 年,厉以宁就在《人民日报》发表"改变城乡二元经济结构意义深远"一文,为我国推进城乡二元体制改革献言献策(文章从提高农民收入的根本性措施、只有逐步改变城乡二元经济结构,才能实现社会的协调发展,和落实以人为本,有必要逐步改变城乡二元经济结构三个方面讨论了改变城乡二元经济结构的深远意义)。[1] 他认为,只有逐步改变城乡二元经济结构,才能实现社会的协调发展。城乡二元的户籍制度改革应随着城乡二元经济结构的改变而逐步走向户籍的一元化。在2005年的《人民政协报》上,厉以宁提出要积极发展中等城市,促进城镇化健康发展。中等城市与小城镇相比,在节约土地、节约基础设施投资、防治污染和吸收就业等方面都有优势,中等城市的发展对中国今后的经济具有重要意义。在2012年《光明日报》中,厉以宁进一步论述了对中国的城镇化改革模式的建议,他认为必须走适合中国国情的城镇化道路,即"老城区+新城区+农村新社区"的城镇化模式,其主要内容包括老城区的改造、新城区的规划和农村新社区的建设。

对民营经济发展的重视贯穿厉以宁改革思想的始终。2000年,厉以宁作为特邀专家在座谈中发表观点,认为民营经济的活力不可能不受到企业体制与企业组织形式的制约。如果企业体制没有理顺,企业组织形式依然墨守成规,民营企业的发展就会受到限制,能不能突破原来的家族经营制,便成为民营企业在初具规模之后能不能继续发展的一个关键性因素。2007年厉以宁进一步提出民营企业"草根经济"的崛起,并从四个维度阐述了民营经济的重要性,提出切莫忽视民营经济对构建和谐社会的作用。

---

[1] 厉以宁:"改变城乡二元经济结构意义深远",《中国经贸导刊》,2004年第3期,第10—11页。

2008年左右，中国的股份制改革不断推进，但是有一个难题，就是国有企业非流通股的规模都比较大。国有企业股份制改革下一步怎么进行？在中国经济改革的关键时期，厉以宁当时提出对流通股和非流通股的分置进行改革，双轨变单轨。可以说，股权分置改革是股份制的第二次改革，更是所有制改革的进一步深化。

对于可持续发展问题，厉以宁早在1997年的"可持续发展序"（文章认为可持续发展通常从资源、环境、人口、资本和技术等角度进行阐述，探讨可持续发展的条件与可能性）。[1] 中就提出，应当在研究中把从计划经济体制向市场经济体制的转变，把现代企业制度的逐步建立，把经济结构的调整作为可持续发展的制度背景来对待，从制度变革、制度创新的角度来研究中国今后一段时间内资源、环境、人口、资本和技术等同可持续发展之间的关系。2008年，厉以宁又进一步讨论了我国经济社会可持续发展的四大问题，即关注就业、通货膨胀、自主创新、循环经济等方面问题。此外，他在区域可持续发展方面也提出了一系列改革建议。

林权改革在中国改革进程中发挥至关重要的作用。新世纪以后中国"改革的第一声春雷"就是集体林权制度改革。相比于农田承包制，集体林权改革有三大突破：第一，承包期较长，为70年；第二，承包的林地和树木可以抵押贷款；第三，直接承包到农户。在林权改革的关键环节，厉以宁还提出应该完善生态公益林补偿制度、建立健全森林资源培育保障体系、建立林业基础建设投入保障制度、建立林业发展基金制度等，及时考虑公共财政

---

[1] 厉以宁：《可持续发展》序，《中国投资与建设》，1997年第8期，第60—61页。

对促进集体林权制度改革的作用。

关于中国低碳化的问题，厉以宁在 2010 年就提出了对发展低碳经济的九点看法，认为应找到一条道路，兼顾环境保护与经济发展，实现经济的低碳化，实现绿色经济。在 2015 年的《人民日报》中，厉以宁倡导应寻找适合中国的低碳经济发展模式，构建适合中国国情的低碳经济学，即"中国低碳经济学"。他希望更多的学者能进行更深入更具体的研究，逐步形成并不断丰富具有中国特色、中国风格、中国气派的低碳经济学。

2015 年，厉以宁根据中国当时的经济形势，提出要深化农垦体制改革。他认为中国当时的农垦体制大体上分为三大类。一是新疆生产建设兵团，实行党政军企合一的体制，由中央直接管理；二是中央直属垦区；三是地方管理垦区，又分为农场由省直属和市县管理两种体制。为了深化农垦体制改革，厉以宁建议建成两个层次的垦区国有资本管理体制，改制后的农垦集团公司依照现代企业制度建立现代企业管理体制，实现农垦集团公司的现代化快速发展。

最后，2012 年以后，厉以宁教授还每年主编出版一本"中国道路丛书"，分别从新城镇化、跨越中等收入陷阱、混合所有制经济、蓝领中产阶级成长、简政放权、农民工创业、人口老龄化以及民营企业发展等八个方面深入分析了中国经济的现状以及今后改革的重点与发展方向。"中国道路丛书"是厉以宁对中国改革问题全面的概括总结，更是对中国未来发展道路的思考与展望。中华人民共和国成立 70 年，中国在双重转型、新型城镇化、跨越中等收入陷阱、混合所有制经济改革、民营企业发展、蓝领中产阶级崛起与成长、政府职能转变与简政放权、农民工创业等方面探索出一条符合经济发展规律的"中国道路"。进一步增强了中国道路自信、理论自信、制度自信、文化自信，确保中国特色社会主义道路沿着正确方向胜利前进。《中国道路与中国经济发展70年》即为上述中国道路的总结。

厉以宁改革思想十分丰富,同时各改革理论又是相互交织、紧密联系的。推进户籍制度改革、混合所有制经济改革、国有资本体制和国有企业改革都是中国改革的重要内容与方向。发展混合所有制经济的改革在很大程度上同国有企业体制改革是一致的。简政放权作为行政管理制度改革的内容,既同国有资本配置体制的改革相互配合,又同国有企业管理体制的改革相互配合。可以预判,只要国有资本的配置效率日益提高,只要国有企业经过管理体制改革后活力增强、竞争力增强,中国经济的持续增长就有了保证,中国广大民众和企业就会有更大的积极性、主动性,中国的市场经济体制也就会越来越完善,越来越有活力。

"倾听江下涛声急,一代新潮接旧潮。"厉以宁的经济改革理论与政策思索,形成于中国前进的滚滚"涛声",完善于中国经济改革的蓬勃"浪潮",并随着改革不断深入而逐步丰富、完善、创新,是对我国社会主义经济发展理论与实践的重要总结和宝贵探索。厉以宁的经济改革理论不仅有力地指导了中国的改革实践,是改革开放的重要理论支柱,更为中国经济未来发展指明了方向,必将在开启全面建设社会主义现代化国家的新征程中发挥更重要的指导作用。

参考文献

1. 董辅礽、厉以宁、戴园晨、黄文夫、李定、曹远征、张厚义:"民营经济要健康快速发展",《宏观经济研究》,2000年第6期,第14—27页。
2. 李向阳:"厉以宁学术思想",《经济理论与经济管理》,2000年第3期,第73—74页。
3. 厉以宁:《超越市场与超越政府——论道德力量在经济中的作用》,经济科学出版社,1999年版。

4. 厉以宁:《工业化和制度调整——比较经济史研究》,商务印书馆,2003年版。
5. 厉以宁:《股份制与现代市场经济》,江苏人民出版社,1994年版。
6. 厉以宁:《教育经济学》,北京出版社,1984年版。
7. 厉以宁:《经济体制改革的探索》,人民日报出版社,1987年版。
8. 厉以宁:《经济学的伦理问题》,三联书店,1995年版。
9. 厉以宁:《论加尔布雷思的制度经济学说》,商务印书馆,1979年版。
10. 厉以宁:《罗马—拜占庭经济史(上、下册)》,商务印书馆,2006年版。
11. 厉以宁:《面对改革之路》,中国发展出版社,1999年版。
12. 厉以宁:《体制·目标·人——经济学面临的挑战》,黑龙江人民出版社,1986年版。
13. 厉以宁:《希腊古代经济史(上、下册)》,商务印书馆,2013年版。
14. 厉以宁、曹凤岐、张国有:《怎样组建股份制与股份合作制企业》,北京大学出版社,1998年版。
15. 厉以宁:《中国经济改革与股份制》,北京大学出版社;香港文化教育出版社,1992年版。
16. 厉以宁:《中国经济双重转型之路》,中国人民大学出版社,2013年版。
17. 厉以宁:《非均衡的中国经济》,经济日报出版社,1990年版。
18. 厉以宁:《转轨与起飞——当前中国经济热点问题》,陕西人民出版社,1996年版。
19. 厉以宁:《转型发展理论》,同心出版社,1996年版。
20. 厉以宁:《资本主义的起源——比较经济史研究》,商务印书馆,2003年版。
21. 厉以宁、曹凤岐、张国有:《怎样组建股份制企业》,北京大学出版社,1993年版。
22. 厉以宁、程志强:《中国道路与简政放权》,商务印书馆,2016年版。
23. 厉以宁、程志强:《中国道路与蓝领中产阶级成长》,商务印书馆,2015年版。
24. 厉以宁、程志强:《中国道路与混合所有制经济》,商务印书馆,2014年版。
25. 厉以宁、程志强:《中国道路与跨越中等收入陷阱》,商务印书馆,2013年版。
26. 厉以宁、程志强:《中国道路与新型城镇化》,商务印书馆,2012年版。
27. 厉以宁、程志强、赵秋运:《中国道路与民营企业发展》,商务印书馆,2019年版。

28. 厉以宁、程志强、赵秋运：《中国道路与人口老龄化》，商务印书馆，2018年版。
29. 厉以宁、程志强、赵秋运：《中国道路与农民工创业》，商务印书馆，2017年版。
30. 厉以宁、高尚全、刘伟、程志强、赵秋运：《中国道路与中国经济发展70年》，商务印书馆，2019年版。
31. 厉以宁、孟晓苏、李源潮、李克强：《走向繁荣的战略选择》，经济日报出版社，1991年版。
32. 厉以宁、秦宛顺：《现代西方经济学概论》，北京大学出版社，1983年版。
33. 厉以宁、吴世泰：《西方就业理论的演变》，华夏出版社，1988年版。
34. 厉以宁、吴易风、李懿：《西方福利经济学述评》，商务印书馆，1984年版。
35. 厉以宁、章铮：《环境经济学》，中国计划出版社，1995年版。
36. 厉以宁、章铮：《西方经济学基础知识》，中国经济出版社，1994年版。
37. 罗志如、厉以宁：《二十世纪的英国经济——"英国病"研究》，人民出版社，1982年版。
38. 厉以宁、吴易风、李懿：《西方福利经济学述评》，商务印书馆，1984年版。
39. 厉以宁："可持续发展"，《中国投资与建设》，1997年第8期，第60—61页。
40. 厉以宁："改变城乡二元经济结构意义深远"，《人民日报》，2004年1月12日。
41. 厉以宁："构建中国低碳经济学"，《人民日报》，2015年4月22日，第7版。
42. 厉以宁："积极发展中等城市促进城镇化健康发展"，《人民政协报》，2005年7月18日，A02版。
43. 厉以宁："老城区+新城区+农村新社区"，《光明日报》，2012年12月16日，第5版。
44. 厉以宁："论城乡二元体制改革"，《北京大学学报(哲学社会科学版)》，2008年第2期，第5—11页。
45. 厉以宁："区域可持续发展：中国区域发展战略的必然选择"，《北京邮电大学学报(社会科学版)》，2008年第4期，第1—2页。
46. 厉以宁："深化农垦体制改革"，《北大商业评论》，2015年第10期，第52—65页。
47. 厉以宁："我对发展低碳经济的九点看法"，《北京日报》，2010年5月31日，第18版。
48. 厉以宁："我国经济社会可持续发展的四大问题"，《改革与开放》，2008年第3期，第4—7页。

49. 彭松建、梁鸿飞:"独辟蹊径 理论创新——厉以宁《工业化和制度调整——西欧经济史研究》读后",《北京大学学报(哲学社会科学版)》,2011年第4期,第153—155页。
50. 陆昊:《当代中国经济学家学术评传》,陕西师范大学出版社,2002年版。
51. 陆昊:"厉以宁经济学思想述评",《中国社会科学》,1992年第6期,第37—52期。
52. 陆昊:"厉以宁先生的经邦济世与诗意人生",http://blog.sina.com.cn/s/blog_67f7b3ed0100mkgc.html。
53. 王志伟:"一本改革与发展的扛鼎之作——读厉以宁教授《中国经济双重转型之路》",《经济学家》,2014年第4期,第98—99页。
54. 吴青云、马佳宏:"厉以宁的教育学术思想述评",《2010年中国教育经济学学术年会论文集》,2010年第4期。
55. 吴希文:"厉以宁经济学说的三个阶段",《财苑(湖南财经高等专科学校学报)》,1995年第1期,第34—37页。
56. 于鸿君:《厉以宁学术思想经济学理论和中国道路》,北京大学出版社,2010年版。

(程志强,全球能源互联网发展合作组织、武汉大学董辅礽经济社会发展研究院)

心系民生,先忧天下——厉以宁先生投身中国反贫困事业及其反贫困思想侧记

雷明

一、心系民生 身体力行——高高擎起高校反贫困大旗

2018年是中国改革开放40周年,改革前后数字一对比,中国的发展进步不仅令世界惊叹,连"只缘身在其中"的中国人自己也惊叹。作为厉以宁先生的学生及改革开放的亲历者,我想告诉后来者,改革开放风雨40年,厉以宁先生是其中的先锋人物,这些炫目的数字蕴涵了以厉以宁先生为代表的一代经济学家不懈的学术追求和求是精神。

我到北京大学师从厉以宁先生做博士后是1992年,当时中央已认可股份制改革,厉先生经常要被校外请去做报告,解释、宣讲自己的观点,进一步打消人们对股份制改革的疑虑,尽一个学者的力量让改革开放的步子更快一点。2020年厉先生就90岁高龄了,掐指一算自己师从厉先生也快28年,回顾一下自己的学术生涯,更加体会到跟先生的指引息息相关。从1992年到2003年我按照先生的指示从事环境核算方面的研究工作;2003年,中央任命厉先生为毕节"开发扶贫、生态建设"试验区专家顾问组组长,先生要我加入到毕业试验区的工作中,将贫困问题研究与生态环境研究结合起来。贵州是胡锦涛同志当过省委书记的地方,毕节试验区也是当时中国第一个且唯一一个"开发扶贫、生态建设"试验区。现在毕节已发生了天翻地覆的变化,我自己也早已成为北京大学的教授,当看到校园里学生们轻松地谈论着股份制、电视里播报着扶贫攻坚的成果,会感慨自己上大学时周围人士对股份制姓"资"姓"社"的激烈争论,以及同学们普遍捉襟见肘的生活状况。

在北京大学的官方档案里,有关北京大学成立专门机构投身中国反贫困事业的最早记录是在2005年。2005年北京大学开始对研究机构进行正式管理,学校下发公文,"同意成立北京大学贫困地区发展研究院,厉以宁为院长"。同年,经学校上报、教育部批准、北京市公安局备案,北京大学贫困地区发展研究院有了独立的公章,可以独立地对外开展合作,研究和推动中国的扶贫开发工作。在厉先生的带领下,北京大学贫困地区发展研究院可谓全力以赴,足迹遍布祖国各省、区、市的两三百个贫困县,调研示范,著书立说,开办论坛,培训干部,影响、推动着中国的扶贫事业,被业内公认为国内著名的贫困问题研究机构,在北京大学两百多个研究机构里被连续评为优秀。

"醒得早"是社会对北京大学的一致评价,我想这关键是北京大学有一些心系民生、先天下之忧而忧的学者。北京大学贫困地区发展研究院的成立再次证明了北京大学"醒得早"。因为北京大学贫困地区发展研究院的成立标志着北京大学是改革开放后中国高校最早成立反贫困研究机构的高校,厉以宁先生又是中国高校最早的反贫困研究机构的首位领导;2012年党的十八大以后,反贫脱贫成为以习近平同志为核心的党中央治国理政的要务,脱贫攻坚成了特定历史时期各级党政部门的"一把手"工程,2020年是全面完成扶贫攻坚任务的时间点,中国要向世界兑现脱贫攻坚的路上"一个都不能少"。所以,"股份制改革"及"全面脱贫"都会成为中国图强路上的重要篇章。作为亲自跟随厉以宁先生投身中国扶贫攻坚大业中的一个成员,我想北京大学贫困地区发展研究院成立的批文、公章以及工作、成绩等,也许会成为珍贵史料来证明北京大学的历史贡献,而厉先生在中国扶贫道路上的求真探索、真知灼见以及展现出的品格都应当记载下来,成为留给后来者的知识财富和精神财富。

图1 2005年厉以宁先生发起成立的北京大学贫困地区发展研究院签约仪式现场

二、正心、齐家,为毕节的"扶贫开发,生态建设"上下求索

历史的发展是螺旋上升的。中国的经济改革先从农村(土地承包)开始,经过设立深圳特区、允许个体经营、引入市场机制和股份制等,城市发展起来了,又回到农村,国家提出建设社会主义新农村,通过扶贫开发来解决区域发展不平衡的矛盾。一切都是"摸着石头过河",都是在尝试、总结、推广、再总结中展开。中国的扶贫开发采取什么方法,中央在思索,"醒得早"的学者也在思索,因为改革开放中国经济的高速增长以耗竭式使用自然资源、生态环境破坏为代价,能不能做到落后地区在快速发展的同时还能保证人与环境的和谐共存,从而走有中国特色的科学发展之路?中央选择了毕节作试验区。

毕节位于贵州西北部的乌蒙山区,下辖的9个县(区)中5个是国家级贫困县、1个是省级贫困县,因为人口基数大,人均GDP一直为全贵州倒数第一,并且拖累着贵州使贵州的人均GDP一直位列全国各省最末。毕节全地区93.3%的面积为山地和丘陵,62.2%的面积为联合国认定的不适合人类居住的喀斯特地貌区,山石溶于水,易崩塌,土壤薄瘦,宜农土地少;交通闭塞,高速路、铁路、水路不通,三分之一的村不通公路;水利设施缺乏,农业大多靠天吃饭,很多村还饮用浑塘水、牛脚印水;习惯多生孩子,人口密度大,将近一半人为文盲半文盲;有35个少数民族,少数民族人口占全区总人口的1/4以上,生产生活方式更原始,民族关系敏感。为了生存,毕节人毁林毁草开荒,加剧了水土流失和石漠化,乱采滥挖矿产资源,加剧了资源浪费和环境污染。中央选择毕节做"扶贫开发、生态建设"试验区,希望能找出一套可持续的发展方法,供西南8省(区、市)的广大类似地区借鉴,进而探索出具有中国特色的扶贫开发方法。

毕节是厉先生投入研究精力最多的贫困地区。先生不顾七旬的高龄,不辞辛劳地带领我们调研,了解各县的资源禀赋,历史文化、风土人情;他走进大山中的茅草屋,看看农户吃什么、穿什么;询问当地的干部群众,听听他们最想说的心里话;见到背书包上学的留守儿童,会告诉他们要听老师的话,多学知识做个有出息的人。厉先生说毕节人想脱贫,但不知怎么做,所以,最根本的是要进行人才支持,用知识、思想和主意影响试验区的发展,先生身体力行做了以下5件事来提高当地干部群众的思想认识:

1. 从2004年开始,厉先生安排毕节所有副处级以上干部到北大光华管理学院学习,安排他们到天津滨海新区观摩,开阔视野,为他们补上市场经济、企业管理、资源开发、环境保护、人力资本等方面的知识。

2. 援建毕节学院(2014年改名为贵州工程应用技术学院)。签署了"毕节学院北大光华管理讲座"协定,共派出光华管理学院100余人次的教授、副教授到毕节义务讲学。毕节学院是毕节当时当地唯一的一所高等院校,提升了毕节高校的教学科研水平,为毕节培养本地高素质人才奠定了基础。

3. 帮助毕节建立了6所希望小学。其中一所是先生拿出"亚洲文化奖"的全部300万日元奖金建成的。在先生的宣传督促下,"上完初中、再去打工"成了当时毕节人家喻户晓的道理,加速了青壮年文盲的扫除。

4. 向时任中共中央政治局常委、全国政协主席贾庆林呈送报告,提出将毕节学院确定为西部开发扶贫办学的教育试点基地。

5. 帮助当地一批大企业的新员工到先进地区的先进企业学习。

作为试验区专家顾问组组长,先生勤于职守,大到毕节的国有企业改制、城市规划、民营企业发展,小到山村的种草植树、以工代赈、旅游餐馆等都给出意见;作为桥梁帮助各民主党派中央、全国工商联与毕节各县区建立定点支边帮扶联系,为当地公路、铁路、电站等基础设施建设引进资金。2005年两会期间,在先生的过问下,毕节配合全国政协举办了集体采访活动,向中外百多名记者介绍了毕节扶贫开发、生态建设的工作,使试验区更加受到海内外的关注,到2006年,各帮扶单位在毕节直接投入和引进资金近4亿元人民币,支持了毕节的发展。

到2008年毕节试验区创建20周年时,全区工业总产值由1988年的23.40亿元、2004年的196.02亿元上升到427.25亿元。[1] 第一、二、三产业结构,1988年为53∶22∶25,2004年为35∶36∶29,2008年为24.9∶37.6∶37.5,产业结构进一步向三二一方向转变;财政收入从1988年的3.02亿元、2004年的26.38亿元到2008年的69.58亿元;城镇居民人均可支配收入1988年为795元,2004年为5828元,2008年为11094元;农村居民人均纯收入从1988年的226元、2004年的1665元,2008年上升到2756元;森林覆盖率从1988年的14.94%、2004年的33.92%到2008年的37.26%;人口自然增长率1988年为21.29‰,2004年为9.8‰,2008年为7.1‰,……[2] 由列举数字可见,毕节地区扶贫攻坚可持续发展的速度在2004年后明显加快。[3]

2008年先生将北京大学贫困地区发展研究院"第二届中国

---

[1] 雷明等:《科学发展 构建和谐——贵州省毕节地区开发扶贫与生态建设》,经济科学出版社,2008年版,第17—19页。

[2] 贵州省毕节地区统计局:《2004—2008年毕节地区统计年鉴》,中国统计出版社,2005—2009年版。

[3] 贵州省毕节地区统计局:《2003—2008年毕节地区国民经济和社会发展统计公报》,毕节地区统计信息网 www.stata-bj.gov.cn。

贫困地区可持续发展战略论坛"选择在毕节举行,论坛由先生主持,来自全国的学者和扶贫第一线干部参加了论坛,大家相互交流借鉴扶贫经验、探讨脱贫方法,碰撞出扶贫创新的火花。随后,先生组织光华管理学院的师生和毕节当地干部学员共同完成了"北大光华区域可持续发展丛书"第一辑6本专著的写作与出版工作,其中有关毕节的一册委派我担纲完成。在亲赴毕节调研的基础上,该书全面分析了毕节试验区的区情,总结了试验区十年来的发展状况,以大方、黔西两县为例查找其发展中的机遇、问题与对策,进而对整个毕节未来的发展提出了政策建议和战略选择。全书48万字,经过先生审读后,书名定为《科学发展 构建和谐——贵州省毕节地区的开发扶贫与生态建设》。

以后,厉先生及北京大学贫困地区发展研究院的其他师生多次到毕节讲座、调研,先生特别赞赏和鼓励当地维护生态环境、利用人口数量优势,积极开发旅游业、发展职业教育的做法,称大批回乡创业的外出务工农民为"城归",大胆预言"城归"将会变为中国未来发展的新动能。的确,毕节试验区建设呈加速之势,2019年我参加了毕节扶贫攻坚工作总结,"惊叹"于毕节的国民经济与社会发展的进步速度,如2018年毕节市的地区生产总值已达1921.43亿元,在贵州9个市州中已经高出排名第四的重工业城市六盘水市近400亿元[1]。地区生产总值中三次产业占比为21.6∶36.3∶42.1,已经完成了产业结构的调整转化。[2] 因为和经济发展相互促进良性循环,毕节的交通、水利等基础设施

---

[1] 贵州省统计局:《2018年贵州省国民经济和社会发展统计公报》,中国统计出版社,2019年版。
[2] 贵州省毕节地区统计局:《2018年毕节地区统计年鉴》,中国统计出版社,2019年版。

建设及教育、卫生、环境、文化等事业也蓬勃发展。[1] 农村贫困人口及贫困发生率直线下降,如从2014年的139万人、19.75%,到2016年的92.4万人、13.35%再到2018年的44.41万人、5.45%[2]。

毕节试验区的发展为贵州其他市、州的发展提供了样板,促进了贵州省的快速发展,同时也带动了省外其他地区的发展,仅从这一点就能显示出设立"扶贫开发,生态建设"试验区的意义,而先生作为试验区专家顾问组组长,在毕节生态建设、可持续发展上所起的作用,我想也许可用先生的一首七绝诗《百里杜鹃·贵州毕节》体现:"远观山色雾蒙蒙,近看云天草海中,野鹤年年归去早,不知五月杜鹃红。"

图2　2005年北京大学贫困地区发展研究院师生调研中的看到的毕节

三、以学术为公器,量身定制脱贫方案

毕节试验区十年的发展成就引起了国内其他省份的注意,

---

[1] 贵州省毕节地区统计局:《2003—2018年毕节地区国民经济和社会发展统计公报》,毕节地区统计信息网 www.stata-bj.gov.cn。

[2] 贵州省毕节地区统计局:《2014—2018年毕节地区统计年鉴》,中国统计出版社,2015—2019年版。

如河南、广西、新疆、宁夏、陕西、云南等省区。2008年年底,云南省邀请厉先生带领团队参加云南的扶贫开发,为昭通市的快速发展出谋划策。云南的昭通与贵州的毕节接壤,同处于国家14个集中连片特困地区之一的乌蒙山区,下设的11个区县中,有10个是国家级贫困县,国家级贫困县数量在国内市级单位中排名第四,2008年全市贫困发生率为21.77%。

在先生的带领下,北京大学贫困地区发展研究院师生按省份组成课题组分赴各地开展学术研究,"昭通地区可持续发展与减贫"课题组就由我负责,该课题组于2008年12月16日到2009年1月26日、2010年1月18日到28日在昭通6个区县的8个乡镇10个行政村深入调研,采用听取汇报、召开座谈会、入户查访、问卷调查等形式,详细了解当地的生产生活情况及扶贫减贫中的问题,回京后根据田野调查资料分专题进行案头分析研究,再经过校内外专家、实际工作者的反复讨论修改,在大量事实及数据分析基础上,为昭通的发展提出对策建议,并形成一本52万字的《贫困山区可持续发展之路——基于云南昭通地区调查研究》专著。[1] 2016年我到美国,发现该书被耶鲁大学图书馆收藏,被美国人当成了解中国解决贫困问题的代表性文献。

而北京大学贫困地区发展研究院开始于毕节扶贫研究、形成于昭通扶贫研究的扶贫研究工作模式,也在今后十一年的工作中不断完善并创造佳绩,得到了国家最高一级扶贫主管部门——国务院扶贫办以及省市县各级扶贫办、社科院及不同高校同类研究机构的认可。我们的扶贫研究工作方法是:在当地各级党政部门的配合下,经过深入细致的田野调查,收集资料及

---

[1] 雷明等:《贫困山区可持续发展之路——基于云南昭通地区调查研究》,经济科学出版社,2010年版。

统计数据,以国内外相关理论为基础,用现代的计量分析工具,从扶贫开发的各个侧面,如资源、生态、环境、人口、交通、卫生、教育、金融、投资、财政、产业、灾害等,找出掣肘贫困地区发展的关键点,理顺关系,统筹规划,因地制宜地为不同贫困地区量身定制脱贫方案。

为了推广昭通市开展山区扶贫工作的成功经验和做法,总结云南解决深度贫困问题的经验,探讨和交流乌蒙贫困山区未来减贫及可持续发展的路径,2010年12月,厉先生战略性地选择昭通为北京大学贫困地区发展研究院"第三届中国贫困地区可持续发展战略论坛"的举办地,80高龄的先生率队来到昭通,在云南省副省长、昭通市委书记、云南省扶贫办主任,以及参加论坛的学者、企业代表的见证下,宣读了《昭通宣言》,从以下六个方面向国家提出建议:

1. 突破行政区划限制,制定重点贫困片区整体规划;

2. 以基础设施建设作为重点贫困片区扶贫开发的首要基础;

3. 完善扶贫开发机制,加强扶贫开发政策的系统性和协调性;

4. 加大城乡统筹力度,把促进产业发展和农村劳动力转移就业作为增强贫困片区自我发展能力的重大举措;

5. 改善民生应作为贫困片区扶贫开发战略的重要内容;

6. 乌蒙山革命老区是中国工农红军的重要根据地之一,应把乌蒙贫困山区列为全国土地革命战争时期革命老区予以扶持发展。

之所以提出以上六个建议,是因为我们在研究中发现,各省份的扶贫开发要想收效快,靠本省份的力量及某个先进省市的对口帮扶根本不可能实现,需要国家出面,动员部委、发达地区、相邻省市和民间力量组成扶贫开发命运共同体,在整体规划的基础上,将扶贫开发真正落实在具体的项目上,落实在具体的点对点帮扶上。如昭通、毕节两地市是乌蒙山区的核心贫困区,是全国最为贫困的地区和攻坚难度最大的地区,通过宣言我们建议国家在新一轮扶贫开发中,把乌蒙山片区作为"中国终结贫困试验区",制定《乌蒙山贫困片区扶贫开发规划》;指出基础设施建设严重滞后是制约乌蒙山片区发展的最主要"瓶颈",建议国家充分考虑乌蒙山片区贫困程度深、基础条件差、自然灾害频繁的特殊性,加快推进乌蒙山片区交通、水利、电力、城镇等基础设施和科教文卫设施建设,使这一区域的基础设施条件通过未来10年的努力基本达到全国平均水平,使片区能够依靠基础设施,提升自我发展能力;建议国家建立乌蒙山贫困地区"财政专项扶持机制""产业政策扶持机制""资源有偿使用机制""生态环境补偿机制",中央部委、大型企业"挂钩帮扶机制"和沿海发达地区"对口支援机制"六大机制,整合各方资源,支持乌蒙贫困山区实施综合开发,实现可持续发展;建议国家在发展规划、产业布局、土地、税收和金融上给予相应倾斜,减少准入限制,以支持昭通加快新型工业化、特色城镇化、农业产业化,培育壮大支柱产业,大量减少农村剩余劳动力;建议推进乌蒙山区社会事业发展,继续加强基础教育、职业技术教育和高中教育投入,加大农业科技推广,强化农村医疗卫生服务网络建设,有效减少"因病返贫"现象,加快实施农村民居地震安全、农村危旧房改造工程,尽快消除农村茅草房,对丧失基本生存条件的人口,国家和省应统筹考虑选择一些人口少、土地资源多的省区市作为安置地,分期分批实施易地搬迁,从根本上解决脱贫问题。

《昭通宣言》引起了国家主管部门的重视,在国家后续的扶贫政策及扶贫措施中,采纳或参考了《昭通宣言》的内容,如国务院扶贫办、国家发展改革委随后组织调查组深入乌蒙山区调研，制定了《乌蒙山片区区域发展与扶贫攻坚规划（2011—2020年）》并上报国务院，国务院批复后，2012年2月23日国务院在昭通市召开乌蒙山片区区域发展与扶贫攻坚启动会，时任中共中央政治局委员、国务院副总理、国务院扶贫开发领导小组组长回良玉召集片区三个省（云、贵、川）的主管副省长参会，回良玉副总理指出，"坚持把扶贫开发与加快区域发展相结合，与生态环境保护和人口控制相结合，加大投入和政策支持力度，加强统筹协调和协作带动，着力解决瓶颈制约和突出矛盾，着力保障和改善民生。"强调要"发挥毕节试验区和四川省大小凉山开展了扶贫开发与艾滋病综合防治试点工作的引领示范作用，落实规划确定的各项目标任务，加快乌蒙山片区经济社会发展和脱贫致富步伐"。为全面推动《乌蒙山片区区域发展与扶贫攻坚规划（2011—2020年）》组织实施，2012年9月国家建立了乌蒙山片区区域发展与脱贫攻坚部际联席会议制度，成员单位包括中共中央、国务院34个部门，四川、贵州、云南3省人民政府，开展东西合作对口帮扶的上海、大连、深圳、珠海4城市人民政府，1个人民团体、两个民主党派和7个央企。

据云南省扶贫办主任介绍，昭通市委市政府也是以《贫困山区可持续发展之路——基于云南昭通地区调查研究》为依据，从顶层设计着手，以规划融合发展，确定了以精准脱贫为首的六大战略统揽全市的经济社会发展全局，即脱贫攻坚、交通先行、产业培育、新型城镇化、教育兴昭、生态文明，贫困发生率从2010年的37.5%到2018年年底已下降至12.49%[1]。

---

[1] 云南省昭通市统计局：《2010—2018年昭通市国民经济和社会发展统计公报》，昭通市统计信息网www.zt.gov.cn。

四、扶贫路上,诊断开方,探索规律

2011年《中国农村扶贫开发纲要(2011—2020年)》发布,来找厉先生和北京大学贫困地区发展研究院的省、市、县越来越多,希望为其扶贫开发出谋划策,如湖南、湖北、江苏、广东等地。

研究中我们发现,许多省的贫困县基本都分布在国家集中连片特困地区中,如湖南、湖北省的贫困县集中在武陵山区,扶贫开发环境同乌蒙山区很相似,而全国六百多个国家扶贫开发工作重点县都具有交通不便、生态环境差、基础设施差、劳动人口大多不识字的特征。虽然建设大型工厂能大量转移贫困人口,但在这些地区开发建设成本高,投资收益率低,企业在严酷的市场竞争面前,考虑资金收益率不会优先到这些地方选址,只有基础设施到位,才能依靠大型的工业产业快速脱贫,而国家财政每年按省下拨的扶贫资金分到县里连修条好点的山路都不够,如何"解决区域性整体贫困"问题再次引发了我们的思考。厉先生认为国家应该用联网辐射战略替代原先的梯度推进战略,即国家改变过去长期使用的东部向中部推进、中部向西部推进的发展方式,统筹规划,整合资源,集中投入,把同一区域不同省的贫困县市之间交通、水利等连成片地进行开发,避免反复修改中的多次投入,提高单位资金的收益率。

实践中,国家主管部门确实借鉴了"联网辐射战略"来"解决区域性整体贫困""贫困县全部摘帽""农村贫困人口实现脱贫"问题,并创新扶贫工作机制和模式,多管齐下、形式多样地动员了一切能动员的力量扶贫帮困,比如有先进省市的对口帮扶、部门帮扶、企业帮扶、社团帮扶、国际帮扶、个人帮扶;有政策扶贫、金融扶贫、财政扶贫、技术扶贫、教育扶贫、医疗卫生扶贫等,纵横交织的扶贫开发网络,充分显示了社会主义制度的优越性。

北京大学贫困地区发展研究院的工作也增加了许多新内容,如被广播电视等媒体邀请制作节目,协助动员社会关注国家的反贫困事业、宣传扶贫攻坚成果;联系实际为省、部门领导、企业、高校等解读中央密集出台的扶贫政策等。

2011—2013年,在厉先生的直接领导下,北京大学贫困地区发展研究院重点研究发掘中国在扶贫开发中的改革与创新,探讨贫困地区如何通过改革创新实现跨越式发展。工作中不止一次地听到厉先生表达对中国实现扶贫目标的坚定信心。因为预计到中国扶贫成功、全面建成小康社会后世界格局将会产生巨变,中国扶贫成功的经验将会让世界学界、政界感兴趣,厉先生未雨绸缪,带领我们在扶贫研究的道路上边为贫困地区脱贫把脉开方,推广扶贫攻坚中的好办法,边归纳已有的扶贫模式和成功经验,探索贫困治理的规律。如先生要求我带队对广东肇庆市德庆县及江苏省宿迁市的调研。

宿迁市下的区县和肇庆市下的德庆县以前都属于国家级贫困区、县,2012年国务院扶贫开发领导小组办公室重新确定国家扶贫开发工作重点县(之前称国家级贫困县)名单,将东部地区的原国家级贫困县全部移出名单。调研发现,东部省份在扶贫开发中改革创新的办法确实较多。如原来的国家级贫困县德庆,同样是"八山一水一分田",县政府1998年就把信息化作为"一把手工程",确立了打造"数字德庆"的目标,经过努力,2003年成为广东省山区信息化首批建设县,2006年成为国家新农村信息化综合信息服务体系建设试点县,在中国移动德庆分公司和中山大学的帮助下,被评为"国家文化信息资源共享县"和"全国科技进步先进县"。当其他贫困区还在为"通水""通电""通路"奋斗时,德庆农民已经在享受信息化带来的先进思想、文化和技术服务,开始通过互联网进行"农资配送""产品贸易",所有的大山都被农户种上了柑橘等果树,步入了现代化农业社会。在调研的基础上,课题组剖析了德庆信息化扶贫助农的经验,揭示了信息化在新农村建设中的作用,为进一步完善信息化协同作用机制以加快德庆社会主义新农村建设提供了方法和建议,最后形成了43万字的专著,名为《农村信息化选择与路径依赖——广东德庆农村信息化调查与分析》[1]。希望用"解剖麻雀"的方法,实现以点带面,推动我国的传统农业改造进而全面建成小康社会。

宿迁1996年建市,辖区内的县、区原先都是国家级贫困县,江苏省6大扶贫重点片区有3个在宿迁,全市有61.5万低收入人口、188个省定经济薄弱村,均占全省的1/5以上[2]。建市十七年中也出了走出一条后发快进、跨越赶超的崛起之路。[3] 2013年11月厉先生将北京大学贫困地区发展研究院"第四届中国贫困地区可持续发展论坛"选在宿迁举行。论坛上,与会代表讨论了后发地区宿迁"先发突破"的经验,即除了宿迁人精神引领激发出内生动力和斗志外,还依靠了科技创新、制度创新、增量带动和城乡统筹。论坛上厉先生敏锐地抓住了扶贫的本质问题,谈了"城镇化中若干问题",表达了以下观点:

1. 经济的增长必须以提高人的生活质量为目的,是生产服务于人而不是人为了生产;

2. 城镇化首先是人的城镇化,地方政府特别是贫困地区政府,不要因重视生产而忽视居民生活,要提高教育水平;

---

[1] 雷明等:"宿迁小额信贷调查",《第四届中国贫困地区可持续发展战略论坛论文集(2013)》,经济科学出版社,2017年版。

[2] 同上。

[3] 江苏省宿迁市统计局:《1996年宿迁市国民经济和社会发展统计公报》,宿迁市统计信息网 www.tjj.suqian.gov.cn。

3. 在农村人口城镇化的过程中,政府要考虑创造更多就业机会、解决住房问题。

先生在宿迁论坛上的发言让我非常感慨,因为一直以来,包括世界银行在内的组织和我国在内的许多国家,在确定贫困人口时是首先以人均收入为标准,以致绝大多数人都简单地以为扶贫就是让贫困人口的收入超过贫困线。为了达到脱贫目标,一些领导在"增收"上想方设法,但对贫困人口取得收入后的生活少了关心,比如,一些贫困户即使收入达标若干年内也解决不了住房问题;若许多贫困人口将增加的收入大部分用于还债,或家庭的大病、求学上,其生活条件并不会得到改善。先生的话实际是点醒大家要深刻理解《中国农村扶贫开发纲要(2011—2020年)》的总目标:2020年"稳定实现扶贫对象不愁吃、不愁穿,保障其义务教育、基本医疗和住房",即"两不愁三保障"的内涵——为改善民生而扶贫才是扶贫工作的最终目的。

随着扶贫开发工作的深入,我发现党中央的扶贫方略也变得更加关注民生。如2015年11月中央扶贫开发工作会议强调,"十三五"期间脱贫攻坚的目标是:到2020年稳定实现农村贫困人口不愁吃、不愁穿,农村贫困人口义务教育、基本医疗、住房安全有保障;同时实现贫困地区农民人均可支配收入增长幅度高于全国平均水平、基本公共服务主要领域指标接近全国平均水平。从有房住到有安全的房子住,这是关注民生的一个质的变化;"贫困地区农民收入增长幅度高于全国平均水平"的目标则可以逐步缩小区域间收入差别,让原贫困地区的农民实现共同富裕;"基本公共服务主要领域主要指标"包括义务教育、公共卫生、基本医疗、基本就业、社会安全等接近全国水平,则是从生活环境方面消除区域差别,给百姓一个相对公平的发展平台,激励广大群众树立起能够依靠自身努力改变生活状态的希望。

2015年国务院下发的《国务院关于积极推进"互联网+"行动的指导意见》中专门谈到"互联网+"现代农业的实施问题,回想厉先生组织的广东德庆农村信息化的研究,不禁对先生敏锐的洞察力暗暗叹服。跟随厉先生从事扶贫工作,我也在探究先生能成为学术大家的奥秘。北京大学从来没有给过其下属的北京大学贫困地区发展研究院任何经费支持,先生为什么还甘于奉献?先生关注民生的谈话让我领悟到先生的高屋建瓴与不畏艰辛的执着源自对人民的热爱。高尚的情操是一个人最终成功的基础。

五、解读精准扶贫,稳固脱贫成果,预言人类命运共同体

贫困研究工作与国家的政策、扶贫开发实践密切相关。2013年11月习近平总书记在湖南省湘西十八洞村调研扶贫攻坚时谈道:要从实际出发,因地制宜,精准扶贫,切忌喊口号,也不要定好高骛远的目标;2015年习近平总书记在贵州考察中提出扶贫开发"贵在精准,重在精准,成败之举在于精准","精准扶贫"遂成为"十三五"时期扶贫开发的特色,也成为决胜扶贫攻坚的关键,体现了党中央密切关注扶贫动态、实时调整扶贫策略的改革精神和创新精神。

中国改革开放40年中,厉先生始终主张改革、创新,他不愧为经济学大家,立刻抓住"精准"这个新时期扶贫的关键点,组织北京大学贫困地区发展研究院于2015年9月在黑龙江省建三江举办"第五届中国贫困地区可持续发展战略论坛",围绕"改革、创新与发展"这一主题,重点探索经济发展新常态下的精准扶贫战略和可持续发展以及农垦改革与发展等问题。厉先生表示,农垦体制改革重在产权体制改革和经营管理体制改革,应及早建立国有资本投资公司来管理国有资本的配置;应建立自主经

营、产权界定清晰、多种投资主体参股的农垦集团公司。先生还建议垦区的农场建设应与垦区的小城镇建设统一起来,注重生态建设和环境治理。

对于如何把握"精准扶贫",厉先生经常通过一些小事例具体解读。比如,前面提到的毕节学院,先生一贯重视教育,秉承"授人以渔"通过自我造血机能"拔穷根"的理念,为了提高毕节学院的教学水平,帮助贫困地区的孩子拥有先进的专业技能,先生倾注了大量的心血:2006年亲自到毕节为成立毕节学院揭牌,提升学院的知名度;2007年到毕节学院参加光华奖学金颁奖典礼,为获奖学金的学生颁奖,鼓励学生好好学习;多次在毕节学院主讲光华讲座,并要求北大光华管理学院的每一名教授,都要以不同的方式到毕节传授知识,考察项目等。尽管毕节学院努力提升办学质量,但毕节是贫困地区,阳春白雪类专业的毕业生还是很难找到工作。2016年在全国人大会议审议"十三五"规划纲要(草案)的小组审议会间隙,厉先生告诉中外媒体,2014年毕节学院改为职业技校——贵州综合工业学院,通过与企业合办专业,专为企业培养技术人才,就业率提高到98%,使许多未能升学的贫困家庭初高中毕业生通过接受职业教育找到了工作,使贫困家庭有了稳定的收入来源。对毕节学院因势利导,调整办学方向,先生非常赞赏。

贫困山区污染少,自然风景独特,以体验农家古朴生活为卖点开办农家乐,是因地制宜、精准脱贫的好办法,但农家乐开多了,缺少特点,生意就越来越不好做。先生就不止一次地在媒体上讲解如何培育资源特色,开展乡村旅游业。如"十三五"规划纲要(草案)的小组审议会间,先生以陕西贫困县洋县在饲养世界珍稀动物朱鹮中,抓住朱鹮一辈子就只找一个配偶的特点,开辟新婚夫妇、金婚银婚的夫妇旅游市场群体,创造出村民与市民携手机会,来启发人们如何创造"一村一品"的商机。

精准扶贫在中国大规模实施后,智慧创举不断涌现。其中2015年4月安徽省旌德县开始实施的农村集体资产确权到户与股份合作制改革、创建了"确权股改+全域旅游+多元扶贫"模式。为了解精准扶贫中农村股份制改革情况,总结经验,推广经验,厉先生和安徽省接洽后,派我带队到安徽旌德县调研,并出版了26万字的《旌德调查——关于安徽省旌德县多元扶贫的调查报告》,通过这本书,介绍了旌德县如何通过林权改革、土地确权、集体股改等一系列农村集体产权制度改革,实现了"资源变资产、资金变股金、农民变股东",把低效利用的农村资源、资金统筹起来,坚持五大发展新理念,探索出精准扶贫的新方法,走出了一条"集体经济+全域旅游+美丽乡村"的脱贫新路,实现了集体增收、群众致富、精准脱贫,让绿水青山真正成为金山银山。旌德精准扶贫研究,是对2015年11月27日习近平总书记在中央扶贫开发工作会议上的部署"通过改革创新、让贫困地区的土地、劳动力、资产、自然风光等要素活起来,让资源变资产、资金变股金、农民变股东,让绿水青山变金山银山,带动贫困群众增收"的生动解读。旌德模式可复制、可推广、可持续,如贫困地区可以根据厉先生的建言,比照旌德县做法进行下一步工作。

2017年9月在先生的主持下,"第六届中国贫困地区可持续发展战略论坛"在旌德举行,论坛上代表们充分研讨和肯定了旌德县精准扶贫的创新模式,颁发了优秀论文奖,选读了《旌德宣言》。在此次距2020年中国取得扶贫攻坚全面胜利还有4年的会议上,87岁高龄的厉先生以《精准扶贫、社会流动和道德力量调整》为题写了3500字的发言稿,谈到对巩固扶贫脱贫成果防止返贫、进一步解决区域发展不平衡问题的最新思考,体现出先生见微知著的眼界及深谋远虑的韬略,如:

1. 子女不赡养老人的问题。一些家庭脱贫后,将老人逐出家门单独生活,老人没有劳动能力,住在旧房子里勉强度日,出现人均收入提高了,但贫困户并没少,要国家兜底,增加财政负担;

2. 旅游发展中破坏环境。农村旅游投资少,增收快,旅游消费会随着经济发展而加速度发展,小村子只要把古迹修好,环境搞好,游客越多,为了旅游把环境破坏了最后会没有旅游点,得不偿失;

3. 教育不均等问题。许多贫困家庭子女受不到有质量的教育,残疾儿童上不了学,地方政府要想办法不使一个孩子掉队;要重视职业教育,职业教育对贫困家庭可以免费,可以教习贫困人口种植、养殖、特色工艺等,帮助贫困人口掌握至少一门谋生的技术;

4. 移风易俗问题。农民收入提高后,农村的"份子钱"也越来越高,降低了农民投入再生产的能力;

5. 吸引民营企业参与扶贫。扶贫如果都是政府的事会增加政府负担,要鼓励民营企业在贫困地区办企业、办学校、开医院;

6. 易地搬迁扶贫"搬得出、稳得住、能致富"问题。应充分听取村户意见。要动员愿搬迁的农民做有疑虑的农民的工作,要建设公共设施和生活设施,可通过"资源变资产、资金变股金、农民变股东"方式让农民变成了"新农民";

7. 扶贫工作中的贪腐问题。调查中发现扶贫干部有贪污挪用、截留私分、虚报冒领、雁过拔毛、强占掠夺等行为,只有严惩基层"微腐败"和"蝇贪",才可使贫困农民有信心。要注意培养观念新、见识广、有志于帮扶贫致富的青年人加入基层干部队伍。

心系民生,先忧天下——厉以宁先生……反贫困思想侧记　303

图 3　在 2017 年 9 月 17 日的第六届中国贫困地区可持续发展战略论坛上,厉以宁教授手写 3500 字演讲提纲,讲透中国精准扶贫问题

解决好以上问题,可进一步确保扶贫攻坚取得胜利并稳定 2020 年扶贫攻坚的胜利成果。但随着社会的发展,新的区域发展或个人发展不平衡问题依然需要解决,对此,先生的思考从经济手段、行政手段,最后上升到哲学层面,即依靠道德力量建成人类命运共同体,先生建言,未来中国应发挥政府和市场在消除职业固化方面的作用,要注重道德力量的调节,并预言,在未来的人类命运共同体中,人们会依赖技术进步不断加强道德自律与道德激励的能力,在命运共同体中会更加爱护环境,绿色革命会越来越影响人们的生活。

旌德论坛后至今,我一直思考着先生的发言,在扶贫研究中认真对照观察着。我发现农村"三变"后,农民收入的增长幅度已远远超过城市较低收入职业人群的收入增长水平,大量农村城市务工人员已经将下一代迁入城市接受更优良的教育,职业固化现象在市场机制和政府治理中在慢慢消除,城市垃圾在分类,农村稻田养虾等绿色种养业逐渐兴盛,农村的交通、教育、医疗、电信网络等基础设施一天天与城市缩小差距,……我衷心祝愿我的心系民生的老师,先忧天下的厉以宁先生健康长寿,带领我们去见证人类命运共同体一步步建成。

六、后记

第十届、十一届全国政协副主席张梅颖曾高度评价厉以宁老师投身反贫困事业。她指出,我国马上就进入第十一个五年规划时期,这是我国根除贫困的关键时期。自从"八七扶贫攻坚计划"实施以来,我们的扶贫成就赢得国际广泛赞誉。由于我们底子薄,人口众多,新时期扶贫任重道远。作为国内最著名的高校,北京大学在培养人才与科学研究的同时,在厉以宁教授倡导下,又率先承担起了扶贫研究与实践的社会服务工作,成立专门研究中国贫困地区发展的公益性机构,此举对我国减贫进程必将起到很大的推动作用。

张梅颖特别称赞厉以宁老师完全可以颐养天年却迎难而上,担任贫困地区发展研究院院长,是继承中国知识分子古往今来经世致用的传统,像民盟的众多学者大家一样,求真务实,用知识、用思想、用主意去为改善群众的生活做事情,表现出"学术乃天下公器"的情怀(引自《人民政协报》)。

(雷明,北京大学光华管理学院、北京大学贫困地区发展研究院)

厉以宁先生剪影

鲍寿柏

一、讲坛风云

厉先生一生钟情于讲坛,每逢授课或演讲,必周密准备,全身心地投入,用情感与听众进行心与心的交流。他的授课与讲演从没有一句套话,开宗明义,开门见山,通俗易懂,引人入胜,用大众化的语言讲清楚经济学的深奥学问。厉先生作为经济学大家,他的授课风格是淳朴的经济学底色,但传递着知识的力量、理论的勇气和文化的无穷魅力。

在 20 世纪 80 年代,厉先生的演讲是一道靓丽风景线,他用心中的火把,点燃了多少人投身于改革开放事业的激情。凡是亲历过那个岁月并听过厉先生演讲的人,对此都有深刻的记忆。

1984年秋天,我陪厉先生和师母到黄山参加一个教育经济学的座谈会,在往返中,厉先生应中共马鞍山市委的特别邀请,两次途经马鞍山,为这座城市先后作了四场专题报告。四场报告分别是关于城市经济学、比较经济学、消费经济学和教育经济学的话题,在当时国内,这几门均为新兴学科,内容既新颖又丰富,每场三个小时,而且紧密结合实际。在厉先生的学术生涯中,在一个城市做如此大容量、多学科的集中演讲活动,这是很少有的。厉先生将高深的经济学理论转换成生动朴素的语言直接面对社会大众,其中城市经济学与消费经济学这两场报告尤具震撼力。

1984年10月27日,可以容纳上千人的马鞍山市人民会堂座无虚席,各级党政干部、各大企业、研究院所主要负责人济济一堂,连后面的走廊与过道也站满了人。马鞍山是安徽工业实体经济的摇篮,因为当时宝钢还没有建成投产,马鞍山又是整个华东地区的钢铁重镇,也是苏锡常乡镇工业崛起的主要工业粮仓和原材料基地。时任中共马鞍山市委书记徐乐义与厉先生是上海南洋模范中学的同学,亲自为厉先生主持这场报告会。

那个岁月的厉先生凡做报告时不让夫人在台下听,说她在台下听课自己会感到不好意思,影响发挥。我按照惯例只好安排人陪师母找地方去参观,不参加会议(我已记不清厉先生后来是从哪一年起悄悄地改掉了这个有趣的潜规则)。

厉先生演讲的题目是《关于城市经济学的几个问题》,但报告涉及的范围非常广泛。他在报告中先后讲了城市经济与生产要素的重新组合、城市就业、物价和居民的收入、城市的向心力和离心力等问题,这些问题,都是与会人员极其关心的热点问题。由于马鞍山与南京是跨省紧邻城市,城市的功能及其运行几乎都依托南京,有关城市的向心力和离心力的话题尤为被听众关注。厉先生以全新的视角,用通俗生动的语言一一予以阐述,他的分析是那么体贴入微,一环紧扣一环,充满辩证和哲理。讲到微妙处,厉先生会不时地穿插一些小幽默,使气氛变得很轻松。但他要表达的主题一旦进入高潮,先生的语速就会加快,深邃平静但极具逻辑力量的叙述由远而近,感觉就像冰封江面下那潜伏的不可抑制的激流。

三个小时的报告,上千人的会场竟无一人离开。最后一个部分,厉先生谈到了资源型城市的转型和国有企业的改革。他以马鞍山钢铁公司为实例,论述了中国的所有制改革问题,对企业发行股票、职工入股、组建公司集团、企业将来如何通过资本市场上市、居民成为投资者和创业者等一系列问题进行了全面分析。因为报告是如此贴近这座城市的现实,而所讲的内容对与会者又都是全新且陌生的,令到会所有人都听得入了神。

厉先生的报告最后进入了关键的节点。他有力地挥动了一下胳膊,坚定而充满信心地说,将来国有大型企业改制上市进入资本市场,中国式的社会主义大财团,很可能就从马钢这样的企业中诞生。当厉先生按照这一思路顺势勾画出未来的改革愿景时,在场所有的听众被深深地震撼了!是现实中的梦想?还是梦想中的现实?就在听众的情感随着他的讲演如波涛般此起彼伏之时,先生的报告在高潮中戛然画上了句号。会场突然沉寂了几秒钟,激动的听众终于反应过来,时间到了,报告结束了,会场顿时爆发出经久不息的掌声。

这是中国改革史上第一次这样在改革现场对国有大型企业股份制改制进行如此深刻论述并提出了大胆设想,在当时犹如一石激起千层浪。报告会结束了,与会者还三三两两在一起激动地议论这个话题,久久不愿散去。后来,我将这场报告和其他三场报告的录音整理出来,并在我主办一个内部刊物上刊登后,不到一个月在全国不胫而走,几乎被全国所有大中城市的媒体转载和刊登,几十个城市来电来函索求厉先生的演讲录音。这场报告和其他三场报告在经济学界和社会各界引发的热议远远超出当初预料,在经济领域尤其是实业界产生了强烈反响。

这四场报告的记录稿,经整理后被收进1988年出版的《厉以宁选集》。

马钢没有辜负厉先生当年的策划与期望。9年后,也就是1993年,马钢作为我国首批9家规范化股份制试点企业之一,率先进行了股份制改制,并分别在香港联交所和上海证券交易所上市,成为"中国钢铁第一股"和我国当时最大的国际上市公司,创造了两个第一。这是我国钢铁工业具有历史意义的一个标志性起点。安徽省委书记卢荣景、省长傅锡寿都说,马钢上市是1993年安徽最重要的事件。此举为企业的发展注入了全新的活力,马钢迅速发展成为中国最大的钢铁联合企业之一。由于马钢的带头及示范效应,其他钢铁巨头随后几年也陆续上市,我国钢铁工业由此进入了一个新的发展时期。

马钢的成功改制直接验证了厉先生的股份制理论,里面包含了厉先生策划的心血,改革的实践也证明了他的政策主张与远见卓识。

二、厉先生的使命感

1991年秋天,厉以宁先生在北京北海公园膳斋会见美国著名经济学家、诺贝尔奖获得者米尔顿·弗里德曼,两人之间发生了一段耐人寻味的对话。

"弗里德曼：世界上最彻底的私有制，是最好的公有制。

厉以宁：此话可反过来说，世界上最彻底的公有制，是最坏的私有制。"

睿智，深刻，用一针见血的语言，点出所探究与阐述问题的实质，这正是厉以宁先生的一贯风格，也是他独特的学术魅力之所在。

回顾厉先生半个多世纪的治学生涯，如果把打破计划经济的坚冰、推进所有制和股份制改革作为上半场，那么他的下半场重心就是关注农村、打破城乡二元体制。而这，也是厉先生步入70岁后治学生涯的关键着力点，他几乎为之倾注了晚年生活相当大的精力。

厉先生多次说，计划经济有两大支柱：一是政企不分、产权不明的国有企业体制，二是城乡分割、限制城乡生产要素流动的城乡二元体制。这两个支柱支撑着整个计划经济体制的存在和运转。二元结构长期存在，计划经济体制才有长期生存的土壤。城乡二元体制的存在极其不公平，二元结构不打破，社会主义市场经济体制就不可能是一个完善而有活力的体制。厉先生强调，打破二元结构，必须从构建新体制的基石做起。

厉先生农村情结的形成，可以追溯到上世纪他在农村度过的那些漫长的劳动锻炼经历。

厉先生从小生活和学习在城市，对农村情况并不了解。但由于新中国成立以来政治运动不断，在特定的历史背景和条件下，让他在农村先后断断续续度过了漫长的岁月。

据厉先生回忆，第一次下农村是在1955年4—5月，作为北京大学经济系四年级的学生，全班去北京市海淀区肖家河参加农业合作化实习。第二次是1958年大跃进年代，作为北京大学经济系的教职员，同法律系、生物系教职员一道，被下放到门头沟区(当时称京西矿区)的西斋堂村。修引水渠,农田里干活,并在人民公社化的高潮中,当过西斋堂村吃大锅饭的公共食堂的会计。当年冬天,又被调到新组成的公社文艺宣传队任编剧,创作小品、快板,宣传人民公社的好处,到各乡巡回演出,整整一年。

从1964年10月起到1966年6月初,厉先生又随北京大学师生分两批到农村参加劳动。第一批是在湖北荆州江陵滩桥公社,第二批是在北京朝阳区高碑店公社。这一去又是两年,直到"文化大革命"爆发。他紧接着又到海淀区六郎庄、玉泉山等农村劳动了三年。到了1969年,厉先生随北京大学教职员第一批下放到江西南昌县鲤鱼洲农场劳动,在鄱阳湖边的茅屋内一住就是两年。这一次算起来时间更长,前后连续在农村近七年。

厉先生说,前两次下放农村,虽然对农村的情况有些了解,但只是浮面的东西。而1958年"大跃进"的后果直至"文化大革命"期间我国农村的遭遇和处境,给厉先生留下了刻骨铭心的印象。他在农场劳动时,常去附近的农村,看到时常有逃荒的农民到北大农场来讨饭。见到鄱阳湖边逃荒的农民衣不蔽体,冬天很冷,而这些农民却穿着单衣,光脚穿着草鞋。心想,鄱阳湖畔本是鱼米之乡啊,中华人民共和国20年了,农民为什么还如此穷困?

眼见耳闻,引起了厉先生深深的沉思,是不是我们的经济体制存在问题,否则这些现象该如何解释?在大学里书本上所学到的经济学理论为什么解释不了中国眼前看到的这一切?厉先生感觉到,中国农村的贫困、中国经济的低效率和落后,不是政策多变或政策制定者个人判断失误的问题,而是具有更根本性的体制问题。在长期的计划经济体制下,经济动力被扼杀,人民要求变革的主动性和创造性被压制,计划经济的体制同领导人个人说了算的体制紧密结合在一起,成为中国经济发展的最大绊脚石。厉先生经济学观点的转变,正是从鄱阳湖畔的鲤鱼洲开始。

在农村劳动近十年的漫长岁月,正是他职业生涯的青春黄金时代,这不能不对厉先生人生的认知与情感产生深刻而难忘的影响。厉先生不是一位书斋式的经济学家,他的历史视野和社会责任感,他的农村情结与未名湖畔忧国忧民的传统由此结合到一起,成为北京大学教授厉以宁心中永远的使命。

进入21世纪以来,厉先生不辞辛劳,跋山涉水,在全国绝大多数省市的农村进行了深入而细致的调研,形成了一整套关于打破城乡二元体制、推进城乡一体化的理论体系,这也成为厉先生经济思想的精髓和重要组成部分。以此为基础,近二十年来,厉先生利用先后在全国人大和全国政协任职的机会,并以北京大学为基地,持续不断地向中央提出了一系列可供操作的重要政策建议。

20年前,厉先生担任了国家贵州毕节地区扶贫开发专家组组长,先后率领专家组八次赴毕节地区,把那里所有的县和区都走遍了,为扶贫出力、献策,为贫困地区的致富操心。在毕节,地方领导希望北京大学光华管理学院能帮助提升毕节地区基层干部的管理水平。厉先生想方设法协调了北京大学校方和光华管理学院,承担了毕节地区600名毕节基层干部分期到北京大学光华管理学院来进修培训,每期班两个月,一律免培训费(培训费由社会捐赠)。此举开我国智力扶贫风气之先。

有一次,厉先生看完了电视连续剧《闯关东》,竟引发了他深深的感慨。他说,清朝末年,民国初年,山东的农民到了东北,可以在城里建房、买房、开店,生下孩子后,就是城里的孩子,他愿意下乡、愿意种地、愿意建房,都可以。在城里居住的可以搬到农村,在农村居住的也可以搬到城市,这就是虽有城乡二元结构,但没有城乡二元体制。而在当下中国,从20世纪50年代后期起,户籍分为城市户籍和农村户籍,导致生产要素的割裂,农民成了二等公民,如果这个难题不下决心消除,当年支撑计划经济体制的支柱还存在着并在继续运转,改革的任务就远远没有完成。说完此话,老人家长长地叹了一口气。

三、惜时如金

厉先生常常说,世界上最浪费不起的是时间,货币可以存到银行里,时间不能存,浪费了无法挽回。什么是最大的浪费?开那些浪费时间的会议是最大的浪费。

厉先生每天写1000字,古人闻鸡起舞,厉先生拂晓即起,日出而作,风雨无阻,雷打不动,数十年从未间断。厉先生数千万字的雄文,容纳了对万千世界的探究,对岁月变迁奥秘的追索。他的作品,从经济学专著、论文、随笔,到笔记、诗词、散文,无一不是出于他自己亲笔之手。先生从不打草稿,仔细想明白,列好提纲后,下笔如神,一气呵成。我与先生见面,如稍隔些许时日,常遇先生新作问世的惊喜。那时,每每轻轻翻开温暖的书页,常常自惭形秽,岁月竟从自己身边白白流过,真是愧对人生。

厉先生做学问一丝不苟,条理性极强,他的笔记、资料、文件袋,密密麻麻挂满了各种索引,年近九十高龄的他,随时能从他的狭小的堆积如山的书房中找出他所需要的东西。

但厉先生如此繁忙,竟也不放过精彩的电视连续剧。《亮剑》《闯关东》等剧都是他和师母心中的经典。而剧中那些英雄人物、风云人物的粉丝中,自然也少不了厉先生。他对演员李幼斌在《亮剑》中的精彩演出,至今一直念念不忘。

厉先生写作计划周密而细致。2000年秋天,在我的家乡江苏宜兴,年届70的厉先生与我谈起了至90岁的20年写作计划。他给那个计划起了一个很有意思的名字:假如历史重新开始。在那个计划中,首先,打算将在北京大学数十年来研究、讲授经济史所写下的上千万字读书笔记陆续整理出来,成为专著,逐一出版。这些著作分别是:《资本主义的起源——比较经济史研究》《罗马—拜占庭经济史》《工业化和制度调整——西欧经济史研究》《希腊古代经济史》《厉以宁经济史论文选》等。与此同时,拟研究和写作《超越市场与超越政府——论道德力量在经济中的作用》《经济学与生物学》《经济学的边际效应》等一系列新的著述。另外,将毕生所写的诗词和自改革开放以来所写的海外见闻与观感分别整理出来,出版《厉以宁诗词全集》和《厉以宁散文集》。除此以外,还打算写一部近百万字的自传。

写作计划如此宏大,要靠老人家不用电脑一笔一笔地亲自写出来,常人看来简直是不可思议的,但这就是厉以宁先生,他时时刻刻在与时间赛跑,他永远是创造奇迹的人。跨入新世纪后,特别是在80岁后,厉先生又与我多此谈起过那个写作计划的局部调整,即根据时势的变化,对原有写作计划进行增删与补充。根据我的印象,每次调整,都是增的多,减的少。如围绕农村改革、城乡一体化、打破二元结构体制的理论与实践、林业体制改革、低碳经济、混合所有制改革等方面的大量论文与专著,尤其是党的十八大后与十九大前,分别推出的《中国经济双重转型之路》与《文化经济学》这样的重磅力作,所有这些,几乎大都是他超额完成的自我加压任务,原先均不在他2000年的写作计划之列。

四、经济学与生物学

光阴似箭,日月如梭。厉先生20年前的写作规划如今早已变为现实,他的学术成果也早已大大超越了人们的预期。但只有一本原先在写作计划表中的专著没有写出,这就是《经济学与生物学》。

对于这部书没有写出的原因,厉先生这样对我说:经济学变化的速度太快,面临的问题太多,而生物学的进展和更新变化速度更快,远远超出了人们的预料,我在这一领域掌握的专业知识不够,难以跟得上。这本书只能摆一摆。

作为学贯中西的经济学泰斗,厉先生显然并不满足于现有经济理论来解读经济现象,他曾希望通过生物学进展的新视野另辟蹊径,能够再现复杂经济系统的运行方式,从重构现实的角度让我们能更深入理解经济复杂系统的动因。

经典经济学以数理为根基,把市场中的个体想象成按照最优原则理性行事的理性人,它强调平衡状态,以优化为基本路径,引入数学模型,希望能运用规则和定律来解释复杂的经济现象,求得最优解。这种把数学和物理学引入经济学而带来的求最优解的思维方式,在20世纪80年代风行一时。但厉先生在重视将数理思维应用于经济学的同时,则还有更深入、更缜密的思考。

1984年,厉先生多次列举了历史上一个很有名的例子。第二次世界大战时,英国食品供应非常紧张,采取了配给政策,战争结束后,为了中小学生的健康,给在校的中小学生每天课间免费供应一杯牛奶。一直到了60年代,英国政府认为战争已经结束二十多年了,于是取消了这项福利。这在英国整个福利中只是很小的一部分,花钱也不多,英国当时的执政党觉得这个钱可以省,就把它取消了。但出乎意料的是,看似不大的这么一件事,竟由此引起了巨大的政治风波,在整个英国社会引起了骚乱,最后以主管官员辞职下台才了结此事。厉先生通过这个例子,说明了经济学的一个重要原理:福利是刚性的,也是不可逆的,人们对损失的关注常常更大于对收益的关心。而这恰恰是传统经济理论(比如凯恩斯学说)所没有预料到的,更是求最优解的数理思维方式所无法预料的。

通过这个例子和其他一些例子,厉先生多次强调了经济理论必须创新,政策目标与经济预期必须加强管理。到了20世纪90年代,中国建立了资本市场。经常有人就两种观点请教厉先生,一种观点是:长期股市可以预测,但近期股市不可预测。另一种观点是:长期股市不可预测,但近期股市可以预测。问厉先生对上述两种观点怎么看?厉先生回答:长期股市与近期股市都不可预测。但厉先生同时又强调了另一个重要观点:经济预期与政策目标是可以管理的。

厉先生早在80年代中期就提出了社会主义经济理论具有开创性的论断:中国经济是一种非均衡的经济。他指出,在现实经济生活中,可行的原则是现实原则或合理原则,而不是理想原则。厉先生认为经济学与生物学之间是姐妹关系。经济学家应该从生物学的迅速发展中吸取营养,寻求理论新突破。

生物学的视角与数学和物理最大的不同是,生物的进化并不完全遵循严格的定律或者法则,它是一个竞争、变异、繁殖、适应的过程,作为一种动态思维,这一进化过程能够保证生物的多样性和结构的精巧。生物与环境之间始终处于互动之中,找到最优解不是生物的目标,存活是才它们的首要目标。

进化论的主旋律是"适者生存",而不是"最优者生存"。进化论强调了个体的行为和环境的变化,生物通过变异去适应环境,在这个过程中又改变了环境。人类的出现使得这种对环境适应与改变的过程变得五彩缤纷,突飞猛进,意义更为深远。在山重水复中始终依然遵循的这一演变规律,仍然是人们观察和理解复杂系统的一个切入点,是通向柳暗花明的路径。而这也正是厉先生一以贯之所坚持的经济思想。

厉先生说,我们所处的时代,是一个信息过剩的时代。但信息对每一个单位来说,又都是不充分的。政策的各项目标都是存在矛盾的。比如说,预测的结果往往是不能公布的,如果泄露了,现实走向就变了。这就提出一个问题:政策的效应到底能维持多久? 在20世纪80年代,厉先生曾经经常引用西方的一句谚语来警示人们:他骗了所有的人,但到后来他发现,他自己被所有的人骗了。

危机事件的爆发,所谓黑天鹅、灰犀牛事件的形成,常常都是以经济为诱因或端倪的,但由于统计数据的不可靠甚至严重失真,事件形成及发酵过程的真相往往被失真数据所掩盖,最后导致不可收拾。如2008年金融危机的爆发,就曾使西方监管机构与学术界在残酷的现实面前几乎同时失语,主流经济学家无言以对。厉先生认为,生态圈的分析框架给我们观察和考量经济与金融现象提供一个全新视角。有人把这种分析框架比作是天气预报。天气预报如果预测到了灾害天气的降临,会给你足够的时间去设法躲避灾难,却不可能消灭这场灾难。生物经济学则更贴近经济现象,不仅能对未来经济与金融市场做出预测,还有可能通过剖析市场参与者各种不同行为选择背后的原因,以及他们与市场互动产生的短期效应,来影响和改变市场过程的走势,甚至化解可能发生的重大危机。

厉先生认为,生物学的迅速发展已经或正在预示着理论上的新突破,经济学家应从中吸取营养,从与生物学的结合上推动经济学的创新,这正是经济学家新的使命。

厉先生虽然没有写出《经济学与生物学》,但他的上述思想,均已在近三十年来出版的一系列重要专著中得到了充分的体现。

五、历史情怀

厉先生早年是专门研究经济史的,同时他的历史知识非常渊博,远远超越了经济史的范畴,读他的经济史论,与哲学、政治、文学等领域无不自然而然地融会贯通,触类旁通,但经济的主线条又十分清晰,在这一点上,很少有人能及。

陪厉先生每到一个地方,他总能很快判定这个地方的历史坐标和方位,从该地的历史沿革中引出许多鲜为人知的生动故事。厉先生十分善于将这些故事与经济学的基本原理紧密联系起来。

有一次,厉先生在谈到分配制度时,他说,所谓真正的大锅饭其实是没有的。计划经济时代也有两口锅,只是有一口锅你没有见到而已。厉先生举例说,你去看一下《水浒传》第20回,水泊梁山上众弟兄实行的就是两口锅分配制度。晁盖等众头领,将打劫来的许多财物,先每样取一半,收储在库,听候支用。另一半分作两份,一份由聚义厅上十一位头领均分,每人一份;另一份由山上山下众弟兄均分,每人一份。分配毕,大家皆大欢喜。厉先生记忆力超群,每每他这样结合某个历史典故讲一个经济学的道理,常常使我感到有一种穿越感,仿佛跟随厉先生在历史的时空中遨游,不知不觉,先生将经济学的深刻道理深深地嵌入你的心中,终生难忘。

厉先生能做到这一点,与他博览群书、通达古今不无相关。为了弄通中国经济史,"文化大革命"前,厉先生专门请历史系的同学张盛健陪他到东安市场的书店中选购了一套线装二十四史,回来仔细攻读,这在当时从事经济专业的学者中是极其少见的。这套书因为体积大,堆满了书架,连床下也塞满了。1969年

10月,厉先生去江西鲤鱼洲农场,临行前只得把这套心爱的书卖掉了。当时,厉先生曾为此填词一首,表达忍痛割爱的心情:

临江仙
去江西前卖书有感
(一九六九年)

相伴多年离我去,
只因赶赴农村。
卖书从不辱斯文,
肩挑穿闹市,
售与拾荒人。

世事欠公须一忍,
任凭闲说纷纷。
他年再入学宫门,
好书勤选购,
旧作待重温。

厉先生是一位富有社会责任感的经济学家,而这种社会责任感的由来,与他早年在困境中磨砺形成的历史视野和家国情怀紧密相关。就是在鲤鱼洲劳动这两年,他还将《美国历史协会主席演说集》带上经常翻阅,从中得到深刻启示:这几位历史学家,无论是身处顺境还是逆境,都坚持把社会责任感作为己任。历史学家如此,经济学家难道不也应该这样要求自己吗?

鲤鱼洲劳动的经历及所见所闻使厉先生对国情的认识进一步深化,他给自己提出了一个严肃课题:一个身处逆境的经济学家如何自处?既然自己认为中国不能走苏联那样的工业化道路,那就应该把这个问题研究透,这是一个有良知的经济学家应有的历史情怀和历史责任。正好那些年我国正铺天盖地批判苏修社会帝国主义,从鲤鱼洲回到北大后,能看到的关于苏联经济的材料越来越多,这正好为厉先生独辟蹊径、深入研究苏联体制提供了便利。后来迎来改革开放,厉先生审时度势,能就中国未来经济体制提出一系列完整的新框架与构思,这与他早在十多年前就对苏联传统计划经济体制进行过入木三分的深入分析、批判和研究分不开的。可谓厚积而薄发,功夫不负有心人。

厉先生是学贯中西、别具一格的经济学家,他的数千万字的著作,如绵延的群山,如深邃的大海,如奔流的江河,如茂密的森林中曲径通幽的小路。他的学问,深深地植根于中华民族的土壤与根基之中,无数人为之叹为观止,高山仰止。但其中,有两本著作非常特殊,一部是《山景总须横侧看——厉以宁散文集》,里面收入散文110篇,近60万字;另一部是《厉以宁诗词全集》,收入厉先生从1947年到2017年这60年里所写诗词共1416首。我认为,这两部著作最能集中体现经济学泰斗厉以宁先生的历史情怀,是解读厉先生经济思想的两把钥匙。

厉先生在写作与演讲中曾不止一次地引用了他数千首诗词作品中的一段名句:缓流总比激流宽。它出自在20世纪80年代初写的一首词:

鹧鸪天
游四川青城山有感
(一九八一年)

洞穴深深好炼丹,
迢迢千里献高官。
贵人几个通灵性?
道在是非一念间。

> 登小阁,望前川,
> 缓流总比急流宽。
> 从来黄老无为治,
> 疏导顺情国自安。

厉先生多次说,从历史与经济的关系上,这是他的众多诗词中最能反映他经济思想和历史情怀的一首词。

六、读书引擎

数十年来,厉先生常常用他渊博的历史知识和人生阅历,教导我要用历史的视野来审视经济发展的演变过程,学会从经济、政治、历史、文化的结合上来观察和思考问题。我当年在北大上的是数学力学系,与数学相比,人文底子相对比较单薄,因此,跟先生学经济一直有自卑感,诚惶诚恐,几乎天天在补课,生怕跟不上他的思想,这样,厉先生就成了我数十年来读书生涯的主要引擎。

20年前,厉先生与我谈到了当年他的老师陈岱孙先生推荐的一本书,是18世纪荷兰经济学家曼德维尔写的《蜜蜂的寓言》。陈岱孙先生说,可惜此书语言晦涩难懂,极难翻译,但此书发人深思,值得一读。厉先生说,故事大意是:

从前有一个蜜蜂王国,国王喜好吃喝玩乐,金钱挥霍无度,在他的倡导下,国民纷纷效法,有钱就花,无论穷人还是富人,挣了钱就去大吃大喝,挥霍游乐,没有人去存钱,在这个千金散尽还复来的国度,在这个花花国王的主政下,竟热气腾腾,经济一片繁荣景象,穷人与富人都很欢乐。就这样过了若干年,国王去世,新王即位。新的国王主政风格与老国王大相径庭。新国王觉得这个国家太奢侈了,太浪费了,主张节俭,他带头节衣缩食,饮食主张简朴,带头吃素,带头穿起了补着补丁的衣服。在他的倡导下,老百姓也都节欲,省吃俭用,不再大吃大喝,挣了钱小心翼翼地存起来。衣服穿破了打补丁,东西用过了反复用,节俭之风,弥漫全国,如此下去,竟不到几年,国家经济状况日渐衰败,越来越穷,穷人越来越多,昔日繁荣已不复再现,如日落西山,每况愈下。曼德维尔由此得出一个深刻的结论:个人的善行对于社会是一场灾难。

厉先生说,这本书阐述了一个经济学的命题:个人的恶德往往带来公众的利益,而相反,个人的善行则往往带来社会的灾难。

2002年5月,该书中译本在国内一出版,我便买来仔细阅读,发现该书从商业社会动力与道德层面之间的关系分析上,给人以一系列新的思索,对当代社会的市场化进程极具警示与启迪意义,我从中终于领悟到经济学大师们为什么会关注这本书。

读此书,我常常想起了厉先生20世纪80年代初推荐我阅读哈耶克的名著《通向奴役的道路》时,与我多次讲起书中的一句名言:世界上最大的坏事往往是好人干出来的。这也印证了恩格斯的一个著名判断:善良的愿望往往会把人引向地狱。

厉先生在20世纪80年代与哈耶克的《通向奴役的道路》一道推荐给我阅读的另一部名著是罗斯托的《经济成长的阶段》。这本书厉先生在鲤鱼洲农场时随身带在身边,并经常翻阅的著作。厉先生当时告诉我,罗斯托在这部著作中提出了经济起飞理论,此书的一个核心观点是,要实现现代工业社会,需要培育和造就一个中间的企业家阶层,以及一种创业创新的信念,一种精神力量。美、英、法、德等国都是这样完成了"起飞"的历史使命。而苏联的工业化走的是另一条道路,它是以强制剥夺国内农民的方式实现了非正常方式的积累,以牺牲效率(同时也牺牲了公平）为代价取得了工业化的发展，后果是经济活力下降，经济进一步发展受到阻碍。

厉先生说，苏联那样牺牲农民的工业化道路不足取，这是我在离开鲤鱼洲时就已经形成的基本认识。中国的经济起飞要走自己的路，要做到这一点，致力培育和造就一个新兴的中间企业家阶层是必需的。

厉先生说这话以后的三十多年，共产党领导中国人民走出了一条中国特色社会主义经济起飞之路，在此过程中形成的一个新兴企业家阶层从中发挥了中坚作用。历史也证明了厉先生早年的预见和判断。

厉先生经常跟我说，经济与科技、经济与文化是紧密关联的，在当今世界，看问题既要有历史眼光，又要有国际视野，二者缺一不可。

2015年，厉先生为了拓展学生的国际视野，专门写了一本《欧洲经济史教程》，该书一出版，先生送我时特别关照了一句话：你读此书时要注意书中的两句话，一句是："民主是在民主的名义下丧失的"；另一句是："最坏的政府也比无政府好"。

有一次，厉先生与我谈到了英国斯威夫特的《格列佛游记》，他说，人们可能只注意到了大人国与小人国，其实书中的"飞岛"和"马岛"所反映的寓意更为深刻。厉先生说了，我便赶紧去书店把那本孩提时代早就读过的名著买来重新复读，竟从中了解到资本主义原始积累时期许多重要特征和当时的社会现实，从一个新的层面上悟出了许多新的道理。

厉先生的独特的读书视角还给了我一个重要启示：有些文学名著可以从经济学和经济史的角度重新复读。2007年暑假，厉先生和我谈到很想在80岁前写一部《中晚唐、五代的社会经济变迁》，这是一部从历史大视野来考察经济变迁的学术著作，可惜现在力不从心,很难抽得出时间了。厉先生说,这一时期前后 200 年的历史剧变非常值得关注,到了宋朝,那时已与唐代面目皆非,完全不一样了。听厉先生这么一说,出于求知与好奇,我专门抽时间浏览了这一段的一些史书,并重读或重新浏览了《金瓶梅》《水浒传》等名著,侧重了解小说所反映的当时的社会经济现实。这一读,竟从经济学和经济史的视角获得了一系列新的认知和感受,获益匪浅,也丰富了我对现实经济生活进行观察的能力。

我年轻时喜欢看的巴尔扎克的《人间喜剧》中的一些作品,受厉先生启发,后来我也曾从书架上拿下来重新复读,发现这部书尤其是"风俗研究"部分的一些代表作品,通过对 19 世纪上半叶法国形形色色的资产者的描写,刻画了封建主义向资本主义转型的历史时期,金钱是如何取代贵族特权利益的,期间的很多生动的细节和过程描写在经济史的著作中是看不到的。我这才发现,这部书其实也是经济学的非常生动的教科书。要想了解那个国家、那个民族的经济脉络的由来和演变,抽时间读一下那个国家、那个时代的不朽名著,从中常常会得到意外的收获。

七、相濡以沫

有一次在黑龙江开会时,傍晚陪厉先生和师母在田野上散步,两人高兴了,一下子唱起了小时候最喜欢的儿歌:

> 今早是阴天,太阳困在云里。
> 母鸡喔喔叫,公鸡蝈蝈啼。
> 快点快点起床,
> 刷刷牙,揩揩面,
> 背起书包上学去。

> 一个人唱歌,多寂寞,多寂寞!
> 两个人唱歌,多快活,多快活!

在那流逝的漫长岁月里,我记得曾好几次听到厉先生和师母一道欢乐地唱起了这首歌,两个人像孩童般天真地欢乐,尽情而忘我。这应该是他(她)俩最喜欢的一首儿歌。

师母何玉春是湖南沅陵人,抗战时期,厉先生随家人逃难来到沅陵,后来,厉先生常常把那块土地深情地视作第二故乡。在他的诗词中,是这样描写湘西的:

> 林间绕,泥泞道,深山雨后斜阳照。溪流满,竹桥短,岭横雾隔,岁寒春晚,返?返?返?
> 青青草,樱桃小,渐行渐觉风光好。云烟散,峰回转,菜花十里,一川平坦,赶!赶!赶!

如诗如画的湘西梦境,苦难岁月连系的世纪情缘,铸就了经济学家的诗人情怀。

在倾情扶贫的岁月里,厉先生和夫人何玉春把自己的积蓄捐给了贫困地区的义务教育。位于毕节地区的七星关区原有一所小学由厉先生和夫人出资得到改造重建,援建的小学取名为"宗琳小学"。"宗"是指何玉春的母亲,她老人家名为刘宗英。"琳"是指厉先生的母亲,她老人家名为袁是琳。除此以外,厉先生和夫人在湖南沅陵县二酉苗族自治乡也捐赠了一所义务教育学校。沅陵县是何玉春的故乡,也是抗战时期厉先生全家由江苏逃难至湖南所居住的地方。那是一个贫困县,厉先生夫妇捐钱作为扩建经费,帮助当地山区酉水边一所九年制(小学加初中)的寄宿学校改善了教学与居住的基本条件,以寄托对沅陵这块充满感情的故土的一片深情。

厉先生夫妇的生活极其简朴,起居生活方式也极其简单。平时用餐,一碟梅干菜烧肉或湖南腊肉小炒,一碟素菜,一碗炖鸡蛋,几十年如一日,几乎没有变化。最近些年,用餐时多出了一份罗宋汤,这份西洋结合的新玩意儿,先生和师母都很喜欢。每次只要是学生到他家来了,先生和师母常常会叫住,留下与他们一起用餐。

每次外出讲学、调研和考察,厉先生总是要求轻车简从,不搞宴请,不上酒水,用餐时饭菜一起上,越简单越好。那个年代还没有八项规定,每逢外出,邀请方很盛情,师母常常走到前台,帮助厉先生把好这个规矩,她说,他不好意思得罪人家,只好我来替他当罪人,打这个头。2002年与2006年,厉先生应邀到安徽与江苏讲学,台湾来的舅舅袁是璋先生和夫人回大陆同行,厉先生和夫人一路上坚持要求全家一行人吃住费用全部由厉先生来自理,不让公家付钱。接待单位认为先生来了又是上课又是做报告,感到十分过意不去,但厉先生在这件事上非常固执,坚持不让公家付一分钱。

在生活的其他方面,厉先生夫妇也奉行极简主义。厉先生作为海内外知名的大经济学家,整天忙于做学问,平时从不理家务生计,对钱几乎没有什么概念。他的衣着打扮更是简单,很少有奢侈品。厉先生的绝大部分衣着都是师母在普通大众化商场或超市里为他买的,以穿着舒适方便大方为标准,几乎没有大牌子。师母有时看到衣服好,在给先生买衣服的同时常常顺手多买两件送我。这样,有时陪厉先生到外地考察时,常常会有人问我:你穿的衣服怎么总跟老师是一模一样的?我说是师母送的。那时,我会很感谢师母给了我这个特别待遇,心中充满了温暖之情。

厉先生家原先住在中关园,房子很小,一进门放鞋柜的地方也放了书橱,到处堆满了书。后来搬到蓝旗营小区,也只有100多平方米,真正能用于写作的地方只有几平方米。有一次外出开会,在机场候机时,几个学生商量建议要向学校反映一下这个情况,争取改善一下老师的工作条件。厉先生在旁听到了,不让他们讲,学生们继续在讲这个事,先生一下子发了火,而且是很大的火。等事情过去了,厉先生私下对我说:我对自己的生活现状已经很满意了,没有任何奢望。与小学同学比,我最好,与初中同学比,也是我最好,与高中同学比,又是我最好,我还有什么理由再去与别人攀比的呢?

(鲍寿柏,中共马鞍山市委)

比较经济史研究和中国道路探索

蔡洪滨 颜色 滕飞

一、经济史研究的发展脉络和论著概览

（一）经济史研究的发展脉络

厉老师在经济理论和政策研究上的建树，厚植于他早年在经济思想史和经济史的根基。自1951年考入北京大学经济系以来，厉老师受业于多位经济学大师。其中，陈岱孙和赵迺抟两位前辈，都谙熟美国制度学派经济学，这两位先生当年把厉老师引入经济学说史研究领域；周炳琳、陈振汉两位先生把厉老师引入经济史研究

领域。[1]

1955年毕业后,厉老师在北京大学经济系工作,开始了在经济史和经济学说史领域的研究和教学。他在国内最早编译国际顶级经济史研究刊物《经济史研究》《经济史评论》等英文杂志上的文章,供师生科研和教学使用;翻译苏联学者波梁斯基的《外国经济史(封建主义时代)》;1959年和好友马雍一起翻译罗斯托夫采夫的《罗马帝国社会经济史》,并先后讲授"外国经济史""经济史比较研究",并与陈振汉教授合开"经济史学专题""西方经济史名著选读"等课程。

进入新千年,厉老师持续将当年经济史系列课程的讲义、手稿和多年读书笔记整理出来,著书立说。商务印书馆分别于2003年、2006年、2010年、2013年出版了厉老师的《资本主义的起源——比较经济史研究》《罗马—拜占庭经济史(上、下册)》《工业化和制度调整——西欧经济史研究》和《希腊古代经济史(上、下册)》。加上1982年与罗志如先生合著的《二十世纪的英国经济——"英国病"研究》(2013年由商务印书馆重印),共五本,形成了体系完整的西方经济史研究专著。

与此同时段,商务印书馆于2012年出版了《厉以宁经济史论文选》,汇编了厉老师各个时期经济史学代表作,包括20世纪80年代与陈振汉先生合开西方经济史学课程的部分讲稿,以及他自20世纪60年代以来撰写的经济史论文共29篇。另外,以上著作的部分精彩篇章,由厉老师自选成《西方经济学探索》,于2010年由首都师范大学出版社出版。2012年由中国人民大学出版社出版的《欧洲经济史教程》,可以说是厉以宁多部经济史著

---

[1] 罗志如、厉以宁:《二十世纪的英国经济——"英国病"研究》,商务印书馆,2013年版,第614页。

作的简明读本。

厉老师曾说,"经济史是我的老本行,经济学理论和经济改革实践问题是在中国经济改革大潮推动下我从事研究的新领域"[1],而老本行和新领域并不矛盾。厉老师治学,既秉承中国学者"论从史出"的学术传统,又对西方经济学说和经济史学各领域有着深入把握,并相信单纯通过经济学无法全面理解中国经济社会,而要在比较分析整个东西方文明的基础上,并将经济学、政治学、社会学等同历史研究结合起来,才能更好地理解中国,为改革实践对症下药。厉老师对中国经济改革发展的不少重要理论和政策研究,很多思想也出自对经济史和经济思想史的系统把握。

2017年6月13日,《光明日报理论版》整版刊发了厉老师"中国经济学应加强历史研究和教学"一文。厉老师在文中指出当前"对经济史课程和经济学说史课程的重要性认识不足"的问题,并现身说法,围绕自己的求学、治学和教学经历,说明了学好经济史和经济学说史对他自己求学和治学的积极影响:为经济学研究打下扎实的基础,对理解工业化道路,对中国选择社会主义道路,对知晓西方经济学的局限性等都有着非常重要的作用。并在文章最后提出"经济学是一门历史的科学"。[2] 该文既对中国经济学和经济史学科建设提出了中肯建议,也可以从中领略厉老师的历史观和方法论。

(二)论著概览和现实关切

厉老师在经济史经济学说史上的功底可以说是博大精深,

---

[1] 厉以宁:《资本主义的起源——比较经济史研究》,商务印书馆,2003年版,第605—607页。
[2] 厉以宁:"中国经济学应加强历史研究和教学",《光明日报》,2017年6月13日,第11版。

在中国经济学界是非常罕见的。关于资本主义阶段的西方经济史和经济学说史,是厉老师的重点研究领域,他在其中涉猎广泛,著述颇丰。早期比较有代表性的著作是《二十世纪的英国经济——"英国病"研究》,由罗志如教授和厉老师合作。这本书从国别经济的角度,详细分析了英国经济在20世纪的发展和变化,所面临的各种问题和挑战,所采取的应对策略,深层次的经济社会矛盾背后的经济政治因素。《资本主义的起源——比较经济史研究》是厉老师集多年经济史的研究成果形成的,对于从封建社会到资本主义社会演变的系统性总结和分析。通过对不同形态的封建制度的深入剖析比较,厉老师回答了为什么欧洲率先实现了从封建制度到资本主义制度的过渡,而其他国家往往在外来冲击下才由封建制度转变为资本主义制度。《工业化和制度调整——西欧经济史研究》,可以看做是《资本主义的起源》的续篇。厉老师在此书中系统性地论述了资本主义阶段欧洲不同国家在工业化进程中所进行的制度调整,着重分析了如何实现从刚性资本主义到弹性资本主义的转变。厉老师对欧洲古代经济的研究成果主要体现在《希腊古代经济史》《罗马—拜占庭经济史》两部四卷著作,厉老师基于对大量史料的分析,对古代的经济结构,包括对不同产业、不同生产要素、不同利益集团开展了多元比较分析。围绕对贵族、大地产主、小农、自耕农甚至无地农民的分析,展现出了平民贵族斗争、公私土地改革、政治权利分配、公民兵制和士兵授田等变迁,等等,探讨了一系列关乎古代世界制度调整的重要问题。

  厉老师的这些著作给读者一个强烈的体会是,厉老师治学严谨,史料和文献功底深厚。在《厉以宁经济史论文选》第一部分收集了厉老师在20世纪60年代写作的关于美国经济史的四篇论文。从毕业留校工作到那时,厉老师已经钻研西方经济史有十年多的时间。虽然那是个与外界隔绝的时代,但北大经济系资料室有大量的书籍和期刊,又有陈岱孙等一批优秀学者做老师引路,加上自己的天赋和勤奋,从这些论文里已经可以看出厉老师治学之严谨,对史料和文献的了解和把握已经有相当的功底。《二十世纪的英国经济——"英国病"研究》体现了厉老师30年的经济史功底,全书共12章,对影响英国经济的诸多方面(比如世界工厂地位的丧失,殖民体系的瓦解,福利社会的建立,传统社会结构和精神)进行了详细的介绍和总结,对英国经济政策的不同维度(理论演进、需求管理、收入政策、混合经济等)做了深入的剖析和研判。在80年代初中国刚刚开始改革开放的时候,对一个西方国家的经济有这样的了解和研究,这是非常难得的。

在对前沿经济学理论的把握上,厉老师在经济学说史研究上同样功力不凡,对学术前沿发展有全面的把握。从古典经济学、新古典经济学、凯恩斯经济学,到当代经济学的主要理论和流派,他把握得都非常全面准确。《厉以宁经济史论文选》第二部分收集了6篇厉老师80年代关于技术创新、制度创新和人力资本理论的文章,对于每一个领域的理论起源、发展,以及前沿问题,他都进行了全面的梳理,把每一个理论的发展脉络分析得很清楚,并且能够提出自己的分析、看法和批评。从厉老师关于西方经济学史的著作中,可以清晰地感受到他视野的宽广,视角的独特,以及思想的敏锐。对于西方经济学的发展,重要的理论和学说,不同学派之间的异同和争论,他能够站在一个不同的高度去思考、理解、分析和批判。

厉老师重点关注和研究的理论和学说,往往是对中国经济发展和改革开放有特殊意义的。比如,80年代厉老师非常重视罗斯托的经济起飞理论,以及围绕这一理论,西方经济学从各种不同角度的分析、批判和讨论。当时中国市场经济刚起步,经济正要起飞,这个理论显然有着特别的借鉴意义。此外,厉老师一直重点关注熊彼特的创新理论,库茨涅夫的长期增长理论,人力资本理论等,这些都是和中国经济发展密切相关的领域。厉老师从 80 年代开始对这些西方经济史和学说史的介绍、分析和研究,很有前瞻性地为中国经济学的发展和探索提供了很好的思想养分。

在对西方经济史和经济学说史的深入研究基础上,贯通经济学思想和理论作为支撑,灵活运用制度经济学和动态演化的观点,厉老师提出了自己的关于制度演变的理论体系。这是一个了不起的学术成就,其学术价值将随着时间的推移而日益彰显。为什么欧洲最早实现了从封建制度到资本主义制度的演变?为什么资本主义没有像马克思所预言的那样走向自我灭亡?这些是经济史最重要的一些问题,也是学术界一直以来关注研究最多的。制度学派的各种理论,比如道格拉斯·诺斯等学者的大量研究,试图回答为什么工业化和资本主义制度首先在欧洲发生。厉老师在总结了两千多年经济发展史和制度变迁过程的基础上,提炼出一些最核心最根本的规律,形成了自己的制度演化理论。这个理论体系的建立,使得厉以宁老师经济史的研究上升到了一个非常不同的高度。

二、经济史分析的方法和比较视角

(一) 经济史分析方法:历史考据、量化研究和经济学理论

纵览厉老师西方经济史的系列专著,上下三千年,纵横上万里,展现了多姿多彩的经济、政治、社会、历史画卷;分析的过程史论结合、论从史出,产生了一系列观点鲜明、鞭辟入里的学术

思想。面对横亘千年、卷帙浩繁的历史资料,任何一位学者都需要一个去粗存精、由表及里的过程,这个过程导向什么结论,起决定作用的是研究者的治学方法。

在20世纪80年代的课堂上,厉老师常常要求学生要在经济史、统计和经济理论三个方面打好基础[1]。这也是熊彼特在《经济分析史》中对经济分析能力的要求。厉老师基于熊彼特学术理路,对经济分析能力有着一般性的统合理解和把握,通过综合运用经济学、政治学、历史学、社会学等多学科方法研究经济史问题,倡导"经济史上的若干重大问题的解决,将有赖于经济学和历史学的研究者们共同努力,有赖于传统经济史学和新经济史学的共同努力"[2]。

在史料把握方面。在厉老师的经济史研究中,突出特点是他对历史资料和考据的大量占有。他对史料的掌握非常充分,而且很多都是国内学术界不了解的,或者关注度不够的历史资料。以《罗马—拜占庭经济史》为例,厉老师对材料有古罗马时代人物的文献,有自古以来对罗马通史的研究著作,有对罗马经济社会专题历史的研究前沿,有考古发掘资料,有主流经济学家对制度、国家等议题的研究文献,甚至有些文学资料作为补充等,资料的综合齐备程度超越国内欧洲古代史学者,并能够从经济的视角给出深刻的解释。

在量化研究方面。在厉老师留校任教的初期,正是量化历史研究创制的时期,以福格尔为代表,推动着经济史研究朝着统计和计量分析的转向,厉老师称之为"经济史学革命"。厉老师

---

[1] 陆昊:《当代中国经济学家学术评传——厉以宁》,陕西师范大学出版社,2002年版,第21—22页。
[2] 厉以宁:《资本主义的起源——比较经济史研究》,商务印书馆,2003年版,第610页。

对"经济史学革命"有着积极的评价,认为是传统经济史学陷入困境的结果[1],并有着多篇论文介绍评述有关方法和研究,是中国最早一批深入学习和应用经济史新方法的经济学家。他早年有关美国经济史和农业政策的论文也大量采用统计数据分析的方法。20世纪80年代的经济史课堂上,厉老师也是较早介绍量化历史研究的学者。

(二)比较经济史学

厉老师的经济史治学方向为"比较经济史学"。比较,是人理解事物的基本思维方式,任何学问都离不开比较:量化历史研究中采用的反事实度量、准自然实验及其二重差分的技术方法是"比较"的;库兹涅茨关于产业结构的研究是"比较"的;罗斯托关于发展阶段划分的研究,经济增长理论关于要素的分析,甚至"年鉴学派"对三个历史时间的经济社会结构分析等,也都离不开"比较"二字,离不开"历史"情境。厉老师认为以上都是"第二次世界大战以来比较经济史研究所取得的重大进展"[2],一切使用科学比较方法的理论都可以为比较历史研究所用,都可以成为比较经济史学的有机组成部分。

选择比较经济史除了导师们的引导和自身的知识积淀外,还基于对历史和现实的深切观照。1959年,在同好友马雍一起翻译罗斯托夫采夫的《罗马帝国社会经济史》时,厉老师便"深感世界历史是多元的,而不是一元的。用一种简单的社会演变模式想概括差异如此之大的东西方各国历史发展进程,显然是不科学的"[3]。

---

[1] 厉以宁:《厉以宁经济论文选》,商务印书馆,2013年版,第333页。
[2] 同上。
[3] 厉以宁:《资本主义的起源——比较经济史研究》,商务印书馆,2003年版,第606页。

这种比较历史观一直贯穿厉老师经济史著作之中,也推动着他独立思考,不去削足适履,不用固定的模式和方法来裁剪历史,而是深入比较剖析各类社会体内在结构特征,得出让人信服的研究结论。

对历史进行综合比较研究,可以帮助克服历史偏见,形成完整的历史观。启蒙运动以来,科学理性、发展进化意识成为主流,西方中心论和进化史观得以发展。而一战之后,西方开始反思此前的线性发展、阶段论和西欧中心主义的历史观。以斯宾格勒和汤因比为代表,"突破西欧单线论,提出历史发展多样性的观点,无疑开拓了比较历史研究的视野"[1]。厉老师的研究正是根据论题的范围和史料的可获得性,选取不同的理论方法展开。事实上,这也是早期经济学的学术传统,那时的经济学和经济史是不分家的,亚当·斯密的《国富论》和马克思的《资本论》等,都是经济史、经济思想史与经济学理论的统一体。不过在当代"科学主义"的影响下,这种治学格局并非所有学人可以模仿。厉老师也坦言,他在经济史上的探索与他对现实经济理论政策研究不同,前者"只是发表自己的某种见解或思考,并不想去影响其他人的研究"[2],如果此类著作"能使读者受到启发,或感到疑虑,并由此引起进一步的思考,也就心满意足了"[3]。

三、主要理论贡献和学术思想

(一)制度演变和调整的核心思想

厉老师制度演变理论体系的核心思想可以概况如下。

---

[1] 厉以宁:《资本主义的起源——比较经济史研究》,商务印书馆,2003年版,第606页。
[2] 同上,第6页。
[3] 同上,第7页。

一种经济制度下有不同的统治形态和方式,即经济体制。体制是由一系列经济政治政策法规及社会文化环境所构成。概括而言,体制可以分为刚性体制和弹性体制。刚性体制是僵硬的,不灵活的;弹性体制是柔性的,灵活的。体制刚性和弹性的衡量指标,是社会流动性,包括水平的和垂直的社会流动性。刚性体制下社会固化,社会流动性很低;弹性体制下社会流动性高。

一种经济制度设立之初,往往是刚性的。比如封建制度,通过等级、身份、财产权、迁徙和职业限制等制度安排,限制水平和垂直社会流动。一段时间内,刚性体制会显得有序而稳定。但随着时间的推移,社会矛盾会不断积累。伴随着社会经济条件的变化,在一定的条件下,体制外异己力量会不断壮大,体制外权力中心会不断加强。强大到一定的地步,就会导致原来经济制度的崩溃,建立新的经济制度。原生态的资本主义制度就是这样在欧洲产生的。

在同一种经济制度下,由一种体制到另一种体制的转化,叫制度调整。中国的封建制度之所以延续了两千多年,就在于从宋代开始,实现了从刚性体制到弹性体制的制度调整。这包括身份制度的弱化,土地产权的调整,科举制度的实施等。这些制度调整提升了水平和垂直的社会流动性,体制外异己力量和权力中心无法壮大。虽然历经朝代转化,但封建制度富有韧性。封建制度的崩溃,是在外力冲击下发生的。

资本主义一开始也是刚性的。在工业化初期,贫富差距不断扩大,劳动阶级生活状况恶劣,政治经济权利微薄,改善自身命运机会渺茫,社会矛盾日益加深。但在各种压力之下,欧洲国家进行了一系列的制度调整,体制逐渐由刚性转化为更有弹性。这包括义务教育的推广,政治上民主权力的普及,混合经济福利国家的建设等。这些制度调整,在不同的国家有不同的历程,也都经过长期的时间。经历了大萧条和"二战"的冲击,资本主义的弹性体制在战后完整地建立起来。

(二)古代制度变迁的经济分析

以古代农业经济为例,社会制度的刚性和弹性的分析,背后有着生产和分配的经济逻辑。厉老师在对古代经济分析的过程中有着深入的洞见和大历史观。

从生产的角度来看,生产要素的相对稀缺性在很大程度上影响制度选择。在古代的东西方社会,农战合一的体制普遍存在。在古希腊,随着铁器的大量使用,训练有素采用方阵肉搏战的重装步兵出现,昔日英雄和骑士地位下降,构成重装步兵的主要人群——富裕农民和城市小市民阶级[1]——的相对稀缺性提升,推动了梭伦的民主化改革。不过,陆军仍有兵种区别,从战斗力强弱(对城邦贡献大小及其"议价能力")的角度,梭伦改革将人群分成四个等级,从富裕到贫穷,当兵义务从大到小,政治权利义务也由大而小。所以,陆军是贵族政治基础。随着希波战争的开展,雅典海军的重要性提升,雅典的多层桨战船需要大量的桨手帮伙,穷人虽然没有装备,但一身力气也可以贡献于城邦。于是海军成为民主政治的基础,推动了雅典民主制朝着纵深方向的调整。在古罗马,从贵族制到共和制再到帝制,也由经济结构的深度互动所致。古罗马的《十二铜表法》就是平民三次战场撤离运动(军事罢工)之后,贵族做出妥协产生。表面上看是平贵矛盾,实质还是不同生产要素相对稀缺性的消长问题。

---

[1] 马克斯·韦伯著,康乐等译:《经济与历史 支配的类型》,广西师范大学出版社,2004年版,第232页。

但随着疆域的扩大,财富分化破坏兵农合一制度及其公民精神。"格拉古兄弟的改革的目的是纯军事性的,代表了企图维持公民军队免为佣并所取代的最后努力"[1]。在改革失败后,马略改义务兵制为招募制,公民兵逐渐由职业军人替代。传统公民的权利义务精神式微,推动共和制朝着帝制的方向演化。

从分配的角度来看,对平等的概念和原因理解不同,制度的选择方向各异。从平等的概念上看,阿玛蒂亚·森有过"equality of what"之问。对于此厉老师在对斯巴达式平等和雅典式平等的比较中有着深入的论述[2],前者追求经济的生活的平等,要求富人穷人在生活的形式上一律平等,采用共产共餐制等;后者追求政治权利的平等,甚至极端地认为投票选举属于贵族或寡头制度,而采用抽签的方式来选择城邦领导人。对平等有着不同理解的社会会选择不同的制度路径。而政治权利的平等制度要比物质生活的平等制度有着更加复杂的演变,故此,斯巴达的基于经济平等的寡头制可以稳定数百年,而雅典的民主制则经历了数百年的迭代。人们对平等的定义影响制度选择,而对不平等原因的认知和共识在很大程度上影响着社会稳定。如果人们普遍认为社会是弹性的,通过个体努力可以打破不平等,社会更倾向于稳定;而如果人们普遍认为社会是刚性的,不平等源于个人努力之外的身份地位等因素,社会更容易发生变革。在厉先生的古代经济史研究中,我们可以看到古代国家制度变迁背后的这一逻辑,他把古代经济、社会、制度等的耦合和变迁分析得入木三分。

---

[1] 马克斯·韦伯著,康乐等译:《经济与历史 支配的类型》,广西师范大学出版社,2010年版,第272页。

[2] 厉以宁:《希腊古代经济史》(上),商务印书馆,2013年版,第246—248页。

四、历史启迪和现实借鉴

（一）经济学理论和实践的贡献：社会流动性

厉以宁老师的制度演化理论，高屋建瓴，体系宏大。它不仅为理解长期经济社会发展的一些最重要问题提供了全新的宏观框架，还对我们思考和研究中国以及世界当今面临的最深层挑战有特殊的启发。

厉以宁老师的体制演化理论，是对国际主流理论的突破和超越。毫无疑问，厉以宁老师吸取了国际学术界在经济史和经济学说史上的丰富养分，并且对马克思对资本主义的批判有很好的把握。但是他并没有被前人的框架所限制，而是在前人的学术基础上大胆提出了自己的框架。国际经济学关于制度演变的主流理论是以诺斯为代表的制度学派。他们认为资本主义在西方的兴起，根本在于自文艺复兴后，西欧一系列保护产权和知识产权的制度建立起来，促进了投资和技术发明的日益活跃，进而导致第一次技术革命和工业化的开始，资本主义由此从封建制度破茧而出。这个理论的核心思想，是产权保护对于资本投入的关键激励作用。厉以宁老师的理论视角与此很不相同。他强调的是社会流动性在制度调整中的核心作用。社会流动性影响人们工作创业的积极性，给人们机会通过自己的努力改变改善命运的机会。一个社会保持健康合理的流动性，才会实现效率和公平的动态平衡。所以，诺斯强调的是资本家作为资本这个生产要素提供者的积极性，而厉以宁老师强调的是劳动者（包括企业家）作为劳动这个生产要素提供者的积极性。从这个意义上说，厉以宁老师的理论是以人为本的，更具有普遍意义的。它不仅能解释为什么资本主义在欧洲兴起，还能解释奴隶制度向封建社会演变,资本主义制度由刚性向弹性的转变等等其他重要问题。西方经济学对社会流动性的关注也有一段时间,但直到最近才真正引起学术界的广泛关注。以哈吉·柴提等为代表的经济学家以实证研究的方法,研究社会流动性的变化趋势,影响因素以及对经济增长和收入分配的作用,在学术界和政策界引起相当的反响。[1] 随着人们对社会流动性的认识不断加深,厉以宁老师的以社会流动性为核心的制度演变理论会在学术界得到越来越多的认可和影响。

厉以宁老师的制度演变理论可以帮助我们思考和理解最近西方资本主义国家所面临的挑战和危机。在《工业化和制度调整》一书即将截稿时,正值2008年金融危机爆发。厉以宁老师专门增写了一篇,提出了他关于资本主义国家在危机之后可能的走向及面临的挑战。他敏锐地指出,经过这轮经济金融危机,资本主义国家必须像大萧条之后一样,进行系统性的制度调整,以缓和长期积累的社会矛盾。但10年之后,美国等主要资本主义国家的经济经过一段复苏期之后,又进入风雨飘摇的状态,不得不重启宽松货币的经济急救措施。"二战"后建立的国际经济金融体系面临严重挑战,全球化进程出现倒退或者逆转的趋势。人们对于这些突如其来的变化不知所措,但其实这一切都是有迹可循的。2013年法国著名经济学家托马斯·皮凯蒂发表了《二十一世纪的资本》一书,以大量的数据细致的分析,揭示了美国和欧洲财富和收入不平等的长期变化趋势。他发现美国和欧洲在20世纪70年代之后,财富和收入不平等开始出现了逆转,

---

[1] Raj Chetty, Nathaniel Hendren, Patrick Kline, Emmanuel Saez, and Nicholas Turner, "Is the United States Still a Land of Opportunity? Recent Trends in Intergenerational Mobility." *The American Economic Review*, 2014, 104(5):141—147.

进入了不断恶化的阶段。也就是说,传统的库茨涅茨曲线所描述的,收入不平等与长期经济增长的倒 U 型关系,在 70 年代之后不成立了。美国和欧洲财富收入不平等恶化的趋势一直延续到现在。2008 年的经济金融危机后,各国竞相采取宽松货币救急,经济上虽然得到短暂的微弱复苏,但资产价格虚高却使得财富收入不平等更加恶化。一项研究表明,美国收入中位数以下的家庭收入,在 80 年代以来,几乎没有实际的增长;而富裕家庭的收入在同时期内成倍增长。并且,在美国和欧洲,代际间的垂直社会流动在七八十年代以来没有加强,甚至有所减弱。总之,运用厉以宁老师的理论框架,可以认为美国欧洲资本主义国家到七八十年代为止,经历了从工业化初期的刚性体制到"二战"后成型的弹性体制的制度调整。但是在新的技术革命和全球化的不断影响下,原来的弹性体制在新的环境下又逐渐刚性化了。当今美国欧洲资本主义国家所面临的各种经济政治挑战和危机,都是体制刚性化之后长期积累的社会矛盾的表现和爆发。要化解这些危机,仅靠宽松货币,显然于事无补,甚至是饮鸩止渴。唯有下定决心进行深层次的制度调整,再次实现从刚性体制到弹性体制的转化,资本主义国家才能够真正摆脱现在的困局。

厉以宁老师的理论,对于理解社会主义制度下的制度调整和中国的改革开放,同样有重要的启示作用。自 20 世纪初期苏联建立社会主义制度之后,东欧、中国以及其他一些发展中国家也先后建立了社会主义制度。这些国家的社会主义制度在建立的时候,无一例外都是刚性体制。经济上普遍实行公有制基础上的计划经济,不仅生产流通消费各个环节都由计划部门决定,而且劳动者就业和职业发展上个人的选择余地也是非常有限的。阶级成分的划分使得身份和社会地位固化。城乡二元体制使得农民从出生起,在就业、教育、福利、迁徙等社会权利上处于二等公民的地位。这些制度安排加总在一起形成了社会主义制度下的刚性体制。在内部矛盾和外部压力的共同作用下,苏联和东欧的刚性社会主义制度在20世纪末便轰然解体。中国的社会主义制度在1978年前也显然是刚性的。"文化大革命"结束后,面对当时国内外的一系列严峻问题和挑战,邓小平倡导的改革开放政策无疑就是一个伟大的制度调整,将中国社会主义制度从刚性体制转化到弹性体制。一步步地,计划体制逐渐松绑,市场机制被大胆地引入,最终目标是实现有中国特色的社会主义市场经济。人口流动和工作变动的限制逐渐减少,义务教育和社会福利日益普及,基于户籍的二元体制一点点弱化,对外开放不断加深。这些制度调整,导致水平的垂直的社会流动性大大提升,激发了全社会的积极性和创造力,成就了中国40年的经济增长奇迹。改革开放这一伟大的制度调整,使得中国避免了苏联东欧社会主义制度解体的命运,赋予了中国特色社会主义制度新的活力。40年之后,中国再次面临新的严峻挑战。一方面,国内的改革进入深水区。诸多的研究也表明,社会流动性近十年来开始降低。另一方面,国际经济政治形势发生了重大变化,中国长期以来借助的和平发展的国际环境可能已经成为过去了。从厉以宁老师的制度演变理论来看,制度的活力和生命力,取决于体制的弹性,或者说制度调整的决心和力度。面对当前的各种问题和挑战,中国能否像过去一样,突出重围,闯出一条复兴之路,就在于新一轮的改革开放是否能够实现必要的制度调整,以使得社会主义市场经济制度更具活力。

(二) 对经济史问题的研究贡献

通读厉老师关于经济史的研究,能明显感受到他研究的贡献是多方面的,不仅仅在于用经济学理论解释历史,对西方古代历史的研究也为历史学科的发展提供了新的创见。对此,马克垚先生在厉老师多部经济史著作的序中有着深入的介绍,这里谈一谈笔者的一些体会。

首先是对基本经济制度的把握,实事求是看待生产要素及其关系。基于对古代农业经济的分析,厉老师对古希腊和古罗马的社会属性做了基本的判断,对奴隶制社会和奴隶制经济进行了比较分析,认为对此类古代经济的描述,奴隶制经济更为确切,而不能机械地用奴隶制社会来理解古代希腊和罗马经济关系。一方面,奴隶制社会的概念是不清晰的,譬如奴隶占古代世界人口的比重一直是学界争论的问题,而且雅典和罗马的社会主要矛盾也在于平民和贵族之间的矛盾,"虽然存在奴隶制经济,但奴隶制经济不是单独存在的经济成分,而是依附性的"[1],依附在农业、工商业,甚至家庭经济的基础之上。另一方面,奴隶与普通劳动者的区别在于是纯粹作为生产要素而存在,还是作为人的存在。在这个意义上讲,"奴隶制"问题是跨越时空的,后世发展成异化劳动、文化批判的概念,而不再是经济分析的工具。

其次是对古代手工业和商业的重点关注,强调做大增量对经济发展社会稳定的重要性。工商业的发展情况是衡量古代社会兴衰的重要指标,是打破农业经济马尔萨斯陷阱的重要途径。这一点从经济分析的角度不难理解:工商业的发展扩大劳动分工,拓展市场广度,降低交易成本,增强信息流通等等,这都是社会财富的源泉,是社会剩余的基础。另一方面,厉老师也充分尊重古代经济特征,并没有夸大工商业在古希腊和古罗马经济中

---

[1] 厉以宁:《希腊古代经济史(上)》,商务印书馆,2013年版,第190页。

的比重，避免将古史研究现代化，避免用现代经济学术语机械裁剪古代社会，而是将古代经济牢牢嵌构在古代社会的整体之中。这种科学严谨的学术态度体现在很多地方，厉老师通过对不同封建结构的比较分析，对不同工商业组织的比较研究，认为东欧封建社会、中国封建社会不会像西欧封建社会那样自然过渡到资本主义。在20世纪80年代的大环境下，有这样的学术洞见是难能可贵的。

第三着重探讨古代经济社会变迁的内在动力，强调中产阶级工商业者状况是国家兴衰的关键因素。厉老师的古代经济研究重点阐述了不同历史时期"中产阶级"（农村中的自耕农和城市中的工商业者）群体的力量变化。作为平衡左右的重要阶层，中产阶级的发展情况是厉老师解释历史盛衰的重要指标。无论是对古希腊的梭伦改革、克里斯提尼改革、伯利克里改革，还是古罗马的屋大维、戴克里先、君士坦丁和查士丁尼等的改革等分析中，都重点对中产阶级工商业者的发展情况进行了详细的论述。厉老师认为历次制度调整的成功得益于和平发展和中产阶级力量的壮大；而一旦内部的斗争和外部的战争销蚀中产阶级，也就摧毁了国家赖以生存的基础：基于小地主的兵源和基于工商业者的税源都枯竭了[1]，而求助于苛捐杂税、货币超发，甚至外族雇佣兵无异于饮鸩止渴，最终导致国家衰败。

此外，厉老师跳出西方中心论，对资本主义起源的理论探索为经济史研究中"大分流"问题提供了一种新的视角。西方主流经济史研究对大分流的解释，主要以西欧为中心，用产权、法治、科技、文化等因素来解释西方世界和其他地区的大分流问题。厉老师以社会流动性为核心的制度演变理论，提供了中国作为

---

[1] 厉以宁：《罗马—拜占庭经济史》，商务印书馆，2006年版，第3页。

稳定的大一统的经济体的重要底层逻辑。这种统一稳定的经济组织的弹性特征，反而使古代中国不能系统地产生体制外的异己力量，没有自然演化出资本主义制度，没有内生地启动工业化过程。清末通过废除科举等弹性机制后，传统体制外的异己力量逐渐发展，从辛亥革命到新中国成立，再到改革开放，摸索出了一条不同于西方主流的、从弹性到刚性再到弹性的制度演化过程之路，发展了社会主义市场经济体制，实现了经济的赶超，但同时也面临新型的刚性体制朝着弹性体制的制度调整问题。

（蔡洪滨，香港大学经济及工商管理学院；颜色、滕飞，北京大学光华管理学院）